Winfried Palmowski

Anders handeln

**Lehrerverhalten in Konfliktsituationen
Ein Übersichts- und Praxisbuch**

Winfried Palmowski

Anders handeln

Lehrerverhalten in Konfliktsituationen
Ein Übersichts- und Praxisbuch

borgmann

© 1996 ⓟ *borgmann publishing* *GmbH*, D-44139 Dortmund

2. Aufl. 1998
Titelgrafik: © TOM, Thomas Körner, Berlin
Gesamtherstellung: Löer Druck GmbH, Dortmund

Bestell-Nr. 8381   ISBN 3-86145-119-0

Inhalt

Vorwort

„Anders Handeln" – wenn ich etwas ändern will, muß ich etwas anders machen. Dieser Satz mag auf den ersten Blick Kopfschütteln hervorrufen, aber so simpel er auch erscheinen mag, letztendlich bleibt er alternativlos.

Allzuoft entwickeln sich *Konflikte* zu „chronischen Geschichten", weil die versuchte Lösungsstrategie sich zwar als wenig hilfreich erwies, aber dennoch nicht „anders gehandelt" wurde.

„Anders handeln" ist auch untrennbar verbunden mit „Anders Denken" – das eine geht nicht ohne das andere. Anders denken ist in diesem Buch aber auf keinen Fall als Selbstzweck gemeint – es ist unabdingbar und gleichzeitig nur soweit von Interesse, als es zu anderem Handeln führt.

Im vorliegenden Buch sind demnach beide Aspekte miteinander verknüpft. Aus Denkmodellen werden Handlungsmöglichkeiten abgeleitet, und konkrete Vorschläge für Lehrerverhalten in Konfliktsituationen werden ihren Begründungszusammenhängen zugeordnet. Insofern trägt dieses Buch der Überzeugung Rechnung, daß eine gute Praxis auf einer guten Theorie beruht und daß eine nützliche Theorie sich in der Praxis als nützlich erweisen muß – wo denn sonst!

Viele Materialien in diesem Buch sind entstanden oder entwickelt worden in meinen Seminarveranstaltungen und Lehrerfortbildungen zum Thema „Lehrerverhalten in Konfliktsituationen". Insofern ist es mir unmöglich, all die vielen Leute zu nennen und ihnen zu danken, die durch ihre Fragen, Beiträge und Gedanken mitgeholfen haben, daß auch für mich dieses Thema immer neue Fragen, Überlegungen, neue Perspektiven und unvermutete Einsichten bereithielt.

Unter anderem ist mir auch an diesem Seminarbeispiel deutlich geworden, daß eine universitäre, praxisorientierte Lehre immer auch ein gutes Stück Forschung bedeutet, genauso wie Forschung für mich fragwürdig wird, wenn sie sich nicht in praxisrelevanter Lehre niederschlägt. Beide Aspekte sind also für mich so ineinander verwoben wie „anders handeln und anders denken"!

Ausdrücklich bedanken möchte ich mich bei meinen drei Söhnen, die mir mit viel Geduld und Verständnis Zeit zum Schreiben überliessen, die sie (und ich) oft lieber anders gestaltet hätten und bei meiner Frau Marianne, für die es auch nicht immer einfach war, mir den Rücken freizuhalten von den vielen kleinen Arbeiten, die eben jeden Tag erledigt werden müssen. In vielen Gesprächen (in bzw. anstelle von Teepausen) war sie eine interessierte, engagierte und sachkundige Gesprächspartnerin, die mit ihren Fragen und Ideen so manchen Stein ins Rollen brachte.

Gleiches gilt auch für meine Freunde und Lehrerkollegen in Thüringen, mit denen ich dieses Manuskript diskutieren konnte. Durch ihr unmittelbares Interesse an praktischen Hilfen und an Lösungen für Konfliktsituationen war ich immer wieder aufgefordert, die Sache auf den Punkt zu bringen. Stellvertretend seien hier nur Sybille Burkhardt, Hans-Georg Fröber, Angelika Geißler, Ute Hartleb und Almut Meyer genannt.

Vielen Dank auch an Christian Sicking, Matthias Becker und Kay Eckebrecht, die das Manuskript kritisch gelesen, inhaltliche und formale Fragen und Anregungen mit mir diskutiert und mir bei den zeitaufwendigen redaktionellen Arbeiten geholfen haben.

1. Einleitung

„Der Völkerkundler trifft am Rande eines afrikanischen Dorfes, wo er Befragungen durchführt, einen Mann, der offenbar krank ist. Er hat an beiden Beinen Geschwüre.
Der Ethnologe fragt den Mann, was er da habe. Der deutet auf sein rechtes Bein und sagt: „Dieses Bein ist verhext. Eine Zauberin aus dem Nachbardorf hat mir das angehängt, eine schlimme Sache, tut sehr weh."
„Aha", sagt der Ethnologe. „Und was ist das für eine Zauberei an dem anderen Bein?"
„Wieso Zauberei?" fragt der Mann. „Kennen sie das nicht? Wenn Schmutz in eine Wunde hineinkommt, fängt es an zu eitern – das weiß doch jeder, das ist eine Infektion!" (Braun, 1992, 137; vgl. auch Parin, 1983, 43)[1]

So unterschiedliche Erklärungen gibt es für ein- und dasselbe Phänomen. Dabei müssen es nicht unbedingt mehrere Menschen sein, die miteinander unvereinbare Ansichten über ein Problem vortragen. Wie im obigen Beispiel deutlich wird, ist ein einzelner Mensch durchaus in der Lage, einen bestimmten Sachverhalt – nehmen wir als Beispiel eine Störung des Unterrichts – mal so und mal so zu sehen und sich entsprechend zu verhalten.

Probleme haben immer genau die Bedeutung, die man ihnen beimißt!

So vielfältig und breit gestreut, wie sich Konflikte und Probleme in Schule und Unterricht präsentieren, so farbig ist die Palette möglicher Erklärungsmuster und (pädagogischer) Reaktionen. Und viele Lehrer scheinen sich mit dieser Thematik so sehr zu beschäftigen – um nicht zu sagen, sie seien von ihr geradezu besetzt – daß sie (zumindestens unter Kollegen) kaum noch über etwas anderes zu reden vermögen. Wer es nicht glauben mag, der sollte einmal in einem Lehrerzimmer hospitieren.

Auch die Fachliteratur, die sich mit dem Umgang mit schwierigen Schülern und Konflikten in der Schule beschäftigt, ist so zahlreich, daß ich zunächst versuchen werde zu erklären, warum ich auch

---

[1]Die hochgestellten Ziffern verweisen auf die Anmerkungen am Ende des Buches!

noch ein Buch zu diesem Thema geschrieben habe. Es waren vor allem die folgenden Überlegungen, die mich dazu bewogen haben.

Was ist das Thema dieses Buches ?

Es geht in diesem Buch um aktuelle wie chronische Konflikte und Auseinandersetzungen, die sich im Kontext von Schule ereignen, vorrangig um die zwischen Lehrer und Schüler(n) und die zwischen Schülern, soweit sie vom Lehrer als belastend erlebt werden.

Es geht um die Sichtweisen, Erklärungsmuster und Bewältigungsstrategien von Lehrern in bezug auf diese Belastungssituationen.

Und es geht – als Hauptthema – um eine Zusammenstellung von Aussagen, Überlegungen, Tips, Strategien, Beispielen etc., die es dem Lehrer leichter machen oder ermöglichen können, in zukünftigen Konfliktsituationen **anders zu handeln**.

Was ist die Fragestellung dieses Buches?

Meine Überlegungen gehen davon aus, daß viele Kollegen – unabhängig von der Schulform, an der sie arbeiten – in der alltäglichen Praxis immer wieder Situationen erleben, in denen sie sich ratlos oder hilflos (vielleicht sogar ausgeliefert) fühlen. Manche sehen im Schulalltag eine Art „Kleinkrieg", in dem an jedem Tag der „Kampf" auf's neue beginnt.

Ich gehe weiter davon aus, daß diese Kollegen froh wären um jeden Hinweis, der ihnen ihre Arbeit erleichtern und ihr Belastungspotential reduzieren könnte.

Die sich daraus ergebende Fragestellung lautet also:

Welche Aussagen (aus den wichtigsten Theorien) zum menschlichen Verhalten lassen sich auf eine solche Art in schulischen Alltag und in Lehrerverhalten integrieren und auf sie übertragen, daß sich aus ihnen möglichst positive Effekte auf die Konflikte des Alltags ableiten lassen?

Welches Ziel verfolgt dieses Buch?

Das Ziel dieses Buches ergibt sich aus der obigen Fragestellung:

Es geht mir darum, durch die Zusammenstellung und Diskussion verschiedener relevanter Sichtweisen und Handlungskonzepte Lehrern Werkzeuge anzubieten, mit denen Konflikte anders (und hoffentlich effektiver) als bisher verhandelt und gelöst werden können.

Dabei werde ich weder rein technizistisch und handlungspragmatisch noch zu theoretisch und hinterfragend vorgehen, sondern mich um eine Verknüpfung dieser beiden Aspekte in der Art bemühen, daß konkrete Handlungsmöglichkeiten ebenso deutlich werden wie ihr jeweiliger Begründungszusammenhang.

An wen wendet sich dieses Buch?

Dieses Buch wendet sich vornehmlich an Lehrer und Pädagogikstudenten, aber auch an Angehörige anderer sozialer Berufsgruppen, die daran interessiert sind, sich einen mehrperspektivischen Zugang und damit ein breitgefächertes Handlungsinventar zum Thema Konfliktsituationen zu erarbeiten.

1.1 Gute Fragen sind mindestens ebenso nützlich wie gute Vorschläge!

Viele Veröffentlichungen bieten Lösungen in Form von Hilfen, Ratschlägen, Rezeptologien, Trainingsprogrammen, Veränderungsstrategien etc. – kurz, sie versuchen Antworten zu geben auf die Fragen, Probleme und Konfliktkonstellationen, von denen die Autoren glauben, daß sie die Lehrer beschäftigen und für die Lehrer auf Hilfestellung angewiesen sind.

Das bedeutet im ungünstigsten Fall, daß Antworten gegeben werden auf Fragen, die sich dem betreffenden Leser gar nicht stellen. Im günstigen Falle muß das angebotene Material noch zurechtgestutzt werden für die jeweilig konkrete Situation. Dies kann durchaus hilfreich sein, das will ich nicht bestreiten, schließlich werden sich auch in diesem Buch viele Vorschläge, Hinweise, Tips, Strategien, Angebote etc. finden.

In diesem Buch werden Sie aber auch sehr viele **Fragen** finden. Sie erscheinen mir mindestens ebenso wichtig wie der Versuch, konkrete Hilfestellung anzubieten. Dahinter steht die Überlegung, daß eine zutreffende oder „angemessen ungewöhnliche" Frage (Andersen, 1990, 34) dem Leser vielleicht besser weiterhelfen kann bei seiner Suche nach guten Lösungen, als die Auseinandersetzung mit dem Anspruch vieler Fachbuchautoren auf ihr Expertentum in bezug auf die Lösung von Problemen anderer.

Gute Fragen und gute Vorschläge beruhen auf nützlichen Theorien

In der vorliegenden Fachliteratur ist – pointiert ausgedrückt – der Ausgangspunkt entweder die konkrete Konfliktsituation, für die unter pragmatischem Aspekt Handlungsmöglichkeiten – bei auf das Notwendige beschränkter Reduzierung des Theoriebezugs – in Form eklektizistischer Sammlungen von Ratschlägen nach dem Prinzip der Effektivität oder der Machbarkeit zusammengestellt werden (vgl. z.B. Becker, 1976, 1981; Tennstädt, u.a. 1992; Liebel, 1992; Johnson / Johnson, 1986) oder eine ganz bestimmte Theorie, auf deren Hintergrund eine Möglichkeit pädagogischen Handelns in Konfliktsituationen entwickelt wird (vgl. hierzu viele Literaturangaben der folgenden Kapitel).

Das vorliegende Buch unterscheidet sich hiervon dadurch, daß ich **verschiedene theoretische Ansätze und die auf ihnen aufbauenden Handlungskonzepte** vorstelle.

Durch diese Vorgehensweise hoffe ich folgendes zu erreichen:

➤ Die Abhängigkeit unseres (pädagogischen) Handelns von unseren theoretischen Überzeugungen wird deutlich!

➤ Die Verfügbarkeit mehrerer theoretischer Zugänge zu einem konkreten Problem erhöht die Möglichkeit sinnvoller und nützlicher Reaktionen – oder: Es ist besser, wenn Lehrer für ihre Arbeit über mehrere Theorien zur Auswahl oder gegenseitigen Ergänzung verfügen. Da jede Sichtweise ihre Stärken und ihre Schwächen hat, erscheint es sinnvoll, mehrperspektivisch zu arbeiten.

➤ Die Relativität der Aussagen der einzelnen Theorien wird dadurch deutlich, denn: definitiv wahre, richtige, absolut zutreffende und dabei theorieunabhängige Daten gibt es nicht. Jede einzelne Feststellung ist an einen Rahmen, ein übergreifendes Denkgebäude, eine Theorie gebunden, macht nur in diesem Kontext Sinn und kann nur in bezug auf den Rahmen, in dem sie steht, als richtig oder falsch bewertet werden.

1.2 Konflikte – Zugänge und Perspektiven

Es bieten sich eine ganze Anzahl verschiedener Blickrichtungen an, aus denen Konflikte angegangen und reflektiert werden können. Eine schwierige Situation wird mit Sicherheit schon anders gesehen werden, wenn man sie einmal aus einer anderen Perspektive betrachtet.

Diesen Schritt zu erleichtern ist das Anliegen der folgenden Möglichkeiten. Dabei strebe ich weder Vollständigkeit an noch liegt der Zusammenstellung eine bestimmte Systematik zugrunde.

Mir ging es mehr um eine Anzahl **von Stichworten, die ich – am Ende der jeweiligen Kapitel – immer wieder aufgreifen kann.** Sie erhöhen so die Möglichkeit der Vergleichbarkeit der einzelnen Theorien miteinander. Und sie präzisieren deren konkrete Bedeutung für Konfliktsituationen.

Hier nun einige Strukturierungsmöglichkeiten zum Thema Konfliktsituationen.

Möglichkeit 1: Prävention – Intervention – Auswertung

Präventiver Aspekt

– Ich kann mir den Kopf darüber zerbrechen und (anschließend) Strategien entwerfen, wie ich das Ausmaß von Konflikten in meiner Klasse durch vorbeugende Maßnahmen reduzieren kann.

Krisenintervention

– Ich kann mir Möglichkeiten überlegen, wie ich in einer Konfliktsituation so reagieren kann, daß es für möglichst alle Beteiligten hilfreich ist, und ohne daß meine Beziehung zu den Schülern (etwa durch Sanktionen) zu sehr belastet wird.

Konfliktauswertung

– Ich kann Konflikte, die sich ereignet haben, anschließend oder nachträglich zum Aufhänger oder Ausgangspunkt für soziale Lernprozesse machen, etwa in dem Sinne: „Was muß passieren, damit das, was gestern passiert ist, nie wieder passiert? (Ein auswertender Aspekt, der gleichzeitig präventive Elemente beinhaltet.)

Möglichkeit 2: Intuition – Strategie – Wirklichkeit

Intuition und Naturell

– Ich kann in Konfliktsituationen spontan oder intuitiv reagieren, so wie es „dem gesunden Menschenverstand" oder meinem Naturell oder meiner aktuellen emotionalen Befindlichkeit entspricht.

Der Grad meiner Sympathie für den oder die Schüler wird eine Rolle spielen – der Aspekt, ob ich selbst Betroffener bin – und die Intensität meiner emotionalen Reaktion auf das Geschehen.

Strategie und Setting

– Ich kann für Konfliktsituationen eine Strategie oder ein Setting entwerfen oder übernehmen, das mir bestimmte Handlungsmuster oder Reaktions- und Aktionsmöglichkeiten an die Hand gibt. Dieses Vorgehen ist begründet durch eine wissenschaftliche, psychologische Theorie. Es bietet mir Planungshilfen und systematisiert mein Lehrerverhalten in Konfliktsituationen. Die jeweiligen Handlungsstrategien sind dabei weitgehend unabhängig von der jeweiligen Individualität und den Beziehungsstrukturen der beteiligten Personen.

Alltag und Wunsch nach Veränderung

– Die alltägliche Schulwirklichkeit und das konkrete Verhalten von Pädagogen dürfte immer in einer Mischung dieser beiden Möglichkeiten liegen. Betrachtet man sie einmal als die beiden Endpunkte einer Skala (von 1 bis 10 – Wert 1 hieße dann: Ich verhalte mich in Konfliktsituationen rein intuitiv, Wert 10: Ich orientiere mich ausschließlich an einem bestimmten Modell), dann wäre es interessant, darüber nachzudenken, wo man sich selbst einstuft und ob und wenn ja, welche Veränderung man für wünschenswert hält.

Möglichkeit 3: Reagieren – Agieren – Reflektieren

Reagieren

– Ich kann mich in Bezug auf Konflikte darauf beschränken, zu „reagieren". Manchmal ist die Häufigkeit und Dichte von Konflikten so extrem, daß Lehrer das Gefühl bekommen, einen Brand nach dem anderen löschen zu müssen, „ohne Verschnaufpause, ständig auf Zack sein" (Palmowski, 1994, 377) – sie laufen sozusagen dem Geschehen hinterher – die Steuerreize setzen in diesem Fall die Schüler.

Agieren

– Die andere Möglichkeit wäre die zu agieren. Der Lehrer verfügt über ein Konzept, – in dem er das Geschehen maßgeblich mitbeeinflußt und in dem die Schüler über klare und transparente

14

Möglichkeiten der Reaktion verfügen. Eine solche Struktur schafft Sicherheit für alle – und Transparenz und Sicherheit für alle helfen, das Ausmaß an Konflikten zu reduzieren.

Information und Reflektion

– Ein solches Vorgehen setzt einen Schritt – oder eine Arbeitsphase voraus – die der Information und der Reflektion. Ich vermute, daß sich im Bezug auf diesen Punkt viele Kollegen in einem Teufelskreis befinden – durch das Ausmaß von Streß in der Schule haben sie keine Ressourcen für Reflektion und Information – und weil sie die nicht haben (oder zu haben glauben?), steigt das Ausmaß an Streß in der Schule.

Möglichkeit 4: Anders Handeln – Anders Denken

Anders Handeln

– Dem Titel des Buches entsprechend stellt sich die Frage: Wie kann ich anders handeln? – Wenn ich etwas ändern will, dann muß ich etwas anders machen, aber wie kann dieses „anders handeln" – sinnvoll und pädagogisch begründet – aussehen? Wie kann ich angemessen und hilfreich agieren und reagieren? Welche Möglichkeiten habe ich und welche nicht – und auf welche sollte ich verzichten, obwohl ich sie habe? In welchen Situationen kann ich mir eine Intervention ersparen?

Anders Denken

– Auch hier ist eine Skala denkbar! Manche Lehrer reagieren schon bei einer kleinen Unterrichtsstörung gereizt (und tragen damit nicht zu einer entspannten Atmosphäre bei), andere beobachten mit stoischer Ruhe eine Prügelei auf dem Schulhof. Die unter diesem Gesichtspunkt grundsätzliche Frage lautet: In welchen Situationen halte ich eine Intervention für unerläßlich – und wo belaste ich durch mein Eingreifen, Unterbinden und Sanktionieren die Qualität der Beziehung zwischen Lehrer und Schüler?

Möglichkeit 5: Klassifikation – Emotionale Betroffenheit

Klassifikation von Konflikten

– Becker (1976,1981) hat ein Konzept vorgelegt, das hilfreich sein kann bei der Klassifikation von Konflikten nach ihrem jeweiligen Intensitätsgrad. Er unterscheidet zwischen Schein-, Rand-, Zentral-, und Extremkonflikten.

Beispiele:
Scheinkonflikt: „Die Schüler machen mit dem Lehrer einen Jux, indem sie alle wie gebannt auf seine Krawatte starren!"
Randkonflikt: „Ein Schüler kommt häufig zu spät und oder ohne Hausaufgaben."
Zentralkonflikt: „Ein Schüler der Klasse wird von den anderen isoliert und in eine Außenseiterposition gedrängt."
Extremkonflikt: „Ein Schüler ist drogenabhängig oder delinquent."

Die eigene emotionale Betroffenheit

– Dabei geben die obigen Beispiele eine Sicherheit von Objektivität vor, die es so nicht gibt, denn der Intensitätsgrad eines Konfliktes ist nicht in Zahlen auszudrücken, sondern abhängig vom subjektiven Erleben und Bewerten des Lehrers – von seiner eigenen emotionalen Betroffenheit. Es ist das Verdienst Beckers, auf diese zentrale Variable bei der Konfliktbearbeitung hingewiesen zu haben.

Beispiel:
In einer dritten Klasse rastet ein Schüler völlig aus, er fühlt sich vom Lehrer aus irgendeinem Grund ungerecht behandelt, und jetzt wird dieser auf höchst unkontrollierte Art und Weise beschimpft: „Du Arschloch, du Schwein, du alte Sau, du Arsch ... !" Die anderen Schüler sitzen starr vor Schreck und staunen darüber, daß ihr Lehrer in keiner Art und Weise auf diese Verbalattacke zu reagieren scheint, er macht einfach weiter, so als ob er nichts hören würde. Sie laufen zu ihm hin und sagen: Hören Sie doch mal, was der da sagt! Hören Sie das nicht?" Darauf der Lehrer: „Ich weiß das doch, daß ich kein Arschloch bin – ich weiß das doch! Und wenn sich der Sascha wieder beruhigt hat, dann weiß der das auch wieder, daß ich das nicht bin!" Die geringe – oder nicht vorhandene – emotionale Betroffenheit durch diese Beschimpfung ermöglicht diesem Kollegen eine Reaktion, die den Schülern in etwa sagt: „Ich bin nicht bereit, auf einer solchen Ebene mit euch zu streiten!" oder, allgemeiner: „Man muß sich nicht auf jede Provokation einlassen, die einem angeboten wird!"

Diese beiden Gesichtspunkte, die ich auf den vorhergehenden Seiten vorgestellt habe:

> **der Bedeutung von Fragen und**

> **Mehrperspektivigkeit von Konfliktsituationen**

werden Sie in der Darstellung der einzelnen theoretischen Konzepte dieser Arbeit jeweils am Ende eines Kapitels wiederfinden. Ich erreiche so inhaltliche Vorteile, wie Vergleichbarkeit und Konkretheit – und ich kann so meinen Gedankengang übersichtlicher und strukturierter entwickeln.

2. Ein Kapitel über subjektive Theorien oder: Ich kann nicht keine Theorie haben

In aktuellen Krisen, bei schwelenden Konflikten und scheinbar unlösbaren Problemen sind wir stärker und intensiver emotional beteiligt als in sogenannten gewöhnlichen Situationen. Daher kommen hier auch unsere Überzeugungen in bezug auf richtig und falsch, auf angemessenes und unangemessenes Verhalten etc. klarer zum Ausdruck.

Dieser Zusammenhang – der zwischen unserem Verhalten in Konfliktsituationen und unserem Denken darüber – seine Implikationen und Konsequenzen sind das Thema des ersten Kapitels.

2.1 Subjektive Theorien und ihre Bedeutung für unser Handeln

Dieses Buch beginnt mit einem Kapitel über Theorie. Warum? Weil nichts, was wir tun oder unterlassen ohne entsprechende Theorie im Hintergrund geschieht.

Das gilt auch für unser pädagogisches Handeln: Wie auch immer wir im Umgang mit anderen Menschen (z.B. Schülern) agieren und reagieren, immer besteht eine Verknüpfung zwischen unserem Handeln und unserer Bewertung der jeweiligen Situation, des Anderen und uns selbst auf der Grundlage fester theoretischer Überzeugungen.

Dann und Krause schreiben: „Der Mann auf der Straße" hat seine eigenen Auffassungen und Sichtweisen darüber, wie sich Menschen verhalten und warum sie sich so verhalten. Der Alltagsmensch hat seine eigenen Einsichten, Erwartungen und Deutungen der Realität. Auch der Alltagspsychologe versucht, Verhalten seiner Mitmenschen und eigenes Verhalten zu beschreiben, zu erklären und vorherzusagen; er besitzt ein Gefüge von Konzepten und Schemata, mit denen er dies tut" (1979, 209).

➤ **Ich kann nicht keine Theorie haben!**

In unserem Kopf finden sich eine Vielzahl von Überzeugungen, Wertmustern, Glaubenssätzen und Erklärungsmodellen. Die wenigsten von ihnen sind bewußt reflektiert, die meisten dürften uns gar nicht explizit bewußt sein.

19

➤ Alltagstheorien sind nicht auf Befragen hin abrufbar oder for-
mulierbar, ihre Wirkung ist automatisiert und „vorbewußt". Ihr
Vorhandensein und ihre einzelnen Aussagen oder Regeln werden
häufig nur dann deutlich, wenn sie durch konkrete Erfahrungen in
Frage gestellt sind. Die Existenz solcher Regeln wird uns immer
dann bewußt, wenn sie nicht eingehalten werden, wenn irgendwer
sie übertritt, und wir auf der Gefühlsebene mit Wut, Trauer, Ent-
täuschung, Angst etc. und auf der Verhaltensebene sanktionsbereit
oder mit Rückzug reagieren.

➤ Unsere subjektiven Theorien erfüllen verschiedene Funktionen,
etwa die der Planung, der Erklärung, der Strukturierung, der Handlungsanweisung, der Prognose sowie die der Begründung und (nach-
träglichen) Rechtfertigung.
Wenn W. Herkner (vgl. S. 21) schreibt, die Funktion wissenschaftli-
cher Theorien seien Erklärung und Vorhersage, dann erklärt dies
vielleicht auch, warum man lieber bei seinen subjektiven Theorien
bleibt: sie sind, nach unserem individuellen Empfinden, sowohl
anpassungs- als auch leistungsfähiger!
Ein Satz wie: „Das Wetter schlägt wieder um, das sehe ich den
Kindern schon an!" erfüllt seine Rechtfertigungs- und damit Entla-
stungsfunktion, und er erklärt alles Notwendige. Ob er wissenschaftlich haltbar ist oder durch empirische Langzeitstudien abgesichert,
interessiert uns dabei in der Regel weniger.

➤ Unsere Regelsysteme sind nicht hinterfragt, begründet oder in
ein logisches und strukturiertes Gesamtsystem eingebettet, es ist
nicht notwendig, daß sie sich aufeinander beziehen, Einzelaussa-
gen können durchaus in Widerspruch zueinander stehen. Alltagstheorien „sind gekennzeichnet durch:

– eingeschränkte Falsifizierbarkeit aufgrund unpräziser Ausformu-
  lierung;

– defiziente Überprüfungstechniken durch subjektive Erfahrungs-
  basis und systematische Überprüfungsfehler;

– oft auch: unangemessene Konzepte und Zusammenhangsannah-
  men" (Dann, 1982, 470).

➤ Sie unterliegen Veränderungsprozessen, die sich aus konkreten
Erfahrungen ergeben, doch ist dies nicht zwingend, ebenso gut können Erfahrungen so uminterpretiert werden, daß sie mit der entsprechenden Alltagstheorie übereinstimmen.

• „– Naive Verhaltenstheorie scheint so gebaut zu sein, daß ihre Anwendung zu unwiderlegbaren Aussagen führt.

• – Naiv-verhaltenstheoretische Annahmen können durch defekte, parteiische Überprüfungsverfahren zusätzlich gestützt und befestigt werden" (Kaminski in Laucken, 1974, 14).

➤ Alltagstheorien und konkrete Erfahrungen befinden sich in einem Regelkreis: Aufgrund unserer Theorien nehmen wir bestimmte Ausschnitte von Wirklichkeit wahr (ignorieren andere Daten) und interpretieren sie theorieabhängig; umgekehrt ist unsere Erfahrung ein Baustein unserer Theorien und bewirkt immer wieder Änderungen und Anpassungen.

➤ Alltagstheorien haben – wie wissenschaftliche auch – unterschiedliche Reichweiten, sie können sich auf eine einzelne Person oder ein bestimmtes Verhalten in einer Situation beziehen, aber auch Grundannahmen über die Natur des Menschen „an sich" enthalten.

➤ Vielleicht gibt es sogar Alltagstheorien über Alltagstheorien? Aber sind das dann noch Alltagstheorien? Oder könnten diese Konstrukte schon einen Anspruch auf Wissenschaftlichkeit erheben?

Und was ist eigentlich der Unterschied zwischen diesen beiden Klassen?

Thommen schreibt: „Wissenschaftliche psychologische Erkenntnisse unterscheiden sich in verschiedener Hinsicht von alltäglichen Wissensbeständen: Sie entstehen in einem langwierigen Forschungsprozeß. Die Komplexität der Realität wird aus forschungstechnischen Gründen meist massiv reduziert. Der Schwerpunkt liegt eher auf der Verifikation der Erkenntnisse als auf deren technologischer Verwertung" (1985, 18).

Wahl u.a. vertreten einen etwas anderen Standpunkt, sie meinen, „daß es sinnvoller ist, 'naive' und 'wissenschaftliche' Theorie auf einem Kontinuum anzusiedeln und statt prinzipieller Unterschiede lediglich gradmäßige Unterschiede anzunehmen" (1983, 18). Auch Selvini-Palazzoli verweist darauf, „wie fragwürdig die scharfe Grenzziehung zwischen Wissenschaft und Nicht-Wissenschaft geworden ist" (1992, 9).

Werner Herkner (1991, 21f) faßt die Kriterien zusammen, die den Wert und die Wissenschaftlichkeit von Theorien ausmachen.

– sie leisten zweierlei: Erklärung und Voraussage,
– eine Theorie ist denkökonomisch, man braucht nicht für jedes Faktum eine eigene Erklärung finden;

- jede Theorie ist eine Handlungsanweisung, sie sagt, was man tun muß, um bestimmte Ziele zu erreichen;
- eine Theorie muß in sich widerspruchsfrei sein;
- sie ist um so besser:
  - je mehr Phänomene sie erklärt und voraussagt;
  - je präziser ihre Voraussagen sind;
  - je einfacher sie ist;
  - je größer ihre Prüfbarkeit ist (eine Theorie, deren Aussagen so allgemein gehalten sind, daß sie sich einer Verifizierung oder Falsifizierung entziehen, ist wertlos, Anmerk. von mir);
  - je mehr sie durch empirische Daten gestützt ist.

Für meine Zwecke soll es reichen, auf diese schwierige Problematik der Bestimmung des Wertes einer Theorie hingewiesen zu haben. Deutlich geworden ist ebenfalls, daß die Übergänge von sogenannten wissenschaftlichen Theorien und nicht-wissenschaftlichen fließend sind und daß Unterscheidungskriterien (vgl. etwa auch Hierdeis/Hug, 1992) nur von der Tendenz her als zutreffend akzeptiert werden können.

Wichtiger, als eindeutige Zuordnungskriterien zu konstruieren, erscheint es mir allerdings, sich **die Funktion von Theorien für konkretes Verhalten** zu verdeutlichen.

Dazu ein Beispiel:

Nehmen wir an, in einem Gespräch befürwortet eine Person das Programm einer politischen Partei!

Da Menschen dauernd damit beschäftigt sind, sich das, was sie wahrnehmen, auch zu erklären, werden die Zuhörer auch hier eine Zuschreibung vornehmen.

Dabei können die Reaktionen des jeweiligen Gegenübers höchst unterschiedlich ausfallen, je nachdem, wie er die Situation und das Verhalten seines Gesprächspartners einsortiert. Möglichkeiten wären:

1. Der Sprecher ist selber Politiker und Mitglied dieser Partei.
2. Der Betreffende versucht sich im „verdeckten Wahlkampf".
3. Er will mir mit seinem Wissen imponieren.
4. Er vermasselt die angenehme Gesprächsatmosphäre.
5. Er kennt sich in der Sache gut aus – ich kann etwas lernen.
6. .....

Die Erklärungen können sich beziehen auf:

1. Die Person des Anderen: Ein Fachmann vs. ein Angeber;
2. Die eigene Person: In politischen Fragen kann ich nicht mitreden;
3. Die Sache: Politische Information vs. Polemik;
4. Die Situation: spannend, lehrreich, lebhaft vs. ätzend, bedrükkend, peinlich;
5. Die Beziehung: Er will mir zeigen, daß er mehr weiß als ich.

Unser Umgang mit dieser Situation, unser konkretes Verhalten als Gesprächsteilnehmer wird davon abhängen, welche theoretische Erklärung für das Verhalten des anderen und die Bedeutung der Situation wir hinzuziehen und als „richtig" annehmen.

Wir sammeln also ununterbrochen Daten (nach einem Auswahlprinzip, dessen inhaltliche Kriterien wir nicht benennen können) und – wichtiger: Wir interpretieren sie auf dem Hintergrund unserer Vorwegannahmen und Vorurteile (die uns nur teilweise bewußt sind) und leiten daraus konkrete Konsequenzen für unser Handeln ab.

Dabei ist unser Dateninput nie vollständig – und wenn er es einmal wäre, dann würden wir wegen der Datenmenge das meiste sofort wieder vergessen – und inhaltlich auch oft inkongruent. Das heißt, wir müssen dauernd mit Informationen umgehen, die nicht eindeutig oder die nicht kompatibel sind. Diese Gleichzeitigkeit widersprüchlicher Informationen, Bewertungen und daraus resultierender Wünsche können als Definitionskriterium von Konflikten begriffen werden.

Konflikte oder Konfliktsituationen können definiert werden als die gleichzeitige Anwesenheit miteinander unvereinbarer Bedürfnisse oder Vorstellungen.

Um beim Bild der unbewußten „Regeln" zu bleiben, ließe sich auch sagen:

In Konfliktsituationen treffen inkompatible Regeln oder Regelverständnisse aufeinander.

Dabei kann sich ein solcher Konflikt sowohl in einer Person abspielen (etwa in Form der „Dauerfrage", die Lehrer so viel Kraft kostet: Was tun? Soll ich jetzt intervenieren oder nicht? Eingreifen oder abwarten? Eingehen auf...den Schüler, das (Neben-)Thema, die

Störung oder besser ignorieren?) als auch in jeder denkbaren zwischenmenschlichen Konstellation:

Lehrer – Schüler
Lehrer – Lehrer
Lehrer – Schulleitung
Lehrer – Schulbürokratie
Lehrer – Eltern
Lehrer – Praktikanten, Lehramtsanwärter, Dozenten
Erzieher – Heimbewohner
Eltern – Kinder

➤ **Wenn unsere subjektiven Theorien aber gerade in Konfliktsituationen von besonderer Bedeutung sind, dort besonders klar zu erkennen sind und uns in unserem Handeln bestimmen, dann können wir auch unser Repertoire für zukünftige Konflikte dadurch erweitern, ergänzen oder umbauen, daß wir uns zusätzliche oder neue theoretische Ausgangspositionen erarbeiten, die uns auf der Handlungsebene neue „Werkzeuge" an die Hand geben.**

In Präzisierung des oben gesagten besteht der Sinn des (sonder-) pädagogischen Studiums wie der von Fortbildungen meines Erachtens im Wesentlichen darin, sich auseinanderzusetzen mit verschiedenen wissenschaftlichen Theorien und ihren jeweiligen handlungspragmatischen Folgekonsequenzen mit den Zielen:

Metatheoretischer Aspekt:

– die Bewußtheit für die Bedeutung *und* die Relativität von Theorie und von Theorien zu verbessern;

Theoretischer Aspekt:

– die eigenen naiven Menschenbildannahmen und Theoriekonstrukte zu ergänzen – oder gar zu ersetzen – durch wissenschaftlich begründete Modellvorstellungen;

Handlungspragmatischer Aspekt:

– und *dadurch* sich auf der Handlungsebene (durch ein entsprechend abgeleitetes Handlungsrepertoire) aus- oder fortzubilden für professionelles pädagogisches Handeln.

Dieses Ziel von Aus- und Fortbildung scheint nicht immer erreicht zu werden. Einige Kommentare aus der Fachliteratur machen dies sehr deutlich:

„In der Lehrerausbildung findet zwar eine Auseinandersetzung mit wissenschaftlichen Ergebnissen und Theorien statt, sie hat jedoch aus mehreren Gründen oft keine nachhaltigen Auswirkungen auf das spätere Alltagshandeln im Unterricht. Angesichts der Probleme in der Praxis greifen viele junge Lehrer einfach auf Konzepte und Vorstellungen zurück, über die sie schon vor Antritt ihrer Ausbildung verfügten" (Dann, 1982, 467f).

Wahl u.a. schreiben: „Es kann davon ausgegangen werden, daß alltagstheoretische Annahmen und Erklärungsmuster z.T. sogar einen höheren Stellenwert für die Berufspraxis besitzen, als die in der Ausbildung vermittelten wissenschaftlichen Theorien" (1983, Einband).

„ Lehrer zeigen oft eine negative Haltung gegenüber psychologischen Theorien. Diese werden als zu theoretisch und praktisch nicht verwertbar angesehen und deshalb nicht zur Kenntnis genommen. Wissenschaftlich fundiertes, psychologisches Wissen wird zum Teil wohl aufgenommen, kann jedoch nur sehr schwer in die bestehenden alltagspsychologischen Wissensbestände integriert werden. Als Folge dieser mangelnden Integration werden übernommene wissenschaftliche Erkenntnisse denn auch nur selten verhaltenswirksam" (Thommen, 1985, 19).

In diesem Kontext läßt sich aufzeigen, **daß Wissen dumm machen kann, indem es neues Lernen verhindert** (Simon, 1993). In dem Maße, in dem eine Person ihren Wissensbeständen und ihren Erfahrungen vertraut, ist der Erwerb neuen Wissens nicht (mehr) nötig. Bei älteren Menschen läßt sich diese Haltung oft beobachten – aber auch bei manchen Lehrern. Solchen Pädagogen, die bei ihren „bewährten" Verfahrensweisen bleiben (wollen), und die es nicht mehr für notwendig oder sinnvoll halten, sich fortzubilden. Die Richtigkeit der obigen Sentenz wird dann auch daran deutlich, daß viele Lehrer mit wachsender Berufserfahrung nicht etwa eine immer breitere Palette an Handlungsmöglichkeiten zu Verfügung haben, sondern – ganz im Gegenteil – ein immer begrenzteres Handlungsrepertoire realisieren. Vielleicht kennt der Leser auch den einen oder anderen Lehrer, der auf einen – für die Schüler vorhersagbaren – ganz bestimmten „Steuerreiz" hin ein ganz bestimmtes Programm abspult!

Ich nehme an, daß die meisten Leser diese Ansichten über die Bedeutung subjektiver Theorien weitgehend bestätigen werden. Angesichts der Bedeutung dieser Thematik für konkretes Lehrerverhalten finde ich es erstaunlich, daß diese Problematik in der Literatur nur gelegentlich verhandelt wird (Böhm, 1994; Groeben, 1988; Thommen, 1985; Wahl, 1983; Seewald, 1980; Glötzl, 1979; Tornow, 1978) – und das, obwohl durch sie doch die Bedeutung und die Funktion der Lehrerausbildung für die spätere Praxis erheblich in Frage gestellt wird!

Das ist der Grundgedanke und die Ausgangsposition für dieses Buch: Ein großer Teil des beruflichen Handelns von Lehrern besteht aus Konfliktmanagement – und hierfür brauchen sie

– theoretische Grundlagen,

– handlungspragmatische Axiome

– und konkrete Verfahrensmöglichkeiten.

➢ Lehrer haben täglich unendlich viele Konflikte zu bewältigen, angefangen von den zahllosen (und im Grunde in bezug auf die einzelne Situation unbedeutenden) Unterrichtsstörungen, bis hin zu den gelegentlichen Extremkonflikten, und fast immer stehen sie unter Zeitdruck. „Der Lehrer hat keine Zeit, sich allzu lange zu überlegen, wie er auf eine kritische Situation reagieren soll" (Thommen, 1985, 18).

Zusätzlich verlieren viele Lehrer in zermürbenden Auseinandersetzungen mit Kollegen oder der Schulleitung mehr psychische Energie, als in der Arbeit mit ihren Schülern! In einer von mir durchgeführten Befragung von Lehrern der Sonderschule für Erziehungshilfe nach ihren schwerwiegendsten beruflichen Belastungsfaktoren wurden genannt:

– als häufigstes: außerunterrichtliche Aufgaben wie Schulverwaltung, schulorganisatorische oder administrative Aufgaben,

– als zweites: aggressives Verhalten, und zwar sowohl das unter Schülern als auch das gegen Lehrer,

– als drittes: – mit deutlichem Vorsprung vor weiteren Nennungen – eine destruktive oder unfähige Schulleitung!!! (Palmowski, 1994)

➢ Da Konflikte und die an ihnen beteiligten Personen nie identisch sind, kann es auch keine „Rezeptologie für alle Fälle" geben, sondern nur Überlegungen, Vorschläge, Angebote, Strategien, Techniken, Hilfen...**aber keine Lösungen!**

➤ Die Eigenarten, pädagogischen Überzeugungen und Handlungsmuster von Lehrern sind zu unterschiedlich, als daß eine bestimmte Umgehensweise mit Konflikten für alle die bestmögliche sein
könnte. Dabei sind Versuche der Adaption einer Technik, die man
innerlich ablehnt („Verhaltensmodifikation ist doch Rattenpsycholo-
gie") oder der Einsatz einzelner isolierter Verfahren ohne Theorie-
bezug – quasi als „Tricks" – mit großer Sicherheit zum Scheitern
verurteilt. Solche isolierten Maßnahmen werden die Beziehung zwischen Lehrer und Schülern eher belasten als sie stabilisieren, weil
die Schüler solche „Spielchen" schnell durchschauen und sich nach-
vollziehbarerweise nicht ernstgenommen fühlen.

➤ Deshalb werde ich in diesem Buch – nach einer Konkretisierung
des Gegenstandsbereichs „subjektive Theorien" – die relevantesten
psychologischen Theorien in jeweils knapper Form vorstellen, ihr
Menschenbild, ihre Grundannahmen, ihr zentrales Anliegen und –
als Hauptgesichtspunkt – die sich aus der Perspektivübernahme
dieser Theorie ergebenden Möglichkeiten für sinnvolles pädagogisches Handeln vor, in und nach Konfliktsituationen. Dabei werde
ich – wo immer möglich – Beispiele einstreuen zur Verdeutlichung
dessen, was gemeint ist.

Ein Blick auf die Seitenzahlen zeigt, daß die einzelnen Kapitel in
der Länge erheblich variieren. Das hängt mit der Ergiebigkeit dieser Ansätze für unser Thema zusammen. Beispiele:
– In der Psychoanalyse steht **das Verstehen und die Erklärung**
  von (Problem-) Verhalten im Mittelpunkt;
– in der Lerntheorie ein ganzer Satz von konkreten und präzisen
  **Techniken, Strategien und Möglichkeiten der Verhaltens-
  modifikation;**
– und in der Humanistischen Psychologie der Aufbau einer **akzeptierenden und wertschätzenden Grundhaltung.**

Hier wird deutlich, daß die einzelnen Modelle sich in ihrem Grad
an Konkretheit und Präzision in bezug auf Handlungsanweisungen
doch erheblich unterscheiden. Allen theoretischen Modellen geht
es um ein bestimmtes Verständnis von Verhalten und um eine sich
daraus ergebende pädagogische „Haltung", aber nicht alle Theorien
operationalisieren diese bis in beschreibbare oder beobachtbare Kon-
fliktlösungsmuster. Vor allem in der Psychoanalyse und in der Humanistischen Psychologie wird die verstehende und helfende Haltung oder eine wertschätzende Beziehungsgestaltung eher implizit

vermittelt. Die konkreten Techniken und Strategien, die sich im lerntheoretischen Konzept finden, sind dagegen bis in einzelne Schritte hinein theoretisch abgeleitet und beschrieben und ermöglichen damit eine sehr spezifische Handlungskontrolle.
Vor allen Dingen hieraus ergibt sich die doch sehr unterschiedliche Länge der einzelnen Kapitel.

Allerdings – das soll hier nicht verschwiegen werden – kommt hier auch meine eigene subjektive Wertung mit ins Spiel. **Auch ich als Autor kann nicht keine eigene Position haben.** Das heißt, daß es meiner Überzeugung nach unmöglich ist, verschiedene Theorien völlig neutral und wertfrei zu beschreiben und nebeneinanderzustellen.
Wenn ich meine eigene Entwicklung betrachte, dann kann ich sagen, daß ich mit jeder der hier vorgestellten Theorie einmal sympathisiert habe und sie alle haben mich in meiner pädagogischen Arbeit beeinflußt. In meiner Zeit als Sonderschullehrer habe ich mich zum Beispiel stark um eine an C. Rogers orientierte Grundhaltung bemüht, diese aber kombiniert mit Maßnahmen der klassischen Verhaltensmodifikation wie Regelabsprachen, Verträge und Verstärkersysteme. Ich habe diese Vorgehensweise nie als in sich widersprüchlich erlebt.
Heute bin in meinem Denken stark geprägt durch systemisch-konstruktivistische Sichtweisen, mit denen ich mich im Rahmen meiner Arbeit als Berater (Palmowski, 1995a) und als Dozent auseinandersetze. Diese meine jetzige Position scheint an vielen Stellen des Textes deutlich durch, etwa in bezug auf die Bedeutung, die ich „guten Fragen" beimesse.
Ich bin heute schon sehr gespannt darauf, wie ich in fünf Jahren denken werde.

2.2 Einige Beispiele von subjektiven Theorien verschiedener Reichweiten

Ein Beispiel für zwei Alltagstheorien mit sehr großer Reichweite als Denkangebot:
„Immer noch prägen Ideale weite Bereiche unseres Lebens. Der Versuch, diesen Idealen zu entsprechen, ist zum Scheitern verurteilt, weil sie per definitionem unerreichbar sind. Das vermeintliche Versagen erzeugt Schuldgefühle und damit überflüssiges Leid. Diesen Mechanismen wird hier der Vorschlag gegenübergestellt, das Leben als Experiment zu sehen, in dem

die Menschen nicht verlieren, sondern nur lernen können." *(Exner, 1993, 39)*[2]

Auch Konfliktsituationen in der Schule werden bewertet und bewältigt auf dem Hintergrund von derartigen Annahmen und Überzeugungen – vor allem in bezug auf:

➤ **die eigene Person**
➤ **die Person des Schülers**
➤ **das Verständnis von Konfliktsituationen** (oder, umfassender formuliert: das Verständnis der Lehrer-Schüler-Beziehung)
➤ **das Verständnis von der Institution Schule.**

➤ **Zur eigenen Person**

Fragen:

– Wie wirken sich die eigenen Erfahrungen der Schulzeit, des Schülerseins und der erlebten (oder auch erlittenen?) Lehrer auf das eigene Selbstverständnis aus? Welche Lehrer hatten und haben für mich Modellfunktion?

– Inwieweit ist mein konkretes Verhalten geprägt von meinem Verständnis meiner Rolle als Lehrer und inwieweit von meiner Selbstsicht, meinem Selbstkonzept, meiner Individualität?

– Für welches Modell habe ich mich entschieden? Den „mütterlichen / väterlichen Stil", den „Primus inter Pares", den reinen „Wissensvermittler", den „geborenen Pädagogen", den „Jobausüber",...?

– Was müßte passieren, damit ich meine Rolle wechseln könnte? Will ich das überhaupt? Welche Vorstellung wäre vielleicht nützlicher? Für wen? Oder habe ich mich entschieden, bis zu meiner Pensionierung an meinem Arbeitsstil festzuhalten? Was wird dann das Ergebnis sein?

– In welchem Verhältnis stehen bei mir Bewahrung des Bewährten und Einlassen auf Neues? Inwieweit ist „Neues ausprobieren" für mich gleichbedeutend mit „mehr Arbeitsaufwand"? Wie kann ich mein Arbeitsvolumen reduzieren durch Veränderungen und Neues? Was könnte ein erster Schritt sein?

– Wie beeinflussen sich bei mir Privatleben und Beruf? Welchen Aspekt würde ich hier als ersten ändern wollen? Wie sähe eine Situation ohne diesen Belastungsfaktor aus?

– Inwieweit sehe ich in meiner Arbeit eigene Gestaltungsmöglichkeiten, und inwieweit erlebe ich mich eher als fremdbestimmt – wie würde ich hier die Prozentpunkte verteilen? Inwieweit bin ich mit dieser Verteilung zufrieden?

Beispiele:

➢ Ich darf keinen Schüler bevorzugen! – Ich muß alle Schüler gleich liebhaben!
➢ Ich bin für meine Schüler verantwortlich.
➢ Ich darf mir keine Blöße geben! – Ich muß auf jede Frage die richtige Antwort wissen!
➢ Vertrauen ist gut, Kontrolle ist besser!
➢ Ohne Druck läuft nichts!
➢ Mein Unterrichtsfach ist das wichtigste!
➢ Wenn ich rede, redet kein anderer!
➢ Ich muß der Lieblingslehrer bei den Schülern sein!

Zur Person des Schülers

Fragen

– Was erwarte ich von ihm? Was verlange ich von ihm?
– Worüber würde ich mich freuen? Was verletzt mich?
– Was glaube ich, wie die Schüler denken? Inwieweit kann ich mir hier sicher sein? Was würde passieren, wenn ich diese Frage mit den Schülern besprechen würde? Warum tue ich es nicht?
– Wie haben sich die Schüler verändert in der letzten Zeit? Wie erkläre ich mir das? Wie wird die Entwicklung weitergehen?

Beispiele:

➢ Schüler brauchen Druck! – Ohne Druck läuft nichts!
➢ Die Jugend von heute...
➢ Mädchen sind viel raffinierter als Jungen!
➢ Manche lernen's nie, manche noch später!
➢ Meine Schüler müssen mich lieben (bewundern, verehren, fürchten, ...)
➢ Thommen: „Viele Sprichwörter drücken solche psychologischen Volksweisheiten aus:

„ Eine Ohrfeige im richtigen Moment hat noch keinem geschadet."

„ Der Apfel fällt nicht weit vom Stamm."

„ Wer einmal lügt, dem glaubt man nicht, und wenn er auch die Wahrheit spricht." „ (1985, 22).

Zum Verständnis von Konflikten

Fragen:

– Inwieweit sehe ich Konflikte als bestmöglichen Ausgangspunkt für soziales Lernen und inwieweit als Belastung?

– Wer hat Schuld? Ist diese Frage nützlich?

– Welche Aufgabe gebe ich mir in Konfliktsituationen, welche den Schülern? Würde ich diese Aufgabenverteilung gerne ändern? Was müßte dazu passieren? Was würde dann passieren?

– Mit welchem Konfliktvolumen wäre ich einverstanden und zufrieden?

– Für welche Prozesse in der Klasse fühle ich mich verantwortlich und für welche nicht?

– Inwieweit erlaube ich mir, den Schülern meine Gefühle und das, was mich belastet zu zeigen? Bin ich mit dieser Lösung zufrieden?

Beispiele:

– Die Schüler werden von Jahr zu Jahr schwieriger!

– Montags ist es immer besonders schlimm...

– Ja, ja, das Wetter schlägt wieder um, man sieht's an den Kindern...! „Das Wetter gehört zu den Faktoren, die von Lehrern besonders oft für die Häufung von Erziehungsschwierigkeiten an manchen Tagen verantwortlich gemacht werden" (Havers, 1981, 156).

– Wenn er wollte, dann könnte er auch, aber er will ja nicht..

– „Insbesondere müsse vor der Schülerin Marion (11;7) gewarnt werden! Sie sei in hohem Maße verhaltensgestört und falle immer wieder durch Leistungsverweigerungen auf; eigentlich sei sie untragbar für die Schule. Sie störe böswillig den Unterricht durch permanent aufsässiges Verhalten, sie sei trotzig, widerspenstig und äußerst aggressiv gegenüber den Lehrern und auch gegenüber ihren Klassenkameraden. Hier spreche wohl offensichtlich das Blut, denn Marion sei das uneheliche Kind aus der Verbindung einer stadtbekannten Person mit einem südländischen Gastarbeiter" (Gräff u.a., 1978, 7).

– Eine Kollegin betritt das Lehrerzimmer und sagt: „Ich habe einen neuen Schüler in meiner Klasse – aber mit dem komme ich nicht klar, es ist ein Krebs (sie meint das Sternzeichen!), und mit Krebsen bin ich noch nie klargekommen!" Dieses – nicht erfundene – Beispiel zeigt schon sehr deutlich, daß unsere Überzeugungen nicht nur Handlungsperspektiven eröffnen, sondern ebenso auch ausschließen – denn meine subjektive Theorie hierzu sagt mir, daß man kein Hellseher sein muß, um prognostizieren zu können, daß dieser Junge bei dieser Lehrerin in der Tat erleben wird, daß sie nicht miteinander klarkommen.

Zum Verständnis von der Institution Schule

Fragen:

– Welche Leistung hat die Schule meiner Ansicht nach zu erbringen? Und welche nicht?
– Wie schaffe ich es, mich in dieser Institution auf das Wesentliche zu konzentrieren? Was ist das mir Wesentliche?
– Inwieweit ist die Schule für mich Lernfabrik, ein Stück Heimat, eine gesamtgesellschaftliche Selektionsinstanz, ein Ort, wo ich gerne / ungern bin?
– In welchem Regelsystem muß ich arbeiten? Wo würde ich dieses System gerne verändern? Welche Themen sind in unserer Schule verhandelbar und welche nicht? Warum ist das so? Was müßte passieren, damit sich etwas ändert? Wie sicher bin ich mir in meiner Einschätzung?

Beispiele:

– Nicht für die Schule, sondern für das Leben lernen wir!
– Die wichtigste Aufgabe der Schule ist ihre Selektionsfunktion!
– Die Schule von heute wird ihrem Auftrag nicht mehr gerecht!

Subjektiven Theorien in Form obiger Sätze ist weder durch Logik noch durch Widerspruchsfreiheit eine Grenze gesetzt – und fast immer sind sie absolut formuliert: entweder – oder, ich muß, ich darf nicht, jeder muß.

Auch inhaltlich ist alles möglich: In einem Seminar erlebte ich einmal eine Teilnehmerin, die nicht nur das nahezu gesamte Verhalten von Frauen mit deren Menstruationszyklus in Verbindung brachte, sondern damit gleichzeitig auch alle Unterschiede zwischen Mann und Frau – so wie sie sie sah – erklären konnte.

Subjektive Theorien größerer Reichweite können sich beispielsweise auf folgende Gesichtspunkte beziehen:

➢ Inwieweit sehe ich konkretes Verhalten eher als gelernt oder als anlagebedingt (vererbt) oder als triebgesteuert (der Aggressionstrieb!) oder als Ausdruck eines Reifungsprozesses an?
Mögliche Fragen: Inwieweit halte ich die Pubertät für ein biologisches oder ein soziales Geschehen? Könnte ich mir Epochen oder Kulturen vorstellen, in denen es keine Pubertät gibt oder gab? Was müßte dann dort meiner Ansicht nach anders sein als bei uns?

➢ Sind unterschiedliche Verhaltensmuster von Männern und Frauen für mich eher biologisch verankert und damit eher stabil, oder sehe ich sie mehr als Ergebnis einer geschlechtsspezifischen Sozialisation, die kulturabhängig und damit veränderbar ist?
Mögliche Fragen: Welche Unterschiede zwischen Jungen und Mädchen kenne ich? Wie erkläre ich sie mir? Was müßte passieren, um diese Unterschiede aufzuheben? Wäre das wünschenswert? – In jedem Falle?

➢ Inwieweit gestehe ich Kindern, Jugendlichen, Schülern die Fähigkeit zur Selbstbestimmung und Eigenverantwortung zu oder erwarte sie von ihnen, und inwieweit erachte ich Fremdsteuerung für unabdingbar oder pädagogisch notwendig?
Mögliche Fragen: In welchen Lebensbereichen würde ich einem zehnjährigen Kind Selbstbestimmung zugestehen und in welchem nicht? Welche Faktoren würden sich verändern bei einem Vergleich mit einem Vierzehnjährigen? Würde ich Unterschiede machen zwischen Jungen und Mädchen und wenn ja, welche?

➢ Welches Bild vom Menschen habe ich? Wie verteile ich gut und böse, wie verantwortlich ist jemand für sein Tun? Ist unser Leben ein „zielloses Driften" (Efran u.a., 1992, 136) oder hat es einen Sinn, der über es selbst hinausweist?

Mögliche Fragen: Inwieweit halte ich „gutes" Lehrerverhalten für lernbar und inwieweit ist es Ausdruck von „Persönlichkeit"? Was wäre für mich die wichtigste Variable eines „guten" Lehrerverhaltens – Konsequenz, Empathie, der Blick für den Einzelnen, Verläßlichkeit, Transparenz, Liebe zum Menschen, Anpassungsfähigkeit, der „Draht zu Kindern"...?

➤ Welche Vorstellung über Beziehungen habe ich? Sehe ich Beziehungen eher als eine Form menschlichen Zusammenlebens, bei der *alle* Beteiligten profitieren oder muß es immer auch einige geben, die für den Gewinn der anderen die Zeche zahlen (vgl. Watzlawick, 1983, 122f)?

Mögliche Fragen: Ist Kooperation nur dort möglich, wo alle Beteiligten für jeden ein „Plus unterm Strich" wünschen und für möglich halten? Wie könnte ein erster Schritt in diese Richtung aussehen?

➤ Inwieweit bestimmen wir unser Verhalten selbst, und welchen äußeren Einflüssen messe ich Bedeutung bei? Welcher Faktor wiegt meiner Überzeugung nach stärker?

Mögliche Fragen: Inwieweit hat der Vollmond Einfluß auf Schlafverhalten, Geburtenraten, Wachstum der Pflanzen...? Inwieweit halte ich solche Überzeugungen für Unsinn?

Weiterführende Fragen:

➤ Welche Bedeutung haben divergierende Vorstellungen solcher Art für die Zusammenarbeit im Kollegium?

➤ Würde eine Verbesserung der Zusammenarbeit eine Annäherung der (pädagogischen) Überzeugungen voraussetzen?

➤ Was könnte ein erster Schritt in diese Richtung sein?

➤ Ist mir überhaupt an einem solchem Schritt gelegen – und wenn ja, welches Ziel bzw. welche Ziele verfolge ich damit?

➤ Inwiefern ist es schon hilfreich, die Relativität der eigenen Überzeugungen und die der anderen klarer zu sehen?

Zu dieser Relativität, die sich daraus ergibt, daß jeder als Konstrukteur und Experte seiner eigenen Alltagstheorien anzusehen ist, sagt Rotthaus:

„a) Wir müssen die Verantwortung für unsere Wirklichkeit übernehmen. Wir können nicht mehr sagen: Die Welt ist eben so, sondern wir müssen sagen: Wir machen die Welt so.

b) Wir müssen tolerant werden und die Entscheidungen des anderen, wie er die Welt sehen will, respektieren; denn es sind keine objektiven Maßstäbe erkennbar, aus denen ich ableiten könnte, daß ich einen höheren Anspruch auf Wahrheit habe als der andere." (Rotthaus, 1989, 12f)

➤ Wenn mir an einer Reduzierung von Konflikten gelegen ist – was versuche ich zuerst oder am meisten zu verändern? Die konfliktträchtige Situation? Das Verhalten der Schüler? Mein eigenes Verhalten?
Welcher Ansatzpunkt erscheint mir am aussichtsreichsten? In welcher Beziehung stehen diese drei Aspekte zueinander?

2.3 Einige Fragen und Übungen zur Annäherung an eigene subjektive Theorien

Die Annahmen und Überzeugungen über unsere eigene Person stellen eine zentrale Variable in unserem Verhalten in Konfliktsituationen dar. Die Art unserer pädagogischen Leitideen, das Ausmaß unserer Risikobereitschaft, unsere persönlichen Bedürfnisse, Einstellungen und aktuellen emotionalen Befindlichkeiten sind wichtige Einflußgrößen auf unser konkretes Verhalten.
Ich will deshalb im folgenden einige Überlegungen anstellen, die hilfreich sein können bei der Klärung eigener Standorte.

Zum Selbstkonzept

Zumindest in unserem jetzigen Kulturkreis hat wohl jeder Mensch eine bestimmte Sicht von sich selbst, ein Selbstkonzept, und die Art und Weise, wie er sich selber sieht, nimmt Einfluß auf sein konkretes Verhalten.
Dieser Begriff des Selbstkonzepts steht in Beziehung zu einigen „artverwandten" Termini, die sich wechselseitig beeinflussen:

Selbstkonzept:

Das Selbstkonzept stellt dar, wie ein Mensch sich selber sieht, welche Eigenschaften er sich – situations- und bezugsgruppenunabhängig – zuschreibt, worin er sich von anderen unterscheidet, was er zu können und zu wissen glaubt und was nicht.

Ideales Selbst:

Das Ideale Selbst stellt dar, wie ein Mensch gerne wäre, welche Wunsch- oder Zielvorstellungen er von sich selber hat. Hierzu wird angenommen, daß jeder – sei es in bezug auf sein Äußeres, auf konkrete Verhaltensweisen, zugeschriebene Persönlichkeitsmerkmale, Defizite oder Macken – bestimmte Aspekte bei sich wahrnimmt, die mit seinen Wunschvorstellungen von sich selbst nicht übereinstimmen.

Selbstwertgefühl:

Das Selbstwertgefühl ergibt sich aus der Art und Weise, wie ein Mensch sich selber – positiv und/oder negativ – einschätzt. Etwas mathematisch ausgedrückt läßt sich sagen, daß das Selbstwertgefühl um so problematischer sein wird, je größer die Diskrepanz zwischen dem Selbstkonzept und dem Idealen Selbst erlebt wird.

Fremdkonzept:

Das Fremdkonzept ist die Art und Weise, wie ein Mensch von anderen gesehen wird. Das Erstaunliche hierbei scheint mir zu sein, daß wir – obwohl für die meisten von uns unsere Wirkung auf andere Menschen ein wichtiges oder gar zentrales Thema für uns selber ist – darüber oft nur wenige oder gar keine klaren Informationen besitzen und uns statt dessen in Vermutungen, Hoffnungen und Befürchtungen ergehen.

Vermutetes Fremdkonzept:

Genau diese Spekulationen ergeben unser vermutetes Fremdkonzept. Es beschreibt die Art und Weise, wie wir glauben, von anderen gesehen zu werden, unsere Annahmen darüber, welche Eigenschaften andere bei uns sehen und welche nicht.

Vermutetes Selbstkonzept:

Wenn wir mit Kollegen zusammenarbeiten oder über unsere Schüler nachdenken, dann können wir noch eine weitere Möglichkeit erfinden, die des „vermuteten Selbstkonzepts". Das heißt, wir fragen uns, was wir meinen, was der andere meint, wie wir uns wohl selber sehen. Wir stellen uns selber eine „zirkuläre Frage" (Penn, 1983, Cecchin, 1988, Palmowski/Thöne, 1995), deren Beantwortung einen hohen Informationsgehalt für uns haben dürfte.

Anmerkungen:

Zwischen den einzelnen Konzepten bestehen Diskrepanzen, wir selbst sehen uns anders, als wir glauben, von anderen gesehen zu werden, und unser tatsächliches Fremdkonzept dürfte sich von unseren diesbezüglichen Vermutungen durchaus unterscheiden.

Hans Wocken hat dies beispielsweise aufgezeigt für die Gruppe der Schüler in den Abschlußklassen der Schule für Lernbehinderte. Sie beschrieben sich in ihrem Selbstkonzept als durchaus „normal" und distanzierten sich deutlich von Außenseitertum, Drop-Out-Positionen oder Dummheit.

Bei der Frage nach ihrem vermuteten Fremdkonzept – wie sie glaubten, von den Schülern der Hauptschule gesehen zu werden – ergab sich eine wesentlich negativere Akzentuierung. Dabei stellte sich heraus, daß das tatsächliche Fremdkonzept – ermittelt durch Befragung der Hauptschüler – sich positiver darstellte, als es die Schüler der SfLb in ihrem vermuteten Fremdkonzept annahmen (Wokken, 1983a, 1983b).

Das Resultat dieser Diskrepanzen ist in diesem Falle der Rückzug der Schüler der SfLb aus gemeinsamen sozialen Aktivitäten mit anderen, von denen sie glauben, daß sie sie für dumm oder behindert halten.

Da sowohl das Selbstkonzept als auch das vermutete Fremdkonzept **handlungsanweisende Funktion** haben, führt die zwischen ihnen bestehende Diskrepanz gelegentlich zu einem Dilemma:
Ich kann mich dann entweder so verhalten, wie ich mich selber sehe und wie es meinen Vorstellungen meiner selbst entspricht, oder ich orientiere mich in meinem Verhalten daran, wie ich glaube, von den anderen gesehen zu werden, ich spiele eine Rolle und gebe mich anders als ich eigentlich bin. Unser Verhalten wird in vielen Fällen nicht von unserem Selbstkonzept bestimmt, sondern von unserem vermuteten Fremdkonzept.

Übung: Selbstkonzept und vermutetes Fremdkonzept

In einer kleinen und einfachen Übung können bestehende Unterschiede zwischen diesen beiden Sichtweisen und sich daraus ergebende Dilemmata aufgedeckt werden und Material für die Diskussion oder Reflexion liefern.

Auf den beiden folgenden Seiten befinden sich zwei Listen mit Eigenschaften, die wir in unterschiedlicher Ausprägung zu besitzen glauben. Jede einzelne Zuschreibung kann in einer **Skala von 1 – 10** gewichtet werden.

- Der **Wert 1** soll bedeuten, daß ich der Überzeugung bin, daß diese Aussage gar nicht,

- der **Wert 10**, daß diese Aussage vollkommen zutrifft.

Ich schlage vor, das erste zu benutzen für eine Konkretisierung des Selbstkonzeptes, das zweite (dazu sollte das erstausgefüllte abgedeckt sein) für das vermutete Fremdkonzept. Möglicherweise ist es sinnvoll, sich beim Selbstkonzept auf seine Arbeit als Lehrer einzugrenzen und beim vermuteten Fremdkonzept das Kollegium (oder die eigene Klasse?) als Bezugsgruppe zu wählen.

Bei der abschließenden Auswertung werden Übereinstimmungen und (eventuell gravierende) Abweichungen zwischen beiden Konzepten deutlich, und die Daten können in bezug auf ihre Bedeutung in ihrer handlungsanleitenden Funktion befragt werden.

(Die verwendeten Begriffe sind weder trennscharf noch operational definiert, jeder sollte sie so benutzen, wie er sie versteht!)

Selbsteinschätzung 1

Wie sehe ich mich in meiner Rolle als Lehrer?

Wert 1 = trifft gar nicht zu
Wert 10 = trifft vollkommen zu

1. geduldig   1—2—3—4—5—6—7—8—9—10
2. gesellig   1—2—3—4—5—6—7—8—9—10
3. selbstsicher   1—2—3—4—5—6—7—8—9—10
4. schülerorientiert   1—2—3—4—5—6—7—8—9—10
5. stringent   1—2—3—4—5—6—7—8—9—10

6. kompliziert   1—2—3—4—5—6—7—8—9—10
7. ehrgeizig   1—2—3—4—5—6—7—8—9—10
8. pflichtbewußt   1—2—3—4—5—6—7—8—9—10
9. sensibel   1—2—3—4—5—6—7—8—9—10
10. einfühlsam   1—2—3—4—5—6—7—8—9—10

11. offen für Neues   1—2—3—4—5—6—7—8—9—10
12. berufl. zufrieden   1—2—3—4—5—6—7—8—9—10
13. zuverlässig   1—2—3—4—5—6—7—8—9—10
14. einfallsreich,   1—2—3—4—5—6—7—8—9—10
15. lässig und locker   1—2—3—4—5—6—7—8—9—10

16. liebevoll   1—2—3—4—5—6—7—8—9—10
17. leistungsorientiert   1—2—3—4—5—6—7—8—9—10
18. engagiert   1—2—3—4—5—6—7—8—9—10
19. initiativ   1—2—3—4—5—6—7—8—9—10
20. innovativ   1—2—3—4—5—6—7—8—9—10

21. humorvoll   1—2—3—4—5—6—7—8—9—10
22. partnerschaftlich   1—2—3—4—5—6—7—8—9—10
23. kogn. orientiert   1—2—3—4—5—6—7—8—9—10
24. spontan   1—2—3—4—5—6—7—8—9—10
25. konfliktbereit   1—2—3—4—5—6—7—8—9—10

Selbsteinschätzung 2

Wie glaube ich, werde ich von meinen Kollegen (meinen Schülern) gesehen?

Wert 1 = trifft gar nicht zu
Wert 10 = trifft vollkommen zu

1. geduldig   1—2—3—4—5—6—7—8—9—10
2. gesellig   1—2—3—4—5—6—7—8—9—10
3. selbstsicher   1—2—3—4—5—6—7—8—9—10
4. schülerorientiert   1—2—3—4—5—6—7—8—9—10
5. stringent   1—2—3—4—5—6—7—8—9—10

6. kompliziert   1—2—3—4—5—6—7—8—9—10
7. ehrgeizig   1—2—3—4—5—6—7—8—9—10
8. pflichtbewußt   1—2—3—4—5—6—7—8—9—10
9. sensibel   1—2—3—4—5—6—7—8—9—10
10. einfühlsam   1—2—3—4—5—6—7—8—9—10

11. offen für Neues   1—2—3—4—5—6—7—8—9—10
12. berufl. zufrieden   1—2—3—4—5—6—7—8—9—10
13. zuverlässig   1—2—3—4—5—6—7—8—9—10
14. einfallsreich,   1—2—3—4—5—6—7—8—9—10
15. lässig und locker   1—2—3—4—5—6—7—8—9—10

16. liebevoll   1—2—3—4—5—6—7—8—9—10
17. leistungsorientiert   1—2—3—4—5—6—7—8—9—10
18. engagiert   1—2—3—4—5—6—7—8—9—10
19. initiativ   1—2—3—4—5—6—7—8—9—10
20. innovativ   1—2—3—4—5—6—7—8—9—10

21. humorvoll   1—2—3—4—5—6—7—8—9—10
22. partnerschaftlich   1—2—3—4—5—6—7—8—9—10
23. kogn. orientiert   1—2—3—4—5—6—7—8—9—10
24. spontan   1—2—3—4—5—6—7—8—9—10
25. konfliktbereit   1—2—3—4—5—6—7—8—9—10

An die Ergebnisse oder Daten aus den Selbsteinschätzungen – so vorläufig und unbefriedigend sie auch immer sein mögen – lassen sich eine Reihe nützlicher Überlegungen anschließen:

– Inwieweit bestimmen mein Selbstkonzept und mein vermutetes Fremdkonzept meine Reaktionen in Konfliktsituationen? Welche festen Muster des Umgangs mit Konflikten habe ich? Und wie erkläre ich sie mir? Sind meine Sichtweisen, Erklärungsmuster und Handlungsstrategien für mich, meine Schüler und meine Kollegen nützlich und hilfreich? Wie sähe ein – meiner Überzeugung nach – nützlicheres Verhalten aus?

– Weiter vorne im Text habe ich darauf hingewiesen, daß mein Selbstwertgefühl abhängig ist von der Diskrepanz zwischen Selbstkonzept und Idealem Selbst. Die gängige Strategie zur Reduzierung dieser Differenz besteht darin, in einem möglicherweise lebenslänglichen Prozeß darum zu kämpfen, seinen Idealen möglichst nahezukommen oder sie gar zu erreichen. Möglich ist aber auch der umgekehrte Weg, nämlich der einer Relativierung meiner Ideale oder ihrer Bedeutung. **Da jedes Problem genau die Bedeutung hat, die man ihm beimißt,** gibt es zwei prinzipielle Wege der Lösung: entweder ich schaffe das Problem aus der Welt (in diesem Falle: ich erreiche meine Ideale), oder ich messe dem Problem eine andere Bedeutung bei.

Beispiel: Zur Beurteilung des Verhaltens und des Leistungsstandes der Schüler gibt es zwei Möglichkeiten:

> *Entweder ich messe sie an einer generell gültigen, fiktiven Norm. Was können sie? Was müßten sie können? Je mehr die Klasse oder der einzelne sich der Ziellatte annähert, desto besser ist sie oder er. Aber da sie die 100%-Marke nie dauerhaft erreichen werden, sind viele Lehrer eben auch dauerhaft frustriert darüber. Sie können sich noch so engagieren, die Ergebnisse entsprechen so gut wie nie ihren Erwartungen.*

> *Die zweite Möglichkeit besteht darin, die allgemeingültige Norm aufzugeben und die Schüler (oder Lehrer) miteinander zu vergleichen, sondern jeden einzelnen mit sich selbst. Was konnte die Klasse oder der einzelne Schüler vor drei Monaten und was kann er heute? Wie war die Mitarbeit, die Anstrengungsbereitschaft, das Durchhaltevermögen, das Sozialverhalten vor einem Jahr und wie ist es heute?*

Meiner Überzeugung nach ist dieses zweite Muster nützlicher für Schüler wie für Lehrer. Es vermittelt beiden Erfolgserlebnisse, und es wird dem Schüler besser gerecht. Denn relevant für ihn ist nicht irgendeine imaginäre Norm, sondern seine eigene. Und die wird nur deutlich (und damit veränderbar) durch den Vergleich mit sich selbst. Besonders in der sonderpädagogischen Arbeit ist dieses zweite Vorgehen weit verbreitet. (Solcherart pädagogisch begründetes Handeln stößt natürlich an seine Grenzen durch administrative Vorgaben wie Lehrpläne, Richtlinien etc., bzw. die Bedeutung, die ich ihnen beimesse. Hier die eigenen Handlungsspielräume stärker zu nutzen und sie zu erweitern, dürfte für jeden Lehrer und für jedes Kollegium ein lohnender Verhandlungsgegenstand sein!)

– Ich kann die Einschätzungsbögen benutzen als Grundlage zur Reflexion meiner Sichtweisen und meiner Handlungsmuster und des Zusammenhanges, der zwischen beiden besteht. Ich kann es auch – in der vertrauensvollen Kooperation mit Kollegen – als Ausgangspunkt für ein Gespräch nehmen, in dem ich mir Informationen über mein tatsächliches Fremdkonzept einhole. Wie sehen mich meine Kollegen (oder Schüler), wie wirke ich auf andere?
Es ist durchaus keine Ausnahme, wenn man in einer solchen Situation beispielsweise erfährt, daß man für sehr selbstsicher (oder robust, oder...) gehalten wird, obwohl man sich selbst ganz anders sieht.
Der Gedanke an eine solche Überprüfung seiner selbst ist sicher auch mit Aufregung oder Befürchtungen verbunden, gibt aber letztlich Verhaltenssicherheit: Je mehr eine Situation von Menschen als unklar und „**nebulös**" wahrgenommen wird, desto mehr werden sie diese Situation auch für bedrohlich halten. Transparenz und explizite Aussagen sorgen in diesem Sinne auch dann für Sicherheit, wenn sie etwas „**klarstellen**", das man sich gerne anders gewünscht hätte.

– Last not least kann ich Selbsteinschätzungen ausfüllen für meine Schüler, indem ich für jeden (oder für einzelne) ein **vermutetes Selbstkonzept** erstelle. Was glaube ich, wie dieser Schüler sich selber sieht? Schon allein dieser Versuch dürfte eine Vielzahl neuer Informationen (und neuer Fragen) für mich ergeben und eventuell meine bisherige Sichtweise dieses Schülers beeinflussen. Ob ich solche Themen mit den Schülern explizit verhandeln kann, wird von deren Alter, aber noch mehr von der Qualität der Lehrer-Schüler-Beziehung abhängen.

Ich hoffe, daß deutlich geworden ist, worum es mir in diesem Abschnitt ging: Die Art, wie wir uns selber sehen und wie wir von anderen gesehen zu werden glauben, schlägt unmittelbar durch in unserem konkreten Verhalten. Die Art, wie wir Konflikte mitheraufbeschwören, wie wir sie bewerten und wie wir sie bewältigen (wobei auch das Verleugnen, Verdrängen oder Vermeiden als Bewältigungsmuster anzusehen sind) ist immer mitbestimmt von unserer Definition unserer selbst in einer bestimmten Situation. Deshalb wird sich unser Verhalten (in Konfliktsituationen) in dem Maße ändern, in dem sich unsere „Konzepte" und unsere Überzeugungs- und Bewertungsmuster weiterentwickeln. Ich will diesen Gedanken noch an einem zweiten Beispiel verdeutlichen.

Attribuierung

Meichenbaum (1979a, 138f) verdeutlicht in einem Beispiel, was mit diesem Begriff gemeint ist:

Ein Mann hält einen Vortrag. Während er redet, stehen einige seiner Zuhörer auf und verlassen den Raum. Dieses Verhalten setzt beim Sprecher einen sozusagen automatischen Mechanismus in Gang, nämlich den, nach einer Erklärung zu suchen für das, was er beobachtet hat. (Kausalattribuierung bedeutet nichts anderes, als einem beobachteten Sachverhalt oder Ereignis eine angenommenen Ursache zuzuordnen.) Der Vortragende könnte in diesem Falle verschiedene Erklärungen verwenden. Er könnte sagen: Mein Vortrag scheint diesen Leuten nicht zu gefallen, er langweilt sie. Oder: Ich hab's mir gedacht, ich kann einfach keine guten Vorträge halten, ich sollte es wirklich sein lassen.

Er könnte auch sagen: Diese Leute verpassen einen interessanten Vortrag. – Die sind wohl im falschen Raum gelandet! – Die verstehen nichts von meinem Thema....

Je nachdem, welche Ursache er als wahr und richtig annehmen wird, wird sich seine Attribuierung auf sein Verhalten auswirken. Sieht er die Ursache bei sich, wird er wahrscheinlich verunsichert werden, vielleicht wird er schneller sprechen, um eher fertig zu werden, oder Kürzungen vornehmen oder versuchen, seine Rede durch humorvolle Einlagen noch etwas aufzubessern...oder den Job an den Nagel hängen. Attribuiert er den Grund für das Verhalten der Zuhörer, die gegangen sind, dagegen external, etwa indem er Unkenntnis oder Desinteresse unterstellt, so wird ihn das in seinem konkreten Verhalten sehr viel weniger beeinflussen.

Ganz ähnlich wie bei unseren Überzeugungen in bezug auf unser Selbstkonzept sind auch unsere Gewohnheiten zu attribuieren automatisiert, „vorbewußt" und nur sehr selten explizit reflektiert. Dabei haben sie weitgehenden Einfluß sowohl auf die Art, wie wir uns fühlen – dem Redner, der die Ursache bei sich sieht, wird es schlechter gehen als dem anderen – als auch auf unser konkretes Verhalten.

Ich will deshalb im folgenden die verschiedenen Möglichkeiten des Attribuierens aufzeigen, an Beispielen verdeutlichen und dann auf mögliche Konsequenzen und Fragen eingehen.

Internale und externale Attribuierung

Internal: Ich suche die Ursache für eine Situation oder ein bestimmtes Verhalten anderer bei mir:
- Ich halte keinen guten Vortrag!
- Was habe ich denn jetzt schon wieder verkehrt gemacht?

External: Ich lokalisiere die Ursache in der Umwelt oder bei anderen:
- Die Leute verstehen nichts von meinem Thema!
- Bei diesem Gegenwind ist kein gutes Spiel möglich!

Globale und spezifische Attribuierung

Global: Ich generalisiere auf einen weiten Ereignisbereich:
- Ich kann einfach keine Vorträge halten!
- Keiner liebt mich!

Spezifisch: Ich beziehe meine Erklärung auf einen engen Ereignisbereich:
- Dieser Vortrag ist wirklich nicht besonders gut!
- Diesmal habe ich ihn wohl überfordert!

Stabile und variable Attribuierung

Stabil: Meine Erklärung ist zeitlich beständig und überdauernd:
- Ich hatte mit Vorträgen noch nie Erfolg!
- Immer stehe ich in der längsten Schlange!

Variabel: Meine Erklärung ist nur auf die aktuelle Situation bezogen:
- Heute ist wohl nicht mein Tag!
- Diesmal habe ich mal Glück gehabt!

Diese Möglichkeiten sind miteinander verknüpft und ergeben ein Raster, das ich im folgenden an zwei Beispielen konkretisieren werde.

| | Internal | | External | |
	Stabil	**Variabel**	**Stabil**	**Variabel**
Global				
Spezifisch				

Beispiel 1: Nehmen wir an, einer Praktikantin oder Lehramtsanwärterin sagen die Schüler: „Du bist ja gar keine richtige Lehrerin, wir wollen bei Dir keinen Unterricht haben!"
Die Betreffende hätte folgende Möglichkeiten oder Attribuierungen:

| | Internal | | External | |
	Stabil	**Variabel**	**Stabil**	**Variabel**
Global	Kinder mögen mich nicht	Manchmal lehnen Kinder mich deutlich ab	Kinder sind heutzutage alle verhaltensgestört	Das Wetter ist wieder umgeschlagen
Spezifisch	Die Kinder dieser Klasse mögen mich nicht	Manchmal zeigen mir diese Kinder offen ihre Abneigung	Die Kinder brauchen alle Einzelunterricht	Die wollen heute wissen, wie weit sie bei mir gehen können

Beispiel 2: Eine Person erhält beim Versuch einer Kontaktaufnahme zu jemand anderem einen Korb.

| | Internal | | External | |
	Stabil	**Variabel**	**Stabil**	**Variabel**
Global	Keiner mag mich, ich bin völlig unattraktiv	Heute komme ich bei keinem an	Alle Männer sind Tanzmuffel	Denen ist wohl das Bier zu warm
Spezifisch	Auf Feten weiß ich nie, was ich sagen soll	Was habe ich diesmal falsch gemacht?	Die falsche Zielgruppe für mich	Dieser Blödmann

Die Konsequenzen, die Attribuierungsmuster haben können, lassen sich am besten an den beiden Extremmöglichkeiten aufzeigen:

– Nehmen wir an, eine Person hat sich entschieden, jeden Mißerfolg und Fehlschlag, jede ausbleibende erhoffte Streicheleinheit etc. internal zu attribuieren. (Es gibt Menschen, die haben z.B. „ein schlechtes Gewissen", wenn sie Gäste zu einer Grillparty eingeladen haben und es dann regnet – abstrakt ausgedrückt: sie attribuieren das schlechte Wetter internal!)
Zeitlich und weitestgehend situationsunabhängig sehen sie sich immer als den Versager (Leistungsbereich) oder den ungeliebten Menschen (sozialer Bereich).
Beispiel: „Hunderttausend Leute sind im Fußballstadion! Wer kriegt den Ball vor den Kopf geschossen? **Immer** ich!!!"

Das Ergebnis (oder eine Etappe) einer solchen Denkweise besteht in der Entwicklung und Ausprägung von **depressivem Verhalten**. Das ist jedenfalls der Ausgangspunkt der „kognitiven Therapie der Depression" von A. Beck (1986), die Depression als Produkt einer bestimmten, oben angedeuteten kognitiven Haltung sieht und ihre Strategie darauf ausrichtet, Depression aufzulösen durch Veränderung der sie aufrechterhaltenden, zermürbenden Denkfiguren. Auch Seligman (1979), der das Konstrukt der „erlernten Hilflosigkeit" entwickelt und untersucht hat, begründet entsprechende Verhaltensmuster mit einer globalen, stabilen und internalen Attribuierung von Versagenserlebnissen, bis hin zu einem Punkt, an dem sich der Betreffende keinerlei Leistung mehr zutraut und sich keinerlei Wert mehr beimißt.
Auf die Bedeutung dieser Sichtweise für Konfliktsituationen werde ich im Kapitel „Kognitivismus" noch zurückkommen.

Das andere Extrem des Attribuierens wird repräsentiert von Menschen, die jeden Erfolg bei sich selber verbuchen („Der Matchwinner, das sind immer sie!) und /oder die vor allem jede Fehlleistung nach außen schieben, auf andere oder auf die ungünstige Situation, und die sich damit als nicht verantwortlich erklären.
Aus der Zeit meiner Arbeit und meines Zusammenlebens mit Haftentlassenen sind mir einige prägnante Beispiele in Erinnerung:

➤ „Da kann ich nichts dafür, daß ich gestern so besoffen war – wenn meine Freundin nicht anruft – dann ist sie es selber schuld, wenn ich so abstürze!"
➤ Ein junger Mann, der ein Auto geknackt und in einer Kurve an einer Mauer fast zu Schrott gefahren hatte, sagte zwei Tage später

zu dem Unfall: „Eigentlich war ich das gar nicht! Eigentlich war das die Servo-Lenkung! Wenn der Wagen keine Servo-Lenkung gehabt hätte, wäre das nicht passiert!"

➤ In einem Wutanfall, bei dem eine junge Frau restlos ausrastet, demoliert sie ihr Zimmer, indem sie die gesamte Einrichtung zerstört, alles aus dem Fenster wirft und sogar die Stromkabel aus der Wand reißt. Ein paar Tage später sagt sie dazu: „Ich war das nicht – das kann nur ein Drop Out gewesen sein!"

Externale Attribuierung eigener Fehlleistung in extremer Ausprägung erleichtert sowohl die Produktion delinquenten Verhaltens – denn „Schuld" sind immer die anderen – als auch das psychische Überleben und die Aufrechterhaltung eines positiven Selbstkonzepts selbst nach brutalen und/oder schwerwiegenden Delikten.

Auch hier liegt ein wichtiger Ansatzpunkt für einen langfristigen pädagogischen Umgang mit Konflikten, bzw. den „Konfliktbearbeitungsmustern" der an ihnen Beteiligten (inclusive uns selbst).

Die Frage kann demnach nicht die sein, welche Form der Attribuierung die sinnvollere oder nützlichere ist, sondern nur die nach dem ausgewogenen Verhältnis, dem „Sowohl-Als-Auch". Dies gilt auch für die beiden anderen Alternativen (stabil – variabel / spezifisch – global); die Wirklichkeit unserer Zuschreibungs- und Erklärungsgewohnheiten dürfte sich differenziert und auf Teilaspekte bezogen darstellen.

Beispiele: Während jemand in bezug auf sportliche Aktivitäten vielleicht sehr viel auf sein eigenes Können hält und sozusagen vor Selbstbewußtsein strotzt, kann es in bezug auf künstlerische oder musikalische Kreativität oder Sicherheit umgekehrt sein.
Oder ein Schüler ist in bezug auf seine sozialen Fähigkeiten sehr selbstbewußt, er sieht sich als beliebtes und unverzichtbares Mitglied der Gruppe, aber alle Selbstsicherheit fliegt dahin, wenn es um Leistungsanforderungen geht. Ein anderer Schüler erlebt sich vielleicht als souverän im Fach Mathematik, kann aber nicht verstehen, warum er auch Fremdsprachen lernen soll.

Die Bedeutung unserer Denkgewohnheiten für Konfliktsituationen soll hier nicht weiter verfolgt werden, sie ist Gegenstand des Kapitels über den Kognitivismus.

Hier sollte es „nur" darum gehen, einmal den Blick auf die eigenen Denkmuster zu werfen und darüber zu reflektieren und/oder zu dis-

kutieren, inwieweit diese einen Rahmen vorgeben, innerhalb dessen wir uns bewegen und orientieren – möglicherweise ohne daß
uns die Existenz dieses Rahmens bewußt ist.

3. Ein Übersichtskapitel

Bevor ich – nach dem einleitenden Blick auf die „Subjektive Alltagstheorie" – auf die einzelnen in der wissenschaftlichen Psychologie entwickelten Theorien und ihre jeweiligen Vorschläge und Strategien für pädagogisches Verhalten in Konfliktsituationen eingehe,
werde ich diese in einer knappen Übersicht zusammenstellen und
einander zuordnen.

Menschliches Verhalten läßt sich aus den verschiedensten Blick-
winkeln betrachten und erklären. Die wichtigsten sind folgende:

Medizin

Aus einer **medizinischen Sichtweise** heraus wird beobachtbares
Verhalten mit somatischen, physiologischen oder neurologischen Er-
klärungsmustern verknüpft.
Besonders agiles, unruhiges und unkonzentriertes Verhalten wird
dann beispielsweise mit dem (Krankheits-)Begriff „Hyperkinese"
belegt, mit Stoffwechselstörungen im Gehirn erklärt oder Blockie-
rung von Neurotransmittersubstanzen oder minimaler cerebraler
Dysfunktion (MCD) und entsprechend medizinisch (in diesem Falle
etwa mit Psychopharmaka) behandelt (vgl. hierzu etwa Wender/Wen-
der (1980), Eichlseder (1985), dagegen: Voß (1983, 1984)).

Ethologie

Die **Ethologie** (Verhaltensforschung) betrachtet das Thema aus einer biologischen Sicht. Konkretes Verhalten wird in Zusammenhang
gebracht mit Instinkten und Trieben, mit der „Natur des Menschen".
Aggressives Verhalten etwa wird zurückgeführt auf einen Trieb, der
der Art- und Selbsterhaltung, der Revierverteidigung und der Fort-
pflanzung („Der Stärkere setzt sich durch!") dient (vgl. hierzu etwa:
Lorenz, 1966; Eibl-Eibesfeld, 1970, Hassenstein, 1982).

Diese beiden theoretischen Perspektiven sind für unser Thema weniger von Belang, deshalb werde ich sie in diesem Buch nicht weiter verfolgen. Sie sind nicht sehr optimistisch in bezug auf mögliche Veränderungen (medikamentöse Präparate müssen oft jahrelang genommen werden), da „Anlagen" und „Instinkte" per definitionem nur begrenzt beeinflußbar sind. Sie „stellen eher fest" (ich
meine das im doppelten Wortsinn), als daß sie verändern. Damit

erscheinen sie für angestrebte Veränderung (das Ziel allen pädagogischen Bemühens) oft wenig hilfreich und nützlich!

Psychologie

Die **Psychologie** hat vier mögliche Sichtweisen zu Verfügung gestellt, auf die ich hier nur ganz kurz eingehe, da sie inhaltlich noch in den einzelnen Kapiteln auf ihre Handlungsvorschläge hin befragt werden.

Das Gemeinsame dieser Theorien ist die Annahme, daß das zu beobachtende Verhalten vorrangig abhängig ist von verdeckten, in der Person liegenden Ursachen oder Mechanismen.

Die akademische Psychologie hat drei große Modelle entwickelt (das vierte ist der Beitrag der Humanistischen Psychologie), die sich schwerpunktmäßig beschäftigen mit
– den Emotionen des Menschen: Psychoanalyse
– dem Verhalten des Menschen: Behaviorismus
– den Kognitionen des Menschen: Kognitivismus.

Diese Focussierung auf jeweils einen dieser drei Aspekte hat erhebliche Folgen für das jeweilige Handeln.

Beispiel: Ein Mensch, der Angst hat vor Hunden und fürchtet, er könnte von ihnen gebissen werden, zeigt entsprechende Reaktionen
➤ im Verhalten (er geht ihnen aus dem Weg, vielleicht verläßt er gar seine Wohnung nicht mehr),
➤ in seinen Kognitionen (er „weiß" natürlich, daß nicht alle Hunde lebensgefährlich sind, aber in realen oder erdachten Situationen wird nur noch die Möglichkeit des „Er wird mich beißen!" gedacht!)
➤ und in seinen Emotionen, (er erlebt das Gefühl „Angst").

Ein Psychologe oder Pädagoge, der **psychoanalytisch orientiert** denkt, würde – sehr verkürzt formuliert – bei den Emotionen ansetzen. Seiner Überzeugung nach kann er am besten Einfluß nehmen auf Veränderungsprozesse im Denken und im Verhalten durch Beeinflussung der Empfindungen und Gefühle (Kapitel 4).

Ein **behavioristisch** orientierter Fachmann würde versuchen, durch ein entsprechendes Training das Verhalten zu verändern: Sein Postulat hieße: Ein Mensch, der den (möglichen) Kontakt mit Hunden weder vermeidet noch flieht, wird die Erfahrung machen, daß er keine Angst zu haben braucht und als Folgekonsequenz sein Denken über Hunde und seine Gefühle diesen gegenüber verändern (Kapitel 5).

Die Sichtweise der **Humanistischen Psychologie** läßt sich nicht mit so wenigen Sätzen darstellen, da sich unter diesem Begriff die unterschiedlichsten Ansätze finden. Vielleicht genügt es hier zu sagen, daß die Vertreter dieser Richtung die oben beschriebene Aufteilung des Menschen ablehnen und eine ganzheitliche Sichtweise bevorzugen. Ihre Strategien bestünden darin, die Selbstheilungskräfte oder verschütteten Potentiale einer Person zu mobilisieren und sie (etwa durch Wertschätzung) in ihren Anstrengungen zu unterstützen (Kap.6).

Der Ansatzpunkt einer **kognitivistischen** Intervention wären die – in bezug auf die Gefährlichkeit von Hunden – irrationalen Denkmuster und Überzeugungen, die weniger in reflexiver und bewußter Form, sondern eher automatisiert das Verhalten und die Emotionen auslösen und steuern. Hier hätte die Veränderung der kognitiven Ebene eine zwangsläufige Veränderung von Verhalten und Gefühlen zur Folge (Kap.7).

Das Gemeinsame aller bisher beschriebenen Modelle ist die **Grundüberzeugung, daß menschliches Verhalten am besten erklärt werden kann durch Introspektion,** d. h. durch den Blick in den Menschen hinein, denn: Ursache oder Auslöser für konkretes Verhalten sind Faktoren, die in der Person liegen, seien es nun durch Vererbung programmierte Charaktereigenschaften, organische oder neurologische Insuffizienzen, Instinkte, Triebe, die „Libido", Emotionen, Ergebnisse von Konditionierungsprozessen, irrationale Denkmuster oder durch traumatische Erfahrungen verschüttete Ich-Potentiale (siehe Tab. Nächste Seite).

Eine **interpersonelle, systemisch orientierte Sichtweise** betont demgegenüber die Bedeutung der konkreten Situation und der in ihr vorfindlichen Beziehungsstrukturen, Spielregeln und Kommunikationsprozesse für das zu beobachtende Verhalten (Kapitel 8).

Beispiel:

> Aus einer personenbezogenen Sichtweise könnte man sagen: Ein Lehrer schreit einen Schüler deswegen an, weil er wütend ist.
> Die kontextorientierte Perspektive lautete: „Ein Lehrer schreit einen Schüler weniger deswegen an, weil er wütend ist (Ur-

Personenbezogene Theorien zum menschlichen Erleben und Verhalten

Theologie	Medizin	Ethologie	Psychologie *Psychoanalyse*	Psychologie *Behaviorismus*	Psychologie *Humanistische Psychologie*	Psychologie *Kognitivismus*
Menschen handeln gut und böse - Verhalten ist Lob Gottes oder Sünde	Verhalten hat organische, z.B. neurologische Ursachen	Verhalten ist instinkt und triebgesteuert und dient der Arterhaltung, Verteidigung des Reviers, Brutpflege etc.	Verhalten ist abhängig von Trieben und unbewußten Prozessen ("Es")	Verhalten ist abhängig von situativen Bedingungen, Signalreizen und Kontingenzen	Verhalten ist das Ergebnis von Lernerfahrungen - diese beruhen auf dem Bedürfnis, sich zu entwickeln und zu wachsen	Verhalten ist das Ergebnis von Planung, Einsicht, Entscheidungen und automatisierten Denkprozessen
Der Mensch als Geschöpf Gottes - Leben ist vorherbestimmt, sinnvoll und weist über es hinaus	mechanistisches Menschenbild: Der Mensch als komplizierte Maschine, Störungen (im Verhalten) zeigen auf innere Defekte	Der Mensch als hochentwickeltes Tier - homo sapiens	Der Mensch ist abhängig von unbewußten Inhalten seiner Psyche. Der Mensch "an sich" ist schlecht, das "Es" bedarf der Kontrolle durch "Ich" und "Über-Ich"	Der Mensch ist außengesteuert durch aktuelle Stimuli und die Ergebnisse von Konditionierung. "Freier Wille" und ähnliche Begriffe sind wissenschaftlich nicht haltbar.	Der Mensch "an sich" ist gut und hat ein Bedürfnis nach Selbstverwirklichung	Der Mensch ist frei und verantwortlich für sein Tun

sache), sondern mehr deswegen, weil er die Beziehung zum Schüler so definiert, daß es ihm erlaubt ist, ihn anzuschreien. Bei identischem Wutpegel würde er dieses Verhaltensmuster einem Kollegen oder gar Vorgesetzten gegenüber nicht zeigen. Hier wäre die Spielregel für den Umgang miteinander in einer solchen Situation eine andere (Palmowski, 1995b, 195).

Während in diesem Modell das Verhalten verschiedener, an einer Situation beteiligter Menschen sich wechselseitig bedingt, (was auch bedeutet, daß der Einzelne Einfluß nehmen kann!) fragen mehr **soziologisch orientierte Ansätze** nach der Bedeutung und dem Einfluß (gesamt-)gesellschaftlicher Strukturen und Prozesse, die in Normen, Werthaltungen, aber auch ganz konkreten politischen Entscheidungen zum Ausdruck kommen, für den Einzelnen. Konkretes Verhalten wird hier gesehen als Ausdruck (oder Ergebnis oder Wiederspiegelung) der gesamtgesellschaftlichen Verhältnisse und des Prozesses der Anpassung an diese.

Theorien, die Verhalten aus dem Kontext erklären

Kommunikationstheorie	Systemik	Soziologie
Verhalten ist Ergebnis und Ausdruck von Regelkreisprozessen	Verhalten ist Ergebnis und Ausdruck von Spielregeln in Systemen. Es ist nicht ursächlich, sondern funktional bedingt	Verhalten ist Ergebnis der Anpassung an gesellschaftliche Gegebenheiten
Der Mensch agiert und reagiert (gleichzeitig)	Der Mensch ist aktiver Teilnehmer an einem Spiel, dessen Spielregeln prinzipiell verhandelbar sind	Der Mensch ist ein Produkt seiner Gesellschadft (Kultur, Zeit, Normen, Werte...)

Alle diese Theorien – seien sie personenbezogen oder kontextorientiert – betonen unterschiedliche Aspekte der Gesamtproblematik der Erklärung menschlichen Verhaltens. Ihr Verhältnis zueinander ist damit sowohl das der Konkurrenz als auch das der gegenseitigen Ergänzung.

Für pädagogisches, beraterisches oder therapeutisches Handeln kann es dabei auch gar nicht um die Frage gehen, „welche dieser Theorien denn nun am meisten Recht hat" (diese Frage ist aus heutigen wissenschaftstheoretischen Überlegungen heraus ohnehin nicht definitiv zu beantworten) – sondern nur darum, welcher oder welche dieser Ansätze sich für praktisches pädagogisches Handeln am hilfreichsten und nützlichsten erweisen.

3.1 Welche Strategien im Umgang mit Konfliktsituationen haben sich bisher als wenig nützlich und hilfreich erwiesen?

Es sind im wesentlichen fünf Möglichkeiten, auf die von Lehrern, Erziehern und Eltern immer wieder zurückgegriffen wird, wenn es um die Bewältigung kritischer Situationen oder chronischer Konfliktmuster geht, von denen sich sagen läßt, daß sie – trotz ihrer Häufigkeit – wenig Effekt zeigen. Es sind dies:

– die „Mr. Magic"-Haltung,
– die Strategien der Bestrafung,
– des Appells an die Einsicht,
– die des „Mehr-Desselben",
– und die retrospektive Perspektive.

Die Problematik der „Mr. Magic"-Haltung

Der Cartoon auf der Titelseite drückt aus, was gemeint ist: Der Lehrer als Zauberer, der dem armen Schüler-Kaninchen einen Zylinder nach dem anderen entlockt (oder entreißt oder entnimmt!). Der Lehrer, der für jeden Zylinder (jedes Problem und jede Schülerleistung) zuständig ist, von dem alles abhängt und ohne den nichts geht! Der Lehrer, der meint, auch für die Alkoholprobleme der Eltern eines seiner Schüler zuständig und verantwortlich zu sein, oder deren Arbeitslosigkeit oder beengte Wohnverhältnisse...
Ich habe die Erfahrung gemacht, daß viele Kollegen sich in diesem Bild des Mr. Magic zumindest teilweise wiederfinden. Auch sie übernehmen immer wieder Verantwortung für Strukturen und Prozesse, die „eigentlich" nicht in ihren Aufgabenbereich fallen und für die sie ebenso „eigentlich" auch gar keinen Auftrag haben. Viele Lehrer fühlen sich verantwortlich für das Verhalten und die schulischen Leistungen ihrer Schüler, obwohl sie wissen, daß sie da eine Idee verfolgen, die keinen Erfolg haben kann. Denn die Verantwortung für Lernen und Handeln liegt immer bei demjenigen selbst, der lernt und der handelt (Goetze, 1989, 766).

Eine weitreichende Möglichkeit, für sich Entlastung zu schaffen, könnte schon darin bestehen, genaue Zuständigkeiten und Aufträge für sich zu klären bzw. sich mit anderen Beteiligten daraufhin zu verständigen.

Gelassenheit gegenüber Dingen, die man nicht verändern kann, scheint mir hilfreicher, als Schuldgefühle und Bauchschmerzen durch eine Mr. Magic-Position.

Problematische Aspekte bei der Anwendung von Bestrafung

Aus den Perspektiven der verschiedenen wissenschaftlichen psychologischen Theorien (siehe die entsprechenden Kapitel) ist darauf hingewiesen worden, daß der Einsatz von Sanktionen zur (dauerhaften!) Lösung von Konfliktkonstellationen kaum oder gar nicht wirksam ist. Eine wirksame Sanktion oder deren Androhung bewirkt zwar fast immer eine unmittelbare Veränderung des Verhaltens in der Situation, aber sie stellt auch langfristige Ziele in Frage und kann die Qualität der Lehrer-Schüler-Beziehung ernsthaft beeinträchtigen. Deshalb werde ich auf dieses Thema besonders im lerntheoretischen Kapitel ausführlich eingehen.

Die sofortige Wirkung der Bestrafung, z.B. bei Störverhalten, führt leicht zu einer Etablierung dieses Erzieherverhaltens. Gemeint ist hier folgender verhängnisvoller Mechanismus: Die Schüler stören – der Lehrer übt sich in Geduld – er bittet einige Male um Ruhe – vielleicht ermahnt er einige der Schüler – alles ohne Erfolg – schließlich reißt der Geduldsfaden und er schreit los oder kündigt eine „Strafarbeit" an oder bestraft den Schlimmsten der Störenfriede – und: er hat sofort Erfolg, alle sind ruhig, er kann wieder unterrichten. Der Lehrer ist hier für sein strafendes Verhalten unmittelbar verstärkt worden, und das heißt auch, daß er in zukünftigen ähnlichen Situationen mit erhöhter Wahrscheinlichkeit wieder mit Bestrafungsreizen arbeiten wird. Dies ist einer der Gründe, warum selbst die Pädagogen, die die Unsinnigkeit von Bestrafung erkannt haben und sie als pädagogisches Mittel ablehnen, so häufig zu genau diesem Mittel greifen. Sie sind einem verhaltenssteuernden Mechanismus (dem der kontingenten Verstärkung) ausgeliefert, den sie nicht verändern können, wenn sie ihn nicht durchschauen.

Problematische Aspekte beim Appell an die Einsicht

Unter diesem Begriff sollen eine Reihe von Maßnahmen wie Ermahnungen, moralisierende Kommentare, Bitten oder Versprechungen zusammengefaßt werden, die letztendlich alle von der Annahme ausgehen, daß den Betreffenden die Einsicht in das aktuelle Geschehen fehlt und ihnen diese deshalb wieder vor Augen geführt werden muß.

Carl Rogers hat deutlich gemacht, daß genau diese Grundannahme nicht stimmt: „ Der Junge, der stiehlt, weiß, daß es falsch und unratsam ist zu stehlen. Die Eltern, die schimpfen und nörgeln und ihr Kind zurückweisen, wissen, daß dieses Verhalten bei anderen Eltern schlecht ist. Der Student, der die Vorlesung schwänzt, ist sich intellektuell der Gründe bewußt, die gegen dieses Verhalten sprechen" (1972, 37).

Aus dieser Überlegung lassen sich folgende Aspekte ableiten:

1. Der Appell an die Einsicht vermittelt keine neuen Informationen, die inhaltlichen Daten waren auch vorher schon bekannt.

2. Da die Betreffenden sich „trotz besseren Wissens" für eine Problemverhaltensweise entschieden haben, werden sie auch ihre Gründe dafür haben – der Appell an die Einsicht ignoriert diese und wertet sie ab.

3. Damit definiert der Erzieher seine eigene Position in dieser Situation als dominant (sein Standpunkt ist der bessere oder der einzig richtige) und bringt so einen Machtfaktor in die Auseinandersetzung mit ein.

4. Wenn es um einen Machtkampf geht, (wie verdeckt er auch immer sein mag,) ist auf der inhaltlichen Ebene eine Lösung durch Kooperation nicht mehr möglich.

Die Problematik des „Mehr-Desselben"

Die beiden oben vorgetragenen Strategien erhalten besonderes Gewicht, wenn man sie verknüpft mit der von Paul Watzlawick (1983) beschriebenen Problemlösestrategie, die er **„Mehr desselben"** nennt:

„Hinter diesen beiden einfachen Worten, mehr desselben, verbirgt sich eines der erfolgreichsten und wirkungsvollsten Katastrophenrezepte, das sich auf unserem Planeten im Laufe der Jahrmillionen herausgebildet und zum Aussterben ganzer Gattungen geführt hat" (Watzlawick, 1983, 27f).

Gemeint ist hier nichts anderes, als daß an einer bestimmten Lösungsstrategie für ein bestimmtes Problem auch über lange Zeiträume selbst dann festgehalten wird, wenn sich diese Strategie als nicht wirksam erwiesen hat. Die einzige Variable, die sich ändert, ist die Menge, die eingesetzt wird.

➤ Der Lehrer, der auf unliebsames Schülerverhalten mit Druck reagiert, wird, wenn die Schüler mehr des unerwünschten Verhaltens zeigen, mit mehr desselben, also mit mehr Druck reagieren. Dieser Regelkreis oder diese Spirale könnte nun ins Endlose fortgedacht werden, ohne daß eine der beiden beteiligten Parteien auf die Idee käme, eine andere Lösungsmöglichkeit für das Problem ins Auge zu fassen. Sie bleiben bei ihren „bewährten" Reaktionsmustern, obwohl offensichtlich ist, daß sie zur Lösung des Problems nicht taugen.

Der in dieser Überlegung gewählte Inhalt des Lehrerverhaltens (Druck), ist dabei beliebig und könnte, ohne daß das Muster sich ändert, durch Kontrolle, Wut, Nachgiebigkeit...oder Hilfe geben ersetzt werden. „Man darf nicht aufhören zu helfen, selbst wenn es nichts nützt" (Schweitzer/Reuter, 1991, 175). Das gleiche gilt sinngemäß für das Schülerverhalten.

Die impliziten Spielregeln, die das Verhalten des „mehr desselben" aufrechterhalten, beschreibt Watzlawick folgendermaßen: „Erstens, es gibt nur eine mögliche, erlaubte, vernünftige, sinnvolle, logische Lösung des Problems, und wenn diese Anstrengungen noch nicht zum Erfolg geführt haben, so beweist das nur, daß er sich noch nicht genügend angestrengt hat. Zweitens, die Annahme, daß es nur diese einzige Lösung gibt, darf selbst nie in Frage gestellt werden" (Watzlawick, 1983, 29f).
Die Konsequenz aus der Erkenntnis der Fragwürdigkeit der Strategie des „Mehr Desselben" könnte demnach etwa so lauten:
Wenn ich etwas verändern will, eine konkrete Verhaltensweise oder die Spielregeln in einem System oder einen Problemkontext, dann muß ich etwas anders machen, als ich es bisher gemacht habe! (vgl. Palmowski / Schumann, 1996)

Die retrospektive Perspektive

Bei der Aufarbeitung von Konfliktsituationen legen viele Lehrer den Schwerpunkt ihrer „Ermittlungen" auf eine möglichst genaue und wahrheitsgemäße Rekonstruktion des „Tathergangs" und der daran Beteiligten. (Was ist genau passiert? Was hast du gemacht? Wer war noch dabei? Wer hat euch angestiftet? .....) Meine der Kriminalistik entlehnte Wortwahl ist dabei durchaus nicht zufällig oder bloße

Ironie: Die Vorgehensweise bei einer solchen Konfliktbearbeitung gleicht im ersten Schritt eher der Arbeit eines Detektivs, der Beweismaterial sammelt und der den oder die Schuldigen feststellt, und anschließend der eines Richters, der ein Urteil verkündet und es durchsetzt. (Du hast angefangen! Du bist doch der Vernünftigere und der Stärkere! Wie konntest du das nur tun?....)

Pädagogisch sinnvoll erscheint mir die retrospektive Perspektive nicht – denn – neben anderen Nachteilen – enthält sie kaum Möglichkeiten für verändertes zukünftiges Verhalten.

Mein Vorschlag wäre der, bei der Aufarbeitung von Konfliktsituationen nicht in die Vergangenheit zu schauen, sondern in die Zukunft: „Was muß passieren, damit das, was passiert ist, nie wieder passiert?" Diese Perspektive erspart dem Lehrer die Rolle des Kriminologen und eröffnet ihm und den Schülern dafür hilfreiche pädagogische Handlungsmöglichkeiten.

3.2 Allgemeine Überlegungen, die für den Umgang mit schwierigen Schülern hilfreich sein können

Ich habe lange gezögert, ob ich an dieser Stelle einige Hinweise einfügen solle, von denen ich glaube, daß sie sehr hilfreich sein können für die Bewertung von und den Umgang mit Konfliktsituationen.

Denn im Grunde leiste ich mir hier einen Widerspruch, wenn ich einleitend darauf hingewiesen habe, daß alles, was wir tun, immer abhängig ist von unseren spezifischen, derzeit relevanten Überzeugungen (Alltagstheorien) und jetzt im folgenden quasi übergreifende, allgemeingültige (und damit theorieunabhängige) Ideen und Vorschläge skizziere, denen ich besondere Bedeutung beimesse.

Dabei lassen sich die folgenden Gesichtspunkte durchaus den theoretischen Modellen zuordnen, die in den folgenden Kapiteln besprochen werden; weil sie aber mehr grundsätzliche Aspekte ansprechen sollen sie – mehr pragmatisch als logisch – hier vorangestellt sein.

1. Gratifikation und Sanktion

Die Bedeutung dieser beiden Aspekte läßt sich fast formulieren wie ein mathematischer Satz: Die Handlungsspielräume eines Lehrers in einer Krise sind um so größer, je mehr Möglichkeiten der Sanktion und der Gratifikation ihm zu Verfügung stehen. Dabei stellen diese beiden Möglichkeiten nur die zwei Seiten einer Medaille dar, denn: je mehr Möglichkeiten der Gratifikation ich habe, desto mehr Sanktionsmöglichkeiten bieten sich mir und umgekehrt.

Das negative Extrembeispiel erleben manche Lehrer besonders an Heimschulen. Ihr pädagogischer Handlungsspielraum ist (z.B. durch die dauernde Schülerfluktuation oder die Einbindung in den Gesamtkontext des Heimes) oft denkbar gering, weil sie den Schülern kaum positive Verstärker oder positives Feed-Back anbieten können und weil sie keine Möglichkeiten haben, wirksam zu sanktionieren.
Sonst wirksame Gratifikationen, wie positive Zuwendung, Lob, gemeinsame beliebte Aktivitäten (Tischtennis, die Klasse ißt gemeinsam....) erreichen die Schüler nicht, weil sie zum Lehrer (und vielleicht auch zu den anderen Schülern der Klasse) keine bedeutsame Beziehung haben.
Effektive Sanktionen sind ebensowenig in Sicht: der Lehrertadel, die schlechte Zensur oder das Nichterreichen des Schulabschlusses, das Brechen einer Regelabsprache sind manchen Schülern gleichgültig. Der Ausschluß vom Unterricht wird weder als Sanktion erlebt noch ist er möglich, da die Kinder, die den Unterricht verweigern und ihre Mitschüler am Lernen hindern, nicht auf die Gruppe geschickt werden können (vgl. hierzu: Jasperneite/Langfeldt, 1980, Palmowski, 1989). Viele Lehrer, die sich in einer solchen oder ähnlichen Situation befinden, erleben immer wieder ihre Hilflosigkeit, weil sie in einer kritischen Situation auf keinerlei wirksame Handlungsmöglichkeiten zurückgreifen können.

Das andere Extrem stellen die „glücklichen Lehrer" dar, die wissen, daß ihre Schüler gerne zur Schule kommen und daß es für sie eine (möglicherweise drastische) Sanktion darstellen würde, nicht am Unterricht teilnehmen zu dürfen, und die über eine stabile positive und belastbare Beziehung zu ihren Schülern verfügen, die in Krisen miteingebracht werden kann und die das vielleicht wichtigste Reservoir des Lehrers darstellt.

Solche Lehrer, Schüler, Lehrer-Schüler-Beziehungen und solche Arbeitsbedingungen findet man an allen Schulformen, auch an der Schule für Erziehungshilfe.

Dabei dürften die von Schule zu Schule doch oft sehr unterschiedlichen Handlungsspielräume für Lehrer und Schüler mehr mit den impliziten Spielregeln der jeweiligen Schule zu erklären sein, als mit den jeweils individuellen Selbstverständnissen der beteiligten Personen.

Aus diesen Überlegungen ergeben sich für mich zwei relevante Konsequenzen:

➢ Welche Möglichkeiten habe ich, mich mit meinen Schülern über wirksame Gratifikations- und Sanktionsmöglichkeiten zu verständigen?
Welche Änderung der klasseninternen Spielregeln würde von beiden Seiten als hilfreich und nützlich bewertet?
Wie könnte ein solches Gespräch aussehen?
Welche Bedingungen müßten (vorweg) erfüllt sein, um ein solches Gespräch möglich und erfolgreich zu machen?

➢ Welche Möglichkeiten gibt es, im Kollegium (etwa im Rahmen einer pädagogischen Konferenz) eine Diskussion zu eröffnen über mögliche Erweiterungen der Handlungsspielräume der einzelnen Lehrer durch Erarbeitung zusätzlicher Gratifikations- und Sanktionsmöglichkeiten?
Welche Themen sind verhandelbar? Welche nicht? Woran liegt das?
Was müßte passieren, um Aspekte, die als „nicht verhandelbar" deklariert sind, verhandelbar zu machen? Wie könnte ein erster Schritt aussehen und wer sollte ihn tun?

2. Veränderung durch Sicherheit

Die Bereitschaft eines Menschen, sich auf Veränderungsprozesse einzulassen (die immer ein Element der Angst vor dem Neuen und Unvertrauten mitenthalten), setzt ein Gefühl der Sicherheit voraus.
In Beratungs- und Therapiegesprächen wird dies zum Beispiel dadurch begünstigt, daß man sich zu Beginn einer Gesprächsrunde darauf verständigt, daß niemand etwas sagen muß, was er nicht sagen möchte oder wie R. Cohn es ausdrückt: „Sei dein eigener Chairman und bestimme, wann du reden oder schweigen willst und was du sagst" (1975, 115).
Efran/Lukens/Lukens (1992, 112) zeigen an einem konkreten Beispiel, wie ein Mensch positive Veränderungsprozesse an sich registriert, nachdem er einen jahrelangen und vergeblichen Kampf gegen seine für besonders hoch eingeschätzte Sensibilität oder seine gelegentlichen Wutanfälle aufgegeben hatte und sich sagte „<Gut, ich bin also sensibel – na und?>...Er fand, es sei wahr, daß es einfacher ist, sich

zu ändern, wenn es einem erlaubt ist, der zu sein, der man ist."

Als Lehrer, die schwierige Schüler in ihrer Klasse haben, führt uns diese Überlegung in eine Zwickmühle:

➤ Einerseits ist es pädagogisch weder möglich noch sinnvoll, jedes beliebige Schülerverhalten zu dulden und (um in der Denkfigur zu bleiben) dem Schüler Sicherheiten anzubieten und dann abzuwarten, wozu er sich entscheiden wird.

➤ Andererseits sind alle Maßnahmen, die vom Schüler als Druck, moralische Appelle, Wertungen oder Bloßstellungen erlebt werden, kontraindiziert. Wir wollen Veränderung und erreichen genau das Gegenteil, nämlich den Widerstand dessen, der sich ändern soll.

An dieser Stelle sei noch einmal daran erinnert, **daß es wohl kaum möglich ist, einen Menschen zu ändern, sondern nur, ihn dabei zu unterstützen, sich selbst zu ändern.**

Das heißt konkret, wir müssen den Schüler akzeptieren als den Experten für sich selbst – es gibt keine Alternative.

Otto Speck hat darauf hingewiesen, als er sagte, daß das gewaltige Instrumentarium immer spezifischerer Hilfsangebote der letzten Jahrzehnte nicht zu einem Abbau problematischen Verhaltens geführt habe, sondern sich zeige als „offensichtlich unzureichend wirksam" (Speck, 1991, 112).

Konzepte, Strategien, Techniken mögen noch so ausgetüftelt und theoretisch begründet sein, wenn sie verordnet sind, werden sie eher Widerstand hervorrufen als die Bereitschaft zur Kooperation!

Viele Gedanken ließen sich hier noch anfügen, ich nenne nur die, die mir die wichtigsten zu sein scheinen:

➤ Wie sieht die Rollenverteilung in der Klasse zwischen Lehrer und Schülern aus – etwa in bezug auf Hierarchien, offene und verdeckte Machtpositionen und -ansprüche, Verantwortungsübernahme, Konkurrenz (Lehrer-Schüler, Schüler-Schüler) und Kontrolle? Welche Spielregeln müßten geändert werden, um zu mehr Kooperation zu kommen? Was würde dann besser? Was schlechter? Welche Bedingungen und Voraussetzungen müßten erfüllt sein, damit ich einen Schüler fragen könnte: „Wann wirst du dich entscheiden, es anders zu machen?"

3. Schritte zum Ziel der Selbstveränderung

Diese oben als letzte genannte – aus einer systemischen Perspektive heraus formulierte – Frage dürfte so manchen Leser ratlos oder ärgerlich machen, einfach weil er tagtäglich mit Kindern zu tun hat, die eine solche Frage nicht beantworten können, weil ihnen die dazu nötigen Voraussetzungen fehlen. Aus einer lerntheoretischen Perspektive zumindest wäre die Fähigkeit der Verantwortungsübernahme für das eigene Verhalten und die daraus resultierende Bereitschaft, sich auf gezielte Veränderungsprozesse einzulassen und an diesen mitzuarbeiten, gebunden an die Kompetenzen der Schüler in bezug auf Selbstkontrolle, und diese wiederum setzt Selbstbeobachtung voraus. Die Entwicklungslinie:

> **von der Selbstbeobachtung zur Selbststeuerung,**
> **von der Selbststeuerung zur Selbstkontrolle,**
> **von der Selbstkontrolle zur Selbstverantwortung,**
> **von der Selbstverantwortung zur Selbstveränderung,**

mag akademisch erscheinen und nur einen kleinen Ausschnitt von Wirklichkeit ins Auge fassen – aber sie bietet meines Erachtens ein hilfreiches Instrument für Bemühungen, den Schüler da abzuholen, wo er gerade mit seinen Fähigkeiten steht. Es wird wenig sinnvoll sein, mit einem Schüler Regeln zu vereinbaren, von denen er vielleicht glaubt, sie einhalten zu können, die ihn aber – etwa in bezug auf ihre zeitliche Gültigkeitsdauer oder ihren Geltungsbereich – in bezug auf die oben genannten Kompetenzen überfordern.

Die entgegengesetzte Sichtweise ist natürlich auch möglich, sie würde besagen, daß wir für einen Schüler nicht sehr hilfreich sein können (bei seinen Bemühungen um Veränderung und Weiterentwicklung), wenn wir ihm nur wenig zutrauen und nichts anderes von ihm erwarten, als das, was er uns bisher immer präsentiert hat.

4. Von der Reaktion zur Aktion

Ich habe schon im einleitenden Kapitel auf die Unterscheidung von Reaktion und Aktion im Lehrerverhalten hingewiesen und die Vermutung geäußert, daß viele Kollegen – einfach schon wegen der sozusagen ununterbrochenen Komplexität des Verhaltensstromes – in ihrer Klasse kaum noch zum Agieren kommen. Ich will diesen Gedanken, wegen seiner Bedeutung, an dieser Stelle noch einmal aufgreifen.

Die Lehrer bereiten den Unterricht vor, bestimmen den Ablauf des Unterrichtsprozesses und der Schüleraktivitäten – wenn die Schüler diese Regel mitspielen. In vielen Schulen und Klassen ist es anders, erst recht, wenn konfliktträchtige Situationen auftauchen. Viele Lehrer sehen ihren Schulalltag eher damit angefüllt, eine Störung nach der anderen zu unterbinden, einen Streit nach dem anderen zu schlichten, jederzeit rechtzeitig zur Stelle, um eingreifen zu können. Die Pause zum Durchatmen gibt es vielleicht erst, wenn der Unterricht beendet ist und die Schüler das Gebäude verlassen haben.

Die Schüler setzen die Steuerreize für die Lehrer, (das können sie ziemlich gut und das erspart ihnen eventuell gar die eine oder andere unterrichtliche Unbill) – das heißt: **Die Schüler agieren.**
Die Lehrer laufen hinterher (ich habe überlegt, ob ich statt laufen „hetzen" schreiben sollte, aber das wäre wohl übertrieben – oder?). Sie haben die Funktion von Feuerwehrmännern, die ununterbrochen im Einsatz sind und einen Brandherd nach dem anderen zu löschen haben. **Die Lehrer reagieren.**

Dieses Arrangement der schulischen Situation hat für die Lehrer – je intensiver es realisiert wird – um so verheerendere Konsequenzen:

➤ Je mehr sie reagieren, um so weniger Zeit bleibt ihnen zum Agieren.

➤ Ihr Reagieren zeigt den Schülern, daß diese mit ihren Aktionsformen auf dem richtigen Weg sind – lapidar ausgedrückt: Die Lehrer verstärken die Störverhaltensweisen der Schüler.

➤ Ich formuliere es einmal zynisch: Diese Art der Arbeitsgestaltung ist eine der effektivsten Voraussetzungen zum Erwerb des Burn-Out-Syndroms – denn die Erfolgserlebnisse bleiben in der Regel aus und man findet immer weniger einen Weg aus diesem Teufelskreis heraus – außer den der Krankheit oder der „inneren Kündigung"!

➤ Den Lehrern bleibt keine Zeit mehr (oder es fehlt ihnen die Kraft) zur Reflexion ihrer Situation. Genau diese ist aber unabdingbare Voraussetzung für eine Umkehrung der Situation. Das Vorhaben, die Spielregel umzupolen, vom Reagieren zum Agieren zu kommen, den Schülern die entscheidenden Steuerreize anzubieten, setzt (kollegiale) Reflexion und Diskussion voraus. Als ein Baustein für einen solchen Prozeß versteht sich dieses Buch.

5. Was brauchen die Schüler?

Im letzten Abschnitt habe ich das Thema Konfliktsituationen in der Schule aus der Lehrerperspektive betrachtet. Hier sollen nun einige Überlegungen zu der Frage folgen, was von Schülern als hilfreich und nützlich erfahren werden könnte.

Ich glaube, daß es drei Aspekte gibt, zu denen Schüler positive Erfahrungen machen müssen – und daß sie, je mehr sie diese Erfahrungen machen können, es um so weniger nötig haben werden, mit problematischen Verhaltensmustern auf sich aufmerksam zu machen.

1. Liebenswürdigkeit

Für den Aufbau eines positiven Selbstwertgefühls braucht jeder Mensch die Erfahrung, „liebenswürdig" zu sein. Ich verstehe das Wort hier in einem ganz engen Sinn: Er ist würdig, er ist es wert, geliebt zu werden.

Rogers hat eine solche Haltung als (bedingungslose) Akzeptanz beschrieben, die jeden Menschen so nimmt, wie er ist (was nicht bedeutet, das sie auch alle seine Verhaltensweisen akzeptieren und gut finden muß).

Je mehr ein Mensch die Erfahrung macht, daß er von anderen gemocht wird, daß sie ihn für liebenswürdig halten und daß er ihnen wichtig ist, um so weniger wird er es nötig haben, die anderen bzw. die Beziehung zwischen sich und ihnen zu verstören oder zu riskieren.

2. Kompetenzerfahrung

Während sich der obige Aspekt auf den Bereich sozialer Erfahrungen bezog, geht es hier um den Lern- und Leistungsaspekt.

Je mehr ein Mensch die Erfahrung macht, daß er etwas kann, daß er Kontrolle hat über Situationen (und nicht diese über ihn) und daß er seine eigene Wirksamkeit erfährt (Flammer, 1990), desto weniger wird er es nötig haben, solche Situationen zu vermeiden, Fluchtverhalten zu zeigen (z.B. durch Störmanöver) oder sich ihnen zu verweigern.

3. Selbstorganisation

Eng verknüpft mit den beiden genannten Bereichen ist der Aspekt der Selbstorganisation – er richtet den Blick auf die Skala mit den Polen der Fremd – und der Selbstbestimmung. Und auch hier läßt sich sagen:

Je mehr ein Mensch selbstformulierte Ziele bestimmen und verfolgen, eigene Pläne entwickeln und ausführen oder verwerfen, über Lernwege und Lerninhalte entscheiden kann, desto weniger kann er sich gegen andere richten oder den Boykott ausrufen.

Ich habe mich in diesem Kapitel darum bemüht, meine Überlegungen möglichst so zu formulieren, daß nicht durch absolute oder idealtypische Aussagen die Meßlatte in eine Höhe gehängt wird, die dann vielleicht für nicht erreichbar gehalten wird oder werden muß. Für entmutigte, desillusionierte oder verzweifelte Kollegen kann ich aber zum Schluß noch ein kleines „Trostpflaster" weitergeben, das uns die Verhaltensmodifikation anbietet. Es bezieht sich auf die Größenordnung angestrebter Veränderungen und lautet:

Bei einer angestrebten Veränderung kann der geplante Schritt wohl zu groß, aber niemals zu klein sein ! oder anders formuliert: Wenn ich mit einer geplanten Veränderung gescheitert bin, dann hat es immer auch daran gelegen, daß der anvisierte Schritt zu groß gewesen ist!

4. Psychoanalyse

In diesem Kapitel soll es weniger darum gehen, die grundsätzlichen Überlegungen der wichtigsten Vertreter (z.B. Freud, Adler, Jung...) darzustellen. Deren zentrale oder plakativste Aussagen („Ödipuskomplex") haben zum Teil Eingang gefunden in psychologisches Alltagswissen und subjektive Theorien. Vielmehr will ich die psychoanalytische Sichtweise als Rahmen dazu benutzen, einige Aspekte zu erörtern, die in diesem Konzept besonders beheimatet sind. Dazu gehören besonders:

- **die Bedeutung der Ursachen von (Problem-)Verhalten,**

- **die Bedeutung der Vergangenheit für die Gegenwart.**

Die zeitlich gesehen erste psychologische Theorie, die pädagogisch relevante Vorschläge machte für das Verständnis und den Umgang mit konfliktträchtigem Verhalten, war die Psychoanalyse (z.B. Aichhorn, 1925; Zulliger,1921,).

Psychologische Fragestellungen waren lange Jahrhunderte Thema der Philosophie gewesen und erst Ende des letzten Jahrhunderts war die Psychologie als eigenständige Wissenschaft aus der Philosophie heraus entstanden.

Dieser Sachverhalt erklärt auch, warum die ersten Psychologen für ihre wissenschaftliche Arbeit auf das Arbeitsinventar der Philosophie zurückgriffen. Ihre Arbeitsweise bei der Theoriebildung bestand in der gedanklichen Analyse, Auswertung, Aufbereitung und Generalisierung von Erfahrungen. Dies wird etwa deutlich, wenn man einmal bedenkt, wie klein etwa bei Sigmund Freud die empirische Datenbasis war im Vergleich zu den theoretischen Konsequenzen, die er daraus gezogen und ständig weiterentwickelt hat.

Diese Arbeitsweise erklärt auch die meines Erachtens bei den Psychoanalyse-Vertretern besonders deutlich erkennbare Verknüpfung von jeweils individueller Biographie und den entsprechenden Theoriebildungen. Zentrale Erfahrungen aus den Lebensgeschichten etwa von Sigmund Freud, Wilhelm Reich, Carl Gustav Jung und die subjektiven Bedeutungen, die ihnen ihre Autoren beimessen, schlagen sich nieder in allgemeingültig formulierte Theoriekonstrukte (vgl. etwa Pervin, 1981). Vielleicht ist dies auch der Grund, warum die Psychoanalyse so viele verschiedene Nuancierungen und Schattierungen hervorgebracht hat.

Ein zweiter Grund könnte der sein, daß die Psychoanalyse – als einzige der hier vorgestellten Theorien – eine analytische Wissenschaft darstellt, während alle anderen Theoriebildungen eher phänomenologisch orientiert sind. Diese Ansätze fragen nicht so sehr nach dem Warum, wie die Analyse, sondern mehr nach dem Wie: Wie ganz genau findet ein Ereignis statt? „Phänomenologie versteht sich als Bemühen, die Erfahrung zum Leitfaden psychologischer Forschung zu machen" (Lückert, 1994, 13).

Analyse bedeutet hier: Beobachtbare problematische Verhaltensmuster verweisen immer auf eine in der Person tief verborgene Ursache. Soll das Problemverhalten verschwinden, muß die Ursache beseitigt werden. Und dies ist ein mühsamer und langwieriger Prozeß eben des Analysierens, der den geschulten Fachmann voraussetzt.

Diese Denkweise ist in unserer Kultur zur Zeit weit verbreitet und wird oft als so selbstverständlich angesehen, daß andere Möglichkeiten im wahrsten Sinne des Wortes nicht denkbar sind.

Ich werde auf die Bedeutung der Frage „Wie wichtig ist die Ursachenforschung?" noch näher eingehen, zuvor – quasi als vorbereitende Materialsammlung – jedoch noch einige Überlegungen zu folgenden Aspekten:

➤ 1. Ich möchte auf einige **problematische Aspekte** hinweisen, die mit dazu beigetragen haben, daß die Psychoanalyse in der Pädagogik nur schwer Fuß fassen konnte und seit geraumer Zeit auch kontinuierlich an Boden verliert;

➤ 2. nach der historischen **Bedeutung und der Leistung der Psychoanalyse** fragen – ihrem Beitrag zur Weiterentwicklung der Psychologie; und

➤ 3. – sich daraus ergebend – die Antworten und **Vorschläge der psychoanalytischen Pädagogik** für ein angemessenes und sinnvolles Lehrerverhalten in Konfliktsituationen benennen.

zu 1.: Problematische Aspekte

Die erste Kritik verweist auf ein logisches Problem: Die problematischen Verhaltensweisen sind zwar beobachtbar, aber die Ursachen sind immer Annahmen, Denkfiguren, Konstruktionen, die sich ergeben aus der zugrundeliegenden Theorie (die so in einem Zirkelschluß mit sich selbst als zutreffend bestätigt wird). Auch die Verknüpfung von Symptom und angenommener Ursache besteht letztlich immer in einem spekulativen Schritt. Mario Puck, ein Vertreter der psychoanalytischen Richtung dazu: „Die psychoanalytische Vorgehensweise ist also rekonstruierend, hermeneutisch. Dabei ist natürlich der objektive Wahrheitsgehalt solcher durch Interpretationen erlangter Rekonstruktionen nicht immer mit letzter Gewißheit beweisbar. Wie alle auf Indizien beruhenden Beweisführungen – ... – geht es vielmehr um eine Reihe von Wahrscheinlichkeitsaussagen" (Puck, 1991, 25).

Ein zweiter Aspekt hängt eng mit dieser ersten Aussage zusammen: „Je tiefer etwas – ein Ereignis, ein Traum, eine Idee – lagert, um so größer ist dessen verhaltens-, ja schicksalsprägende Kraft, um so schwieriger aber auch seine Bearbeitung oder gar Beseitigung" (Stierlin, 1994, 24). Diese Grundannahme trug mit dazu bei, den Blick in den Einzelnen hinein zu tun und damit andere mögliche Sichtweisen aufzugeben. Ziel ist es, durch die einzelnen Tiefenschichten hindurchzudringen bis „die Arbeit die Ebene der Grundstörung erreicht hat" (Balint, 1970, 30).
Auch Bittner (1994, 117) nimmt eine solche Grundstörung an, aus der die seelischen Krankheiten hervorgehen, die dann ihrerseits wieder Ursachen sind für problematisches Verhalten.
Und hier liegt genau der Grund, warum die Psychoanalyse meiner Überzeugung nach nur von begrenztem Wert ist für pädagogisch sinnvolles Handeln in Konfliktsituationen. Etwas überspitzt formuliert ließe sich nämlich sagen: Es geht ihr weniger um problematisches Verhalten, als mehr um die angenommenen Ursachen. Neidhardt: „Unter theoretischen Aspekten ist für die Psychoanalyse nicht das Verhalten eines Menschen gestört, sondern es verweist auf die besondere Erlebnis- und Erfahrungsverarbeitung und kann u.U. symptomatisch werden. Die Psychoanalyse befaßt sich aber auch nicht mit den Verhaltensstörungen als Symptom, sondern mit den ihnen zugrundeliegenden Ursachen" (Neidhardt, 1982, 27).

zu 2.: Bedeutung und Leistung der Psychoanalyse

Um die Leistung der Psychoanalyse und ihren Beitrag zu unserem Verständnis menschlichen Verhaltens und Erlebens präziser erfassen zu können, scheint es mir sinnvoll, einen Blick in die psychologische Landschaft der damaligen Zeit zu tun. Vorherrschend waren Ansichten, die menschliches Verhalten deterministisch zurückführten auf sein Erbgut, seinen Charakter oder seine Zugehörigkeit zu einem bestimmten Typ. Typologien (der Sanguiniker, der Choleriker, der Melancholiker, der Phlegmatiker; der Leptosom, der Pykniker, der Athletiker;...) bestimmten das Denken der Menschen, auch das der Fachleute. Konkretes Verhalten war weitgehend vorherbestimmt und nur begrenzt beeinflußbar – man konnte sozusagen als Verbrecher geboren werden. Entsprechend wurden auch problematische Verhaltensweisen gesehen und erklärt (vgl. z.B. Scholz, F. , Charakterfehler des Kindes, 1932) – und die vorherrschende pädagogische Strategie war die der (harten) Bestrafung und des Unterdrückens.

Die psychoanalytische Sichtweise dagegen sah problematisches Verhalten als Ergebnis frühkindlicher traumatischer Erfahrungen, die – wie beschrieben – als Ursache das Symptom produzierten. Da die spezifischen Symptome auf die Spezifität der Ursachen hinwiesen, plädierten die Vertreter der Psychoanalyse für ein intensives Bemühen um Verstehen und für eine pädagogische Strategie des Helfens statt Strafens. Hans Zulliger hat dies nicht nur in einem Buchtitel (Helfen statt Strafen, 1956) zum Ausdruck gebracht, sondern auch die Erkenntnisse der Psychoanalyse in eine verstehende Pädagogik transferiert und sie bekannt gemacht (Zulliger, 1952, 1960, 1969). Etwa zeitgleich mit ihm – nämlich 1925 – hatte August Aichhorn psychoanalytisches Denken auf die Arbeit mit verwahrlosten Kindern und Jugendlichen übertragen und diese um eine verstehende und helfenwollende Perspektive erweitert (Aichhorn, 1925, 1987/10).

Diese Sichtweise, Verhaltensstörungen nicht länger als Ausdrucksform eines schlechten Charakters oder einer mangelhaften Erbausstattung zu betrachten, sondern sie als Ergebnis prägender Erfahrungen zu verstehen, ist uns so sehr vertraut, daß wir dazu neigen, sie als selbstverständlich hinzunehmen.

Verhaltensstörungen können demnach als sinnvolles kindliches Signalverhalten begriffen werden (Wolff, 1978) oder – kommunikationstheoretisch formuliert – als eben nicht gestörte, sondern funktionale Interaktion.

zu 3.: Vorschläge der psychoanalytischen Pädagogik

Diese verstehende und helfende Haltung problematischen Verhaltensweisen oder problematischen Kindern gegenüber scheint das zentrale Anliegen und die zentrale Forderung der Psychoanalyse an die Pädagogik zu sein. G. Bittner schreibt: „Es geht mir darum, beim Leser die Einsicht zu wecken, daß Verhaltensweisen bei Kindern und Jugendlichen, die uns befremden, vielleicht sogar stören (weshalb wir dann geneigt sind, sie als <Verhaltensstörungen> zu etikettieren und damit nichts weiter kundzutun als unser eigenes Unverständnis und unsere eigene Abwehr), in ihrem Kern eine ursprünglich sinnvolle Anpassung an eine gestörte Umwelt enthalten. Diesen ursprünglich sinnvollen Kern der Verhaltensauffälligkeit zu erkennen, macht es uns möglich, unsere eigene Abwehr gegen das Verhalten des Kindes aufzugeben, neue Formen des Miteinanders zu suchen und Interaktionsmuster mit ihm <auszuhandeln>" (Bittner, 1994, 9).

Wie dies konkret aussehen kann, macht C. Hofmann an einem Beispiel deutlich: „Äußerungen wie < er/sie könnte ja, wenn er/sie nur wollte> sollen Lernstörungen als vermeintlich unnötig, überflüssig oder gar böswillig erscheinen lassen. Warum jemand nicht will, nicht wollen kann, ist dabei nicht die Frage; vielmehr wird auf die eigentliche Begabung, die eigentliche intellektuelle Leistungsfähigkeit abgehoben, als sei diese so ohne weiteres von dem anderen Teil der Persönlichkeit zu isolieren" (Hofmann, 1991, 37).

Die Antwort, die die Psychoanalyse gibt, lautet – ich wiederhole mich: die Ursache liegt in der Person, und sie besteht in einer Grundstörung, die das „Ich" daran hindert, sich so zu entfalten, wie es das ohne Störung tun würde. Daraus ergibt sich, neben dem Verstehen, das Anbieten von Hilfen für das geschwächte „Ich".

„Aus der Akzentuierung der Ich-Defekte bzw. Ich-Störungen ergibt sich logisch, daß ein geschwächtes Ich, das nicht lernen kann, gestützt werden muß. Ein Kind, das sich den Fuß gebrochen hat, kommt mit einer Krücke in die Schule, damit es besser laufen kann; ein Kind mit einem schwachen oder unzureichend entwickelten Ich braucht auch eine Prothese, um sich überhaupt vollständig zu erleben" (Hofmann, 1991, 48).

In einem Zitat aus dem Buch von Aichhorn (1925, 148f) werden die Elemente des Verstehens und des Helfens sehr deutlich:

> Aichhorn spricht über die äußerst schwierigen familiären Erfahrungen von dissozialen Jugendlichen und fährt dann fort: „Nach diesen Ergebnissen stand zweifellos fest, daß wir es in den Aggressiven mit Verwahrlosten zu tun hatten, denen die für die Entwicklung so notwendige Liebe der Erwachsenen nicht zuteil geworden war.
> Damit ist aber auch schon der Fürsorgeerziehung der einzuschlagende Weg vorgezeichnet. Zunächst muß das große Defizit an Liebe ausgeglichen werden und erst dann ist nach und nach und sehr vorsichtig mit stärkerer Belastung vorzuge-

hen. Schärfere Zucht anzuwenden, wäre vollständig verfehlt. Die Art der für die „Sechser" in Betracht kommenden Behandlung läßt sich daher durch folgenden Satz charakterisieren: „Absolute Milde und Güte; fortwährende Beschäftigung und viel Spiel, um auch den Aggressionen vorzubeugen; fortgesetzte Aussprachen mit jedem Einzelnen."
Diese „absolute Milde und Güte" ist dahin zu verstehen, daß Erzieherinnen und Erzieher den Zöglingen keinerlei Widerstand entgegenstellen durften und wenn sich solche aus der Natur der Sache nicht vermeiden liessen, diese milderten."

Aichhorn konkretisiert dieses Prinzip anhand von Beispielen, so gleicht er den (durch Diebstahl) fehlenden Betrag in einer gemeinsamen Tabakkasse aus, indem er dem Dieb das Geld aus seinem Privatportemonnaie ersetzt und dann von diesem nach und nach zurückerstattet bekommt (vgl. S. 138ff).
Die Bücher der psychoanalytisch orientierten Pädagogen Fritz Redl (1971, 1976, 1979) oder Bruno Bettelheim (1970, 1977, 1978) enthalten eine Fülle von Anschauungsmaterialien darüber, wie ein gestörtes Ich aus psychoanalytischer Sicht in seiner Entwicklung geund unterstützt werden kann.

4.1 Einige Argumente für die Aufgabe der Suche nach Ursachen

Becker (1976, 26) weist auf pragmatische Probleme hin, die sich bei der Suche nach Ursachen ergeben können:
„Besondere Schwierigkeiten ergeben sich vor allem aus drei Tatsachen:

1. handelt es sich meist nicht nur um eine Ursache, sondern um mehrere Ursachen;

2. bleiben uns einige Ursachen meist verborgen, und

3. lassen sich zahlreiche Ursachen zumindest nicht kurzfristig beheben."

Konkret: Der Lehrer wird nicht wissen, ob der Schüler unaufmerksam ist, weil die Eltern sich gestritten haben, oder weil der Goldhamster krank ist oder ob es im Schulbus Auseinandersetzungen gegeben hat... Er wird erst recht nicht wissen, welche der möglichen Ursachen die bedeutsamste ist, in welcher Relation sie zueinander stehen und welche er vielleicht übersehen haben könnte.

Und die Vermutung, daß das Kind im Unterricht nicht gut mitarbeiten kann, weil die Familie sich in einem Auflösungsprozeß befindet und dies alle psychischen Energien des Schülers bindet, fördert zwar das einfühlende Verständnis des Lehrers für das Kind, aber sie liefert ihm keine Hinweise darauf, wie er sich denn nun verhalten soll.

Diese Überlegung – in generalisierender Form – scheint mir ein weiteres wichtiges Argument für die Aufgabe der Suche nach Ursachen zu sein:

➤ **Selbst wenn ich die möglichen Ursachen genau zu kennen glaube, so bietet mir dieses Wissen dennoch keine konkrete Hilfe bei der Suche nach einer entsprechenden sinnvollen Handlungsstrategie.**

– Wenn ich genau weiß, warum der Fahrradreifen platt ist, so weiß ich deshalb noch nichts über die Möglichkeiten der Reparatur!
– Wenn ich genau zu wissen glaube, warum das Kind sich eine Lungenentzündung geholt hat, ergeben sich daraus keine Hinweise auf medizinische Maßnahmen!
– Und wenn ich annehme, daß der Schüler im Unterricht nicht mitarbeiten kann, weil seine Eltern dabei sind, sich zu trennen, so wird dieses Wissen (und die Erkenntnis, daß ich als Lehrer auf diesen Prozeß kaum werde Einfluß nehmen können) mich eher belasten, als für mich hilfreich und nützlich sein bei meiner Suche nach einer angemessenen pädagogischen Vorgehensweise.

> (Hilfreich kann solches Wissen sehr wohl dann sein, wenn es um zukünftige Situationen geht: Beim nächsten Mal fahre ich vielleicht nicht mehr mit dem Fahrrad durch die Scherben – oder lasse das Kind nicht mehr bei Dauerregen draußen spielen...!)

Ich erinnere mich an ein Gespräch mit einem Kollegen, der an einer privaten Heimschule tätig war. Er war auf diese Tätigkeit durch sein Studium für den Beruf des Gymnasiallehrers wenig vorbereitet gewesen und beschrieb seinen Berufseinstieg sinngemäß wie folgt:

> „Ich war zu Beginn voller Überraschung und Empörung darüber, wie die Schüler sich auch mir gegenüber verhielten. Meine eigene Hilflosigkeit machte mich wütend, und ich sah mich zunehmend „kleinen, aggressiven Monstern" gegenüber,

auf die ich kaum Einfluß hatte und die sich augenscheinlich auch selbst kaum steuern konnten.

Meine Wut wurde abgelöst von tiefem Mitgefühl, als ich dann aus den Akten der Schüler erfuhr, welche Erfahrungen diese Kinder zum Teil schon hinter sich hatten – so war einer der Jungen dabei gewesen, als sein Vater seine Mutter erstach, ein anderer hatte als einziger überlebt, als eines Nachts die Wohnung ausbrannte.

Nur wurde mir nach kurzer Zeit deutlich, daß beides nicht viel half, weder die Wut noch das Mitgefühl. Tatsache war, daß ich jeden Tag neu mit dieser Gruppe von Kindern Unterricht zu gestalten hatte und daß wir die Lösungen für unsere Probleme im Hier und Jetzt aushandeln und finden mußten."

➤ **Eine Ursache, die eine Verhaltensweise hervorgerufen hat, spielt möglicherweise keine Rolle bei seiner Aufrechterhaltung**

Dieser Sachverhalt läßt sich vielleicht am einfachsten durch ein Beispiel erläutern.

Nehmen wir an, ein Schüler ist heiser (Problemverhalten).

Als Ursache dafür akzeptieren wir, daß er sich erkältet hat, als er trotz Dauerregens ohne Anorak draußen gespielt hat (Ursache).

Im Unterricht kann er sich deswegen mündlich kaum beteiligen, und der Lehrer gewährt ihm einen entsprechenden Schonraum. Dieser Sachverhalt – der „Krankheitsgewinn" – kann etwa dazu führen, daß sich der Schüler seine Heiserkeit ein paar Tage länger erhält als notwendig. Vielleicht konserviert er dieses Verhalten auch für spätere schwierige Gesprächssituationen.

Oder: Ein Erwachsener hat Alkoholprobleme. Als Ursache unterstellen wir – wahlweise -, daß seine Eltern auch schon exzessiv getrunken haben, daß er den Einsatz von Alkohol als „Problemlöser" gelernt hat und daß er angefangen hat zu trinken, als seine Frau ihn verließ und er seinen Arbeitsplatz verlor.

Aufrechterhalten wird sein Verhalten dagegen vielleicht durch sein körperliches Bedürfnis nach Alkohol. Oder es geht ihm wie dem Trinker in „Der kleine Prinz", der sich schämt, weil er trinkt, und der trinkt, weil er sich schämt. Denkbar wäre auch, daß er weitertrinkt, weil er der Überzeugung ist, daß sich seine Situation nur „im Suff ertragen läßt", oder daß er seine Frau so unter Druck setzen kann...

In beiden Beispielen sind die Bedingungen, die das Verhalten aufrechterhalten andere, als die, die es hervorgerufen haben. Will man Verhalten verändern, ist es weniger sinnvoll, nach den Auslösern oder Ursachen zu fragen. Nützlicher erscheint hier das Ermitteln aufrechterhaltender Bedingungen.

> **Aus der Rückschau in die Vergangenheit ergeben sich keine Perspektiven für die Zukunft. Eine problemorientierte Sicht ist mehr vergangenheitsorientiert – eine lösungsorientierte Sicht ist eher zukunftsorientiert!**

Im Übersichtskapitel habe ich darauf hingewiesen, daß es im Theorienstreit nicht darum gehen kann, welches Modell denn nun das Richtigste ist oder der Wahrheit am nächsten kommt. Diese Frage ist aus metatheoretischen Überlegungen heraus nicht zu beantworten. Es kann demnach nur darum gehen, verschiedene Theorien auf ihre Nützlichkeit hin zu prüfen, das heißt, auf die Brauchbarkeit ihrer Vorschläge für sinnvolles pädagogisches Verhalten (in problematischen Situationen).

Eine weitere Denkfigur liefert die kognitivistische Perspektive. Vertreter dieser Richtung würden folgendermaßen argumentieren:

> **Entscheidend für konkretes Verhalten ist nicht eine (in der Vergangenheit liegende) Ursache, sondern die jeweils aktuelle Bedeutung, die von der betreffenden Person dieser zugeschrieben wird.**

Dieser kompliziert scheinende Satz drückt im Grunde einen sehr simplen Sachverhalt aus, den ich an einem Beispiel verdeutlichen will:
Die Angst eines Menschen vor Hunden könnte ursächlich damit verknüpft werden, daß diese Person irgendwann schon einmal von einem Hund gebissen worden ist. (Dies ist eine gängige Denkfigur unserer Alltagstheorien!)
Die kognitivistische Sichtweise (weiteres hierzu in Kapitel 7.) würde besagen, nicht der Biß selber sei entscheidend, sondern die Überzeugung der Person, daß diese Erfahrung eine ganz furchtbare war, und daß alles getan werden müßte, um eine Wiederholung zu verhindern.
Diese Unterscheidung erklärt auch, warum der eine Mensch nach einem Hundebiß eine intensive Angst vor Hunden entwickelt, während der andere zur Tagesordnung übergeht.

Wir können diesen Gedanken noch einen Schritt weiter gehen und ihn um eine systemische Denkfigur erweitern. Vertreter dieses Denkansatzes würden vielleicht argumentieren, daß angenommene Ursachen in genau dem Maße wirksam werden, in dem wir ihnen Wirksamkeit zusprechen, in dem wir sie für bedeutsam halten.

➤ **In dem Maße, in dem Ursachen für bedeutsam gehalten werden, werden sie bedeutsam. Ihre Bedeutung ist nicht vorgegeben, sondern wird geschaffen!**

Hier würden die Dinge auf den Kopf gestellt: Nicht faktische Ursachen ziehen ein Verhalten nach sich, sondern umgekehrt wird von beobachtbarem Verhalten auf mögliche Ursachen zurückgeschlossen, diesen Bedeutung verliehen und diese Bedeutung wiederum erzeugt oder beeinflußt konkretes Verhalten.

Psychoanalyse wäre nicht vorstellbar ohne die Grundannahme, daß die Vergangenheit eines Menschen seine Gegenwart erklärt und (mit-)bestimmt: „biografisch weit zurückliegende Erfahrungen und Motivzuschreibungen wirken bis hinein ins Heute, in die aktuelle Situation" (Nentwich, 1990, 106).

Die obige Überlegung dreht diesen Zeitpfeil sozusagen um und behauptet, daß die gegenwärtigen Sichtweisen und Überzeugungen auch die Vergangenheit erklären, und daß wir Vergangenheit dadurch verändern können, daß wir vergangenen Ereignissen eine andere oder neue Bedeutung beimessen (Boscolo, 1994, 3).

4.2 Fragen und Perspektiven

➤ **Fragen**

– Inwieweit ist eine um Verstehen bemühte Haltung des Lehrers hilfreich und nützlich für die Bewältigung von Konfliktsituationen?

– Welche Themen ergeben sich bei der Bearbeitung von Konflikten, wenn man sie psychoanalytisch betrachtet?

– Inwieweit ist eine solche Sicht des Lehrers hilfreich und nützlich für die Schüler – und inwieweit für ihn selber?

– Wie wird ein psychoanalytisch orientierter Lehrer seine Schüler sehen und welche Sicht werden diese von ihrem Lehrer entwickeln?

- Welche Perspektive der Konfliktbetrachtung ergibt sich aus der psychoanalytischen Theorie und welche anderen Perspektiven verhindert sie?
- Inwieweit erscheint sie mir kompatibel mit anderen Sichtweisen?
- Welche Aussagen der psychoanalytischen Theorie würde ich gerne in mein pädagogisches Reflektions- und Handlungsinventar übernehmen, und auf welche möchte ich eher verzichten?
- Welche Konsequenzen für pädagogisches Handeln ergeben sich für den Lehrer, wenn er sich um eine „helfen-wollende" Haltung bemüht? – Und: welche Alternativen werden dadurch weitgehend ausgeschlossen?
- Gibt es eine bestimmte Art von Konflikten, bei denen sich die Psychoanalyse als Zugang besonders anbietet? Falls ja, welche Kategorie von Konflikten könnte dies sein?
- Angenommen, ich würde mich dazu entscheiden, mich in meinem Lehrerverhalten stärker an der Psychoanalyse zu orientieren, welche konkreten Konsequenzen ergäben sich daraus
  - für mein Verständnis von Konfliktsituationen?
  - für mein konkretes Handeln?
  - für meine Position im Kollegium?
  - Wie könnte ein erster Schritt aussehen?
- Inwieweit halte ich den psychoanalytischen Ansatz für ein Denkmodell, das mir und meiner momentanen Vorstellung von meiner Arbeit besonders entspricht? – Oder: inwieweit ist mir diese Sichtweise eher fremd? – Oder: was gefällt mir an diesem Denkmodell und was gefällt mir nicht?

Perspektiven

Die Psychoanalyse bietet keinen „Werkzeugkasten", kein konkretes Methodeninventar und keine Handlungsstrategien für Konfliktsituationen, dennoch lassen sich, von dieser Theorie ableitbare, Aussagen zum Lehrerverhalten in Konfliktsituationen treffen.

Prävention – Intervention – Auswertung

Prävention

Ich kann die Bedeutung, die ich Konfliktsituationen beimesse, dadurch verändern, daß ich problematisches Verhalten weniger als

Provokation oder Unverschämtheit oder Unfähigkeit begreife, sondern mehr als Ausdruck dahinter- oder tieferliegender Not. Das Trainieren dieser Sichtweise dürfte für manchen Kollegen ein gutes Stück harter, präventiver Arbeit bedeuten.

Intervention

In oder im unmittelbaren Anschluß an eine Krise geben Beteiligte manchmal Informationen preis, die man ihnen sonst kaum entlokken und die man mit ihnen zu anderen Zeitpunkten auch nicht thematisieren könnte.

Aus der Sicht des Verstehens ergibt sich daraus die Aufgabe, in einer krisenhaft zugespitzten Situation möglichst genau und präzise zu beobachten, aus dem „Helfen-Wollen" die Konsequenz, gerade solche Situationen für aufdeckende und hilfreiche Gespräche zu nutzen. (Fritz Redl (1971, 48ff) hat für Gespräche dieser Art den Begriff des „Life-Space-Interview" geprägt.)

Konfliktauswertung

Je mehr es mir gelingt, problematisches Verhalten als Signal für tieferliegende Notlagen zu begreifen und je mehr ich aus der Erfahrung von Krisensituationen über die jeweils spezifischen Hintergründe der Schüler weiß, desto mehr Hilfsangebote kann ich ihnen unterbreiten, beziehungsweise mit ihnen gemeinsam verhandeln.

Intuition – Strategie – Wirklichkeit

Intuition

Der Versuch des Eindringens in tieferliegende Schichten enthält immer spekulative Elemente. Er wird auch beeinflußt sein von meinen eigenen biographischen Erfahrungen (und subjektiven Theorien). Im Umgang mit Konfliktsituationen wird die Psychoanalyse dem intuitiven Handeln deshalb eine wesentliche Bedeutung für das Gesamtgeschehen beimessen.

Strategie und Setting

Diese beiden Begriffe spielen in der psychoanalytischen Praxis kaum eine Rolle. Da konflikthaftes Verhalten „von innen" kommt, wäre eine stark strukturierende und festlegende Situationsgestaltung sogar eher kontraindiziert. Bestenfalls ließe sich hier anmerken, daß der Lehrer eine Strategie verfolgen sollte, die es ihm ermöglicht, so weit wie nur irgend möglich auf Bestrafung zu verzichten.

Alltag und Wunsch nach Veränderung

Da zu diesem Themenaspekt individuelle Bedingungen und subjektive Sichtweisen jedes einzelnen die entscheidende Rolle spielen, scheint es mir sinnvoller, hier Fragen zu stellen, als Statements mit einem Anspruch auf Allgemeingültigkeit zu formulieren.

Welche Rolle spielt das psychoanalytische Modell in meinem bisherigen pädagogischen Denken und Handeln? In welche Richtung würde ich es gerne verändern? Welche Widerstände hindern mich daran, den ersten Schritt zu tun? Welchen Einfluß auf zukünftige Konfliktsituationen erwarte ich von einem solchen ersten Schritt?

Reagieren – Agieren – Reflektieren

Reagieren

Die Psychoanalyse scheint mir eher ein reaktiver Ansatz zu sein, denn wenn ich helfen will, dann muß ich vorher beobachten und verstehen. Ich muß kindliches (Problem-)Verhalten zulassen, damit ich daraus meine Schlüsse ziehen kann. Mein pädagogisches Angebot ist eine Reaktion auf vorhergehende Erfahrung.

Agieren

Die lineare Sichtweise – der Schüler agiert, der Lehrer reagiert (oder besser: der Lehrer regiert?!) – läßt sich aus heutiger Sicht nicht länger aufrechterhalten. Sinnvoller erscheint das Modell eines Regelkreises, in dem jedes Verhalten immer beides ist, Aktion und Reaktion.

Dennoch würden aus psychoanalytischer Sicht Versuche des Lehrers, Situationen schon im Vorfeld zu strukturieren und diese Struktur vorzugeben, die Aktualisierung von Schülerbedürfnissen eher behindern als erleichtern und wären damit nicht Bestandteil dieses Ansatzes.

Reflektieren

Das „Verstehen-Wollen" ist ein reflektiver Prozeß, der als unverzichtbarer Bestandteil angesiedelt ist zwischen Beobachtung und Hilfe-Angeboten. Das gedankliche Aufspüren von plausiblen Verknüpfungen zwischen gezeigtem Problemverhalten und angenommenen Ursachen ist vielleicht eine der reizvollsten Seiten der Psychoanalyse.

Nach meiner Überzeugung setzt psychoanalytisch orientiertes Handeln einen Lehrer voraus, für den die ausgiebige pädagogische Reflexion einen selbstverständlichen Bestandteil seines beruflichen Alltags darstellt.

Anders Handeln – Anders Denken

Anders Handeln

Die Frage, die sich mir zu diesem Gesichtspunkt stellt, ist folgende: Es geht wohl kaum darum, ob ich problematisches Verhalten aus Ausdruck von Lebensschwierigkeiten (oder innerer Nöte) begreifen kann oder nicht.

Vielmehr geht es darum, mich zu entscheiden, bis zu welcher Problemintensität ich mir zutraue, an dieser Sichtweise festzuhalten, und wann ein Umschlagpunkt erreicht wird und ich mich zu einer helfen-wollende Haltung nicht mehr in der Lage sehe.

Eine weitere Frage wäre die, wie ich es mir möglich machen kann, diesen Umschlagpunkt in kleinen Schritten weiter nach hinten zu verlagern.

Anders Denken

Das psychoanalytische Denken in Ursache-Wirkungs- Zusammenhängen ist uns in der Regel sehr vertraut. Allerdings wenden wir es eher implizit an. Über das Denkmuster selbst – und mögliche „denkbare" Alternativen – haben wir möglicherweise bisher kaum oder noch gar nicht nachgedacht. Ein anderes Denken müßte sich demnach mehr mit der Frage beschäftigen, um welche zusätzlichen anderen Denkmuster – wie sie einigen anderen der hier vorgestellten Theorien zugrunde liegen – wir unsere bisherigen Sichtweisen erweitern könnten.

Klassifikation – Emotionale Betroffenheit

Klassifikation von Konflikten

Wahrscheinlich existieren in bezug auf Konflikte in der Schule so viele Zuordnungsschemata, wie es Lehrer (und Schüler) gibt, die zuordnen.

Eine aus psychoanalytischer Sicht hilfreiche Unterscheidung könnte es sein, als problematisch bewertete Verhaltensweisen einzuteilen in solche, in denen (wahrscheinlich) ein Leidensdruck bei denjenigen entsteht, die selbst das entsprechende Verhalten zeigen (z.B. sich selbst isolierende oder regressive und resignative Verhaltensweisen) und in solche, durch die der Leidensdruck bei anderen erzeugt wird (z.B. störende oder aggressive Verhaltensweisen).

Meine subjektive Theorie ist die, daß sich ein helfen-wollender Ansatz eher als geeignet erweisen wird bei der erstgenannten Gruppe. Solange die Vertreter der zweiten Kategorie keinen eigenen Leidensdruck und damit verbunden den Wunsch nach Veränderung verspüren, werden sie auch kaum bereit sein, Hilfsangebote anzunehmen, von denen sie glauben, daß sie überflüssig sind.

Emotionale Betroffenheit

Unter dem Stichwort „Anders Handeln" habe ich bereits darauf hingewiesen, daß die Fähigkeit und die Bereitschaft, ein verstehendes und helfen-wollendes Angebot aufrechtzuerhalten, nicht unbegrenzt sein wird. Der Grad unserer eigenen emotionalen Betroffenheit dürfte dabei der Gradmesser sein, nach dem das Erreichen des „Umschlagpunktes" gemessen wird. Aus dieser Überlegung ergeben sich drei mögliche Fragen:

– Welche Skalierung verwende ich bei meinem Gradmesser „emotionale Betroffenheit", und wie kann ich diese verbessern?

– Wie kann ich die Bedeutung meiner emotionalen Betroffenheit in Konfliktsituationen relativieren und zugunsten aller Beteiligten (einschließlich mir selbst) verbessern?

– Wo und bei wem kann ich mir selber Hilfe und Rückhalt holen, wenn ich mich nicht mehr in der Lage sehe, eine verstehende und helfen-wollende Haltung zu realisieren.

Ich hoffe, daß deutlich geworden ist, daß die Psychoanalyse ein insgesamt der Retrospektive verhaftetes Konzept darstellt, das für die pädagogische Arbeit eher eine Grundhaltung anbietet als spezifische Handlungsmuster.

Besonders problematisch erscheint mir die Bedeutung, die der Suche nach den Ursachen beigemessen wird.

Wichtiger und nützlicher wäre – aus Sicht der anderen in diesem Buch vorgestellten Theorien – die Arbeit in der konkreten Situation, im „Hier und Jetzt". Möglichkeiten eines dezidiert planbaren, systematischen und überprüfbaren Handelns zeigt das folgende Kapitel.

5. Lerntheorie

*„ Der Lehrer muß Schüler bei ihren Bemühungen nicht nur
durch Stimuli, sondern auch durch Zuneigung begleiten."*

*„Die Verhaltensmodifikation soll dem Schüler helfen, ein
besserer Mensch zu werden."*

(Stilblüten aus studentischen Klausuren zum Thema Verhaltensmodifikation)

Als zweites sollen die Lerntheorien und die auf ihr beruhende klassische Verhaltensmodifikation oder -therapie vorgestellt werden.
Dieser Ansatz stellte in der Psychologie seit Beginn der zwanziger Jahre dieses Jahrhunderts (vgl. Schorr, 1984) sozusagen den Gegenschlag des Pendels in das andere Extrem psychologischen Denkens und Handelns dar. „Bei der Entwicklung der Verhaltenstherapie (fällt) auf, daß es keine eindeutige Gründerfigur gibt. Dieser Umstand und die Tatsache, daß wichtige Grundlagen und Methoden der Verhaltenstherapie an mehreren Orten *unabhängig* voneinander entwickelt wurden, weisen darauf hin, daß die Zeit für das Aufkommen der Verhaltenstherapie gewissermaßen reif geworden war" (Reinecker, 1987, 2).
Die Vertreter dieser Richtung verstanden ihr Fach als ein zur Naturwissenschaft gehörendes und forderten, daß die Psychologie sich bei der Erforschung des Menschen des Methodeninventars dieser Naturwissenschaften zu bedienen hätten. Erste und gravierendste Konsequenz dieses Ausgangspunktes war die Beschränkung des Forschungsgegenstandes auf nur den Sachverhalt, der beobachtbar war – und das war das menschliche Verhalten. Die Existenz von Emotionen und Kognitionen wurden nicht bestritten, aber als Prozesse, die im Menschen abliefen (in der „black box") und sich damit einer unmittelbaren Beobachtbarkeit entzogen, wurden sie für die Anfangsphase aus dem Forschungsinteresse und dem Fragehorizont der Behavioristen eliminiert.
Es begann die Zeit der Laborversuche mit Hunden, Ratten und Tauben, die konditioniert wurden, bestimmte Hebel zu drücken, um an Futter zu gelangen oder über bestimmte Hindernisse zu springen, um elektrische Schläge zu vermeiden.
Es begann auch ein langer Zeitraum der teilweise erbittert geführten Auseinandersetzung zwischen den Vertretern der Psychoanalyse, die den Behaviorismus als „Primitivpsychologie" (z.B. A. Mit-

scherlich, 1970) abstempelten und den Lerntheoretikern, die der Psychoanalyse jegliche Wirksamkeit absprachen (z.B. H.J. Eysenck, 1956). Diese Polarisierung des psychologischen Feldes sollte schließlich zur Entwicklung und Etablierung der Humanistischen Psychologie führen, die sich selbst gelegentlich als „Dritte Kraft" bezeichnet.

Manche Aussagen des Behaviorismus wurden und werden in Frage gestellt oder abgelehnt (vor allem das wenig sympathische Bild vom Menschen als eines durch Außenreize gesteuerten Wesens).
Einen unleugbaren Vorteil der behavioristischen Perspektive kann man heute jedoch konkret benennen:

Durch die Konzentration und Beschränkung auf unmittelbar Beobachtbares kamen die Vertreter dieses Ansatzes auch zu sehr konkreten und überprüfbaren Aussagen sowohl über die Entstehung bestimmter Verhaltensweisen als auch über Möglichkeiten ihrer gezielten und systematischen Veränderung.

In logischer Konsequenz haben sich in der pädagogischen Praxis gerade auch die Strategien der klassischen Verhaltensmodifikation als besonders effektiv erwiesen.

Ich kenne mehrere Lehrer, die an Schulen für Kinder mit Lernbehinderungen oder an Schulen für Erziehungshilfe arbeiten, die sinngemäß sagen: Das Menschenbild der Verhaltensmodifikation und das gesamte Konzept sind mir nicht besonders sympathisch, aber wenn ich eine neue Klasse übernehme oder einen neuen, besonders schwierigen Schüler in meine Kasse aufnehme, dann ist für die ersten sechs bis acht Wochen die klassische Verhaltensmodifikation das Mittel meiner Wahl.

Dieser Hinweis verdeutlicht schon, daß es in bezug auf das Arbeiten mit diesem Hilfsmittel nicht um die Frage des entweder – oder gehen sollte, also: arbeite ich verhaltensmodifikatorisch oder nicht, sondern eher um die Frage, in welchen konkreten Situationen, Konflikten und Problemlagen sich einzelne Bausteine aus dem Angebot dieser Gesamtstrategie als hilfreich und nützlich erweisen könnten.

Und hierzu bietet dieses Konzept eine Fülle von Vorschlägen. Deshalb wird dieses Kapitel auch um einiges länger sein als das vorhergehende. Dabei werde ich die Vorgehensweise der klassischen Verhaltensmodifikation (VM) nicht umfassend und systematisch (etwa von den theoretischen Grundlagen zu den konkreten Anwendungen) wiedergeben, hierzu sind hinreichend Veröffentlichungen vorgelegt worden:

Die Blütezeit der Literatur zu diesem Thema war in der BRD Mitte bis Ende der siebziger Jahre, aus dieser Zeit stammen eine Vielzahl von Titeln zum Themenbereich Pädagogische Verhaltensmodifikation; etwa: Adameit, H. u.a. 1980; Belschner, W., 1975; Blackham, G. / Silberman, A. 1975; Eisert H./ Barkey, P., 1979; Gräff, P., Fucks, W., Pelz, G., 1978; Homme, L., 1976; Kern, H., 1974; Kuhlen, V., 1972; Müller, 1980; Redlich, A. / Schley, W. 1978; Rost, D. u.a., 1975; Watson, D. / Tharp, R., 1975.

Dies hat jedoch nicht dazu geführt, daß die Grundannahmen und Vorgehensweise der klassischen Verhaltensmodifikation allgemein bekannt oder die letztgenannte in Schulen öfter als gelegentlich eingesetzt würde.

Und da, wo mit Verhaltensmodifikation gearbeitet wird, ist die konkrete Vorgehensweise in aller Regel ein reduziertes Programm, das sich mehr an den jeweiligen pädagogischen Notwendigkeiten orientiert, als an Vollständigkeit und systematischer Schrittfolge.

So sinnvoll, wie die von Adameit (1978, 77ff) vorgeschlagene Legitimationsprüfung zur Vermeidung von Mißbrauch der Verhaltensmodifikation auch sein mag, mir ist noch kein Lehrer begegnet, der sich beim Einsatz von Verhaltensmodifikation in seiner Klasse nicht sicher gewesen wäre, daß er dies pädagogisch legitimiert und begründet täte. Ähnliches gilt ebenso für die Aspekte der Verhaltensanalyse, der empirischen Erfassung und Dokumentation des Modifikationsversuchs oder der Interventionen zur Formung neuer Verhaltensweisen (vgl. etwa Benkmann / Neukäter, 1982, 66ff).

Ich werde mich deshalb auf unmittelbar praxisrelevante Hinweise beschränken und verweise noch einmal auf die oben angegebene Literatur.

Vielleicht als letztes noch ein kurzer Hinweis zur Ist-Situation: Die rein behavioristische Position ist im Laufe der Zeit immer mehr aufgeweicht bzw. erweitert worden um kognitivistische Überlegungen, so daß diese beiden Ansätze heute weitgehend miteinander verschmolzen sind. Da ich mich in diesem Buch in der Reihenfolge der einzelnen Kapitel aber an der zeitlichen Entwicklungsschiene der Psychologie orientiere, werden diese aber erst im übernächsten Kapitel (nach dem Beitrag der Humanistische Psychologie) Gegenstand der Diskussion sein.

5.1 Einige Grundaussagen der Pädagogischen Verhaltensmodifikation

Die Psychoanalyse hatte den – uns heute selbstverständlich erscheinenden – Blick darauf gelenkt, daß problematisches Verhalten Ausdruck ist (oder zumindest sein kann) von seelischen Nöten und unverarbeiteten traumatischen Erfahrungen (und eben nicht einer schlechten Veranlagung) und daß es deshalb als Signal und Hilferuf aufgefaßt und mit Verständnis beantwortet werden sollte, statt mit Strafe.

Die Behavioristen formulierten ein weiteres, nicht weniger „revolutionäres" Paradigma, (welches uns aus heutiger Sicht ebenfalls nicht mehr vom Hocker reißt), das aber für die Zeit und die Kultur, in der es entstand, eine wesentliche Neuerung und Alternative zum herkömmlichen Verständnis des menschlichen Verhaltens bedeutete. Die Aussage ist simpel und lautet:

Menschliches Verhalten ist gelernt!

In negativer Abgrenzung bedeutet dies, daß unsere Verhaltensmuster eben nicht Ausdruck sind von Instinkten, Trieben, Charaktereigenschaften, unbewußten Prozessen oder ähnlichem, sondern sie sind simples Ergebnis entsprechender Lernprozesse. Sie werden durch Generalisierung auf andere Situationen übertragen und durch Differenzierung an andere Situationen angepaßt.

Unmittelbare Konsequenz dieser Überzeugung ist die sehr optimistische Sichtweise in bezug auf die Möglichkeiten der gezielten Beeinflussung (problematischen) menschlichen Verhaltens: Wenn Verhalten gelernt worden ist, dann kann es auch durch entsprechende Lernprozesse verändert, modifiziert werden.

➤ VM ist ein systematisches Verfahren

Dabei unterscheidet sich die Vorgehensweise der VM inhaltlich oft nicht oder kaum von den pädagogischen Maßnahmen, die viele Erzieher oder Lehrer ergreifen. Oft genug ist der einzige Unterschied der, daß VM systematisch und kontrolliert eingesetzt wird (statt punktuell, intuitiv oder abhängig von der aktuellen emotionalen Befindlichkeit des Lehrers).

Reinecker: „Bei der Anwendung von Verhaltenstherapie ist immer eine systematische Erfassung und Bewertung von Effekten beabsichtigt. Dies bedeutet im Prinzip ein möglichst kontrolliertes und systematisches Vorgehen" (1987, 5).

Dieser Aspekt macht das Verfahren planbar, gezielt überprüfbar und veränderbar, und er führt zu nachvollziehbaren Ergebnissen. Dies liegt auch – im Unterschied zum systemischen Denken – daran, daß „dieses Modell im Prinzip linear angelegt (ist) und eine Analyse in Verhaltensketten vor(sieht)" (Reinecker, 1987, 23). Letztendlich ist die **Systematik des Vorgehens der Grund für seine Effektivität.**

Adameit (1978, 313) vergleicht die VM mit einem scharfen Messer, von dem man auch nicht sagen kann, ob es positiv oder kritisch zu bewerten ist, daß es so scharf ist, es kommt darauf an, was man damit macht: „Wie ich ein Brotmesser etwa dazu verwenden kann, eine Scheibe Brot abzuschneiden, aber auch dazu, einen Menschen zu erstechen, genauso kann ich Verhaltensmodifikation zu sinnvollen und wenig sinnvollen, gut und böse erscheinenden Zwecken verwenden."

➤ VM ist ein dynamisches Verfahren

Systematisches Vorgehen bedeutet aber nicht, daß ein einmal vereinbartes Setting oder Regel- oder Verstärkersystem unbegrenzt gültig bleiben kann, sondern in dem Maße, in dem die Lernschritte getan werden, auf die sich die verhaltensmodifikatorischen Absprachen beziehen, werden die konkreten Vereinbarungen kontinuierlich verändert und der jeweils neuen Ausgangslage angepaßt.

Anders herum formuliert ließe sich sagen, daß der Kollege, der über Wochen ein unverändertes verhaltensmodifikatorisches Design praktiziert, einen Fehler in seine Vorgehensweise eingebaut haben muß, der die erwünschte Veränderung verhindert.

➤ Soviel Selbstbestimmung wie möglich

Unter dem Stichwort „Ein Beispiel von VM in einer Grundschulklasse" habe ich eine solche Möglichkeit des dynamischen Vorgehens skizziert. Aus ihr wird auch ein zweiter wesentlicher Aspekt deutlich, nämlich der einer Entwicklung von einer (falls nötig) anfänglichen Fremdbestimmung der Schüler durch die Lehrer zu schrittweise zunehmender Selbstbestimmung ihres Verhaltens und ihrer Ziele durch die Schüler.

Der gelegentlich vorgetragene Einwand, VM sei ein manipulatives Instrument (vgl. Adameit, 1978, 312f), läßt sich für eine unter diesem Prinzip realisierte pädagogische VM nicht aufrechterhalten.

Aus einer lerntheoretischen Perspektive setzt die Fähigkeit zur Selbststeuerung die Fähigkeit der Selbstbeobachtung und der Selbstkontrolle voraus. Viele der als problematisch erlebten Schüler scheinen beispielsweise gar nicht zu registrieren, daß sie störendes Verhalten zeigen und reagieren erstaunt, wenn man sie darauf hinweist. Oder sie reagieren impulsiv und unmittelbar auf bestimmte Reize, ohne sich die Zeit zu nehmen, etwaige Konsequenzen abzuchecken. Hier bietet die VM wegen ihres systematischen Vorgehens und der damit verbunden Transparenz hervorragende Möglichkeiten für Kinder, diese Fähigkeiten aufzubauen und weiterzuentwikkeln.

➤ Das Prinzip der kleinen Schritte

Für angestrebte Veränderungen im Verhalten von Schülern (und Lehrern) postuliert die VM dabei ein äußerst hilfreiches und tröstliches Prinzip, das der kleinen Schritte. Veränderungen erfolgen nach dieser Lernart nicht von heute auf morgen, und das Zielverhalten wird nicht „ab sofort" zu 100% realisiert. Ganz im Gegenteil ist der anvisierte Schritt eine geringfügige Veränderung in Richtung auf das Zielverhalten hin.

Als „Merksatz" formuliert:

Die Schrittfolge einer angestrebten Veränderung kann nur zu groß, aber niemals zu klein geplant sein!

oder anders herum:

Wenn ich eine Veränderung angestrebt habe, und es hat nicht geklappt, dann hat es immer auch daran gelegen, daß der geplante Schritt der Veränderung zu groß gewesen ist!

Beispiel: Bei einem Schüler etwa, der pro Unterrichtsstunde im Schnitt ein dutzendmal seinen Platz verläßt, wäre ein erster Schritt eine Anfertigung einer Strichliste (durch den Schüler), um bei ihm ein Realisieren dieses Verhaltens zu erreichen. Der zweite Schritt wäre eine Vereinbarung darüber, pro Stunde einmal weniger durch die Klasse zu laufen und dafür eine Vergünstigung zu erhalten, die für den Schüler attraktiv ist (Verstärkerqualität besitzt). Ist dieses Ziel erreicht, wird der nächste Schritt besprochen usw...

➤ Catch him at being good

Um positive Veränderungen zu erzielen, ist es sinnvoll und nötig, das Augenmerk auch auf die positiven Verhaltensansätze zu richten und diese zu unterstützen.

Dies scheint mir ein oft schwieriges Unterfangen zu sein.

Der Schüler, der ruhig an seinem Platz sitzt und arbeitet, fällt kaum auf, er beschäftigt den Lehrer nicht und es ist gut möglich, daß er dieses Verhalten eine ganze Zeit lang praktiziert, ohne in irgendeiner Form darüber eine Rückmeldung zu erhalten.

In dem Moment, wo er aber aufspringt und durch die Klasse läuft, vielleicht sogar noch laut singend, kann er sich sicher sein, vom Lehrer angesprochen zu werden und dessen ungeteilte Aufmerksamkeit zu erhalten. In dieser Situation gegebene Hinweise, daß er doch sitzen bleiben solle und er wisse doch ... führen in aller Regel nicht zu dem Ergebnis, daß dieser Schüler in Zukunft seltener durch die Klasse laufen wird, sondern, ganz im Gegenteil, er wird dieses Verhalten häufiger zeigen, weil die Reaktion des Lehrers für ihn Verstärkerqualität besitzt (vgl. Punkt 5.2.).

Deshalb könnte ein erstes verhaltensmodifikatorisches Veränderungsprogramm darin bestehen, daß man sich als Lehrer (in kleinen Schritten!) darin übt, den Schülern dann positive Rückmeldungen zu geben, wenn sie erwünschte Verhaltensweisen zeigen – to catch them at being good!

Beispiele:

➢ „Meine Güte, jetzt hat der Dich gerade ärgern wollen und Du hast überhaupt nicht reagiert, hast das einfach an Dir abgleiten lassen, als hättest Du es nicht gehört, toll!"

➢ „Wie schaffst Du das? Hier in der Klasse ist im Moment der Bär los und Du arbeitest einfach weiter! Wie machst Du das, daß Du Dich nicht anstecken läßt?"

➢ „Oh Mann, Du bist hereingekommen, hast Dich auf Deinen Platz gesetzt, Deine Sachen herausgenommen und kannst anfangen zu arbeiten, super!"

➢ „Seit 15 Minuten sitzt Du jetzt auf Deinem Platz und arbeitest, so lange hast Du das noch nie geschafft, klasse! " – Vielleicht auch: „Ich finde, jetzt hast Du Dir eine Runde durch die Klasse verdient!"

➢ „Obwohl Du mit dieser Aufgabe Schwierigkeiten hast, hast Du Dich doch hingesetzt und es ernsthaft versucht, sie zu bewältigen und zu lösen, das finde ich gut!"

Das Prinzip der kleinen Schritte gilt selbstverständlich auch für den Lehrer, der sich vornimmt, die Schüler häufiger dann zu bekräftigen, wenn sie unterrichtsbezogenes oder sozial erwünschtes Verhalten zeigen (und die unerwünschten Verhaltensmuster so weit wie ihm möglich zu ignorieren).

Manche Kollegen loben ihre Schüler nur sehr selten und gerade die leistungsschwächeren unter ihnen vielleicht nie. Es ist ihnen fremd oder fällt ihnen schwer, einen freundlichen Blickkontakt oder ein verbales Lob zu spendieren. Möglicherweise können sie dieses Verhalten auch sich selbst gegenüber kaum zeigen. („Eigenlob stinkt" kann aus dieser Sicht getrost als eines der fatalsten Produkte der deutschen Kultur begriffen werden und sollte ersatzlos gestrichen werden!)

Ein Lehrer, der sich das Arbeiten mit Lob bisher verkniffen hat, könnte in einer solchen Situation etwa folgende Aufgabe für sich selber formulieren:

„Ich nehme mir vor, pro Unterrichtsstunde wenigstens einen Schüler wenigstens einmal bewußt zu loben. Ich beginne mit dem Schüler, von dem ich glaube, daß es mir bei ihm am leichtesten fällt. In der nächsten Stunde kommt der nächste Schüler an die Reihe, so daß alle irgendwann einmal dran sind. Dies zwingt mich, darauf zu achten, wann die Schüler positiv bewertete Verhaltensweisen zeigen. Wenn es mir gelungen ist, lobe ich mich am Ende der Stunde selbst! Gelingt es mir, diese Aufgabe irgendwann regelmäßig zu erfüllen, erhöhe ich die Zahl des „Lobens-Pro-Stunde" auf zwei, dann auf drei usw. Später erweitere ich schrittweise mein Repertoire an Möglichkeiten des Lobens...oder ich denke (vielleicht mit den Schülern gemeinsam) über andere denkbare Verstärker nach...

Ich hoffe, es ist deutlich geworden: Ein verhaltensmodifikatorisches Vorhaben ist das Gegenteil von „Neujahrsvorsätzen" oder Veränderungsprojekten nach dem Alles-oder-Nichts-Prinzip!

5.2 Einige lernpsychologische Überlegungen

In den einleitenden Überlegungen zu diesem Kapitel habe ich schon auf den Grundgedanken des behavioristischen Theoriegebäudes hingewiesen: Verhalten wird gelernt – es ist das Ergebnis entsprechender Lernprozesse!

Die Frage, die sich daran anschließt, und die ich im folgenden (in knapper Form) erörtern werde, ist die nach diesen Lernprozessen und Lerngesetzen.

Die Lerntheorie hat drei zentrale Möglichkeiten beschrieben, wie wir Menschen lernen:

➤ das klassische Konditionieren („der Pawlowsche Hundeversuch")

➤ das instrumentelle Konditionieren (Verstärkungslernen)
➤ das Modellernen.

Zum klassischen Konditionieren

Ich gehe deshalb auf diese Lernart ein, weil ich in meinen Seminaren die Erfahrung gemacht habe, daß so gut wie jeder der Teilnehmer und Teilnehmerinnen den oben genannten „Pawlowschen Hundeversuch" und anhand dieses Beispiels das ihm zugrundeliegende Lerngesetz beschreiben kann.

Viel schwerer fällt es den meisten dann allerdings,
– dieses auf seine mögliche Bedeutung für die pädagogische Arbeit in der Schule hin zu untersuchen und Beispiele oder Situationen zu nennen, ihn denen dieses Lerngesetz wirksam wird
– oder Ideen herauszuarbeiten, wie man sich als Lehrer den Wirkungsmechanismus des klassischen Konditionierens zu Nutze machen kann.

(Für diejenigen, die einer solchen Überlegung vielleicht reserviert gegenüberstehen, sei hier gesagt, das es aus lerntheoretischer Sicht nicht um die Frage gegen kann, klassische Konditionierung Ja oder Nein, sondern nur darum, ob diese Lernform bewußt und pädagogisch reflektiert eingesetzt wird, oder ob sie unhinterfragt nicht zur Kenntnis genommen wird (Stichwort: heimlicher Lehrplan, vgl. Zinnecker, 1975), und dann möglicherweise zu nicht erwünschten, weil nicht bewußten Ergebnissen führt.)

Das Grundmuster des klassischen Konditionierens:

S1 = Ein Reiz, der als neutral bewertet wird

S2 = Ein Reiz, der als Wertreiz bewertet wird, d.h. er löst ganz bestimmte Reflexe, Reaktionen, Gefühle aus, wenn er wahrgenommen wird

Tritt S1 nun oft genug unmittelbar vor oder gemeinsam mit S2 auf, dann wird auch S1 irgendwann als Wertreiz angesehen, der seine Bedeutung auch dann beibehält, wenn S2 nicht (mehr) erscheint

Beispiel: Pawlows Hunde[4]

S1 = neutraler Reiz (Glockenton)
S2 = Wertreiz (Futter)
Pw (Prozeß der Wahrnehmung) = Glockenton wird wahrgenommen
Prek (Prozeß der Reaktion) = Speichelabsonderung

Der Wirkmechanismus dieses bekannten Beispiels läßt sich nun auf viele Situationen unseres Alltagslebens übertragen, und ich möchte erst einige weitere prägnante Beispiele vorstellen, bevor ich nach der möglichen Bedeutung dieses Lerngesetzes für den schulischen Kontext frage.

Beispiel: Die Musik im Urlaub

Vielleicht ist folgendes Beispiel aus eigener Erfahrung bekannt: Man fährt in Urlaub, und weil es gerade der Hit ist (oder das Lieblingslied der Urlaubskollegen), hört man regelmäßig ein bestimmtes Musikstück, das man vorher nicht kannte und dem man deswegen auch keine Bedeutung zumessen konnte. Der Urlaub ist vorbei, man ist längst zu Hause und hört dann irgendwann im Radio eben dieses Lied. Und ob man es will oder nicht, angenehme Erinnerungen und Bilder an den Urlaub steigen in einem auf, und um öfter in den Genuß dieser schönen Musik und der damit verknüpften Urlaubsgefühle und -erinnerungen zu kommen, geht man los und kauft sich die Platte.

S1 = irgendein Musikstück (neutraler Reiz)
S2 = Urlaub (Wertreiz)
Pw = ich höre im Urlaub oft genug diesen Titel
Prek = Wenn ich nach dem Urlaub diesen Titel höre, dann denke ich an/ fühle ich mich wie im Urlaub

Beispiel: Werbung

Der zentrale Wirkmechanismus der allermeisten Werbungen ist der des klassischen Konditionierens: Ein neues Produkt kommt auf den Markt, welches, da unbekannt, als neutraler Reiz isoliert dargeboten, kaum wahrgenommen werden dürfte. In der Werbung wird dieses Produkt nun solange und so häufig mit einem Wertreiz verknüpft angeboten, daß es bald selbst als Wertreiz gilt und daß ein Bedürfnis nach dem Besitz dieses Artikels entsteht (vgl. Edelmann, 1986, 52ff):

➤ Die neue Zahnpasta verspricht strahlende Zähne und damit soziale Attraktivität!
➤ Die Zigarettenmarke verspricht Zugehörigkeit („Du auch?") oder Abenteuertum!
➤ Die Schuhmode verkauft schöne Beine oder Jugendlichkeit!
➤ Das neue Auto ist in erster Linie ein Statussymbol!
➤ Bei dieser Biersorte sind Geselligkeit und neue attraktive Bekanntschaften garantiert!

Die Liste ließe sich endlos fortsetzen, und es wäre ein lohnende Übung für den, der sich mit dem Lerngesetz des klassischen Konditionierens vertrauter machen will, die verschiedensten Werbespots auf diesen Mechanismus hin zu untersuchen. (Vorsicht: Je leichter es uns fällt, desto mehr gehören wir zur angesprochenen Zielgruppe!)
Die Werbung macht noch eines deutlich: Die Wirtschaft würde nicht jedes Jahr etliche Milliarden in ein Geschäft investieren, das sich für sie nicht auszahlen würde. Anders formuliert ist dies eine eindrucksvolle Bestätigung für die Wirksamkeit des klassischen Konditionierens. Ich werde später noch darauf eingehen, woran dies liegt.

Beispiel: Die Oma und die Süßigkeiten

Selbst wenn manche Omas jetzt bekümmert sein werden, aber aus lerntheoretischer Perspektive ist es so: in einer Startphase des Kennenlernens stellen sie für ihre Enkelkinder einen neutralen Reiz dar, der möglicherweise deshalb besonders schnell zum Wertreiz wird, weil er besonders intensiv mit Wertreizen (wie zum Beispiel Süßigkeiten) gekoppelt in Erscheinung tritt.

S1 = Die Oma
S2 = Der Geschmack von etwas Süßem im Mund ist (eventuell) ein ungelernter, angenehmer Wertreiz.
Pw = Immer wenn die Oma kommt, bringt sie den Kindern Süßigkeiten mit.
Prek = Die Kinder haben ihre Oma gern, auch wenn sie mal keine Süßigkeiten anbieten kann.

Wenn wir dieses Lerngesetz des klassischen Konditionierens jetzt auf die pädagogische Situation in der Schule übertragen, wird deutlich, welche weitreichende Wirkung es hat bzw. haben kann.

➢ Der neue Lehrer in der Klasse (neutraler Reiz), der häufig tadelt, schreit, droht oder bestraft (negative Wertreize), wird bald von den Schülern auch dann gefürchtet und abgelehnt werden, wenn er diese Verhaltensweisen nicht zeigt.

➢ Das umgekehrte Beispiel: Während meiner Zeit als Gymnasiast habe ich meine Sportlehrer immer besonders gemocht. Möglicherweise lag das weniger an ihrer Person oder ihrem konkreten Verhalten, sondern mehr daran, daß sie immer in Verknüpfung mit einer für mich höchst attraktiven Tätigkeit (Sport als angenehmer Wertreiz) auftraten.

Diese letztgenannte Überlegung könnte beispielsweise zu der Konsequenz führen, daß man sich als Klassenlehrer darum bemüht, bei der Erstellung des Stundenplanes auch einige der beliebteren Fächer in seiner Klasse unterrichten zu können, um nicht derjenige zu sein, der immer nur Rechen-, Schreib- und Leseleistungen einfordert.

Weitere Beispiele finden sich in Adameit u.a.(1978, 45). Sie schreiben: „Der stets hart strafende (S2) Mathematiklehrer vermittelt nicht nur den Dreisatz, sondern auch die Abneigung gegen die Mathematik (S1). Ebenso wird der Sportlehrer, der die Unbeholfenheit des übergewichtigen Schülers mit Hohn und Spott kommentiert (S2), diesem nicht gerade eine positive Einstellung zur körperlichen Betätigung (S1) verschaffen. Die gerade in letzter Zeit vielbesprochene Schulangst ist das Ergebnis von Assoziativem Lernen (= klass. Konditionieren, Anmerkung von mir). Mißerfolg, Strafe und Überforderung werden mit der Schule ganz allgemein assoziiert und schaffen so ein Arsenal angsterzeugender Stimuli.“

Die Wertigkeit von Namen – und den mit diesem Namen verknüpften Personen – kann positiv beeinflußt werden, wenn man sie mit positiven Begriffen paart und immer in einer solchen Kombination verwendet.

– der immer freundliche Johannes
– die heitere Monika
– der fleißige Sascha...

Meichenbaum (1979a, 153) berichtet über entsprechende Versuche; einer davon bezog sich auf die soziale Isolation von Kindern in der Schule, die so günstig beeinflußt werden konnte: „Das Problem der sozialen Isolation wurde dadurch gelöst, daß die Einstellungen (die

emotionalen Reaktionen) der Klassenkameraden gegenüber den Namen der isolierten Kinder verändert wurden, und zwar wurden mit diesen Namen positive emotionale Wörter gepaart."
Diese einfache Strategie kann meines Erachtens ein wirksames Werkzeug für den Lehrer werden bei seinen Bemühungen, es solchen Kindern etwas einfacher zu machen, die es etwas schwerer haben.

Aus lerntheoretischer Sicht sind demnach unsere Gefühle wie Angst, Freude oder Zuneigung gegenüber bestimmten Personen, Situationen oder Gegenständen Ergebnis klassischer Konditionierungsprozesse. Diese laufen nicht auf einer willentlich gesteuerten oder kontrollierbaren Ebene ab, sondern entziehen sich weitgehend unseren Wünschen nach Beeinflussung:
➢ Der Student, der Angst davor hat, mit dem Aufzug in den fünften Stock zu fahren, weiß, daß diese Angst „objektiv" unsinnig ist, trotzdem hat er sie und zieht es vor, das Treppenhaus zu benutzen.

Liebel (1992, 45f) skizziert in seinem Buch ein Experiment des Forschers McConnel (1956), in dem nachgewiesen wird, „daß Lernprozesse nach dem Prinzip des Klassischen Konditionierens ohne Beteiligung des Bewußtseins ablaufen", und das ich hier deshalb wiedergeben möchte:

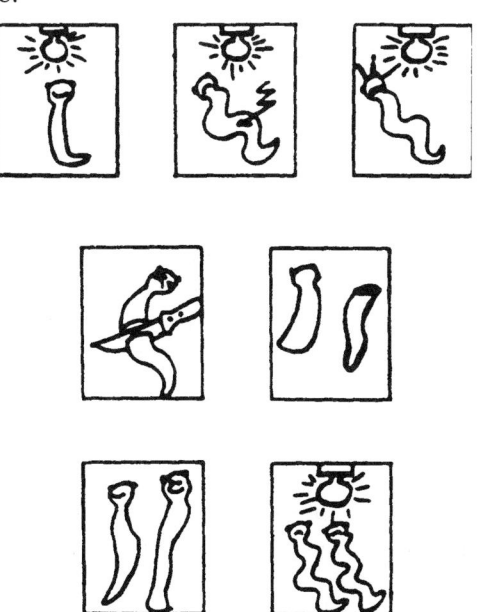

„ McConnel arbeitete mit relativ primitiven Lebewesen, nämlich mit Plattwürmern. Es ist sicher ganz interessant zu erfahren, daß dieses Lernprinzip bereits bei so niedrigen Lebewesen funktioniert (...). Zunächst setzte er die Tiere einem Lichtschein aus, der ihr Verhalten kaum beeinflußte...In einem zweiten Schritt verknüpfte er das Licht jeweils mit einem leichten elektrischen Schlag. Dieser Schlag führte zu einem Zusammenzucken der Tiere, ihre Muskeln zogen sich zusammen...Nach mehrmaliger Koppelung von neutralem Reiz – also dem Licht – und dem unbedingten Reiz – also dem elektrischen Schlag – zeigte sich, daß die Tiere auch dann zusammenzuckten, wenn sie nur den Lichtreiz erhielten: Der Lichtreiz war vom neutralen zum bedingten Reiz geworden, der jetzt die gleiche Reaktion hervorruft wie der unbedingte Reiz <elektrischer Schlag> . Die erstaunliche Regenerationsfähigkeit von Plattwürmern erlaubte eine interessante Fortsetzung des Experiments: Die konditionierten Tiere wurden in der Mitte zerteilt, und jede Hälfte entwickelte sich zu einem neuen Plattwurm. Als nun diese neuen Tiere dem Lichtreiz ausgesetzt wurden, zeigten sowohl „Kopf-“ als auch „Schwanzende-Tiere“ die bedingte Reaktion des Zusammenzuckens nur auf einen Lichtreiz hin. Daran wird erkennbar, daß Lernprozesse nach dem Prinzip des klassischen Konditionierens ohne Beteiligung des Bewußtseins ablaufen.“

Als letzten „Beleg“ vielleicht noch folgende Geschichte:

Eine mir bekannte Frau war vor einigen Jahren mit dem großen Wagen ihres Mannes – sie selber benutzte in der Regel ihren „kleinen Wagen“ – in einen Verkehrsunfall verwickelt gewesen, in welchem sie sehr verletzt worden war, und nach dem sie lange Wochen im Krankenhaus gelegen hatte.

Obwohl sie sich völlig darüber im Klaren ist, daß der große Wagen ihres Mannes ihr in dieser Situation sehr wahrscheinlich das Leben gerettet hat, fährt sie heute doch sehr viel lieber mit dem Kleinwagen und muß intensiv gegen ihre Ängste ankämpfen, wenn sie den Wagen ihres Mannes besteigt, den selber zu fahren sie sich zudem strikt weigert.

Ihre Ängste und ihre kognitiven Einsichten stehen sich hier diametral gegenüber.

Zum instrumentellen Konditionieren (Verstärkungslernen)

Diese Lernart vermag zu erklären, warum eine bestimmte Verhaltensweise häufiger oder seltener gezeigt wird, (wobei auch hier wieder von einem Lernprozeß ausgegangen wird). Grundlage ist das sogenannte „Gesetz des Lernens am Erfolg", das schon Thorndike (vgl. Schorr, 1984) formuliert hatte:

➤ Folgt auf eine bestimmte Verhaltensweise eine angenehme Konsequenz (Verstärkung), so wird diese Person dieses Verhalten in Zukunft in ähnlichen Situationen häufiger zeigen.

Beispiel: Der Zweijährige zieht und rappelt an der Türklinke, die Tür geht auf, und er kann das Zimmer verlassen. Er wird in Zukunft öfter an der Türklinke rappeln, weil er so seinen Erfahrungsspielraum erweitern kann.

(Peyer/Perres, 1978)

➢ Folgt auf eine bestimmte Verhaltensweise eine unangenehme Konsequenz (Bestrafung), so wird diese Person dieses Verhalten in Zukunft in ähnlichen Situationen seltener zeigen.

Beispiel: Derselbe Zweijährige erweitert seinen Erfahrungsschatz, indem er den Finger in eine Kerzenflamme hält und sich verbrennt. Er wird in Zukunft vorsichtiger und verhaltener mit solchen Situationen umgehen und die Warnung der Mutter : „Vorsicht, Heiß!" (ein Prozeß der klassischen Konditionierung!) besser beherzigen.

Aus diesen beiden Grundüberlegungen sind eine Reihe wirksamer pädagogischer Maßnahmen entwickelt worden, die alle auf dem Prinzip beruhen, die Konsequenzen, die einem bestimmten Verhalten folgen, kontrolliert, systematisch und transparent einzusetzen.

Auf diese Weise kann die Auftretenswahrscheinlichkeit erwünschter Verhaltensweisen gesteigert und die unerwünschter gesenkt werden.

Allerdings bedarf es, um zum Erfolg zu kommen, der Beachtung einiger weiterer notwendiger Aspekte:

➢ **Kontingenz:**

Zwischen dem Verhalten und der nachfolgenden Konsequenz muß eine eindeutige **„Wenn-Dann-Beziehung"** hergestellt werden: **Wenn** ich während der Unterrichtsstunde auf meinem Platz sitzen bleibe, **dann** darf in den letzten fünf Minuten der Stunde in die Spielecke.

Ich habe einmal einen Lehrer beobachtet, der am Ende einer Unterrichtsstunde durch die Klasse (ein 2. Schuljahr einer Sonderschule für Erziehungshilfe) ging und „Smarties" an die Schüler verteilte: „Du bekommst acht Smarties, Du vier, Du zwölf und Du gar keins!" Die Schüler freuten sich oder waren enttäuscht, aber in keinem Fall konnten sie eine konkrete Verknüpfung herstellen zwischen bestimmten Verhaltensweisen, für die sie diese jeweilige Anzahl an „Smarties" erhielten. Und das heißt auch, daß über die Vergabe von Süßigkeiten in diesem Falle – eben wegen der fehlenden Kontingenz – keine gezielten Verhaltensänderungen zu erwarten waren oder von ihnen erbracht werden konnten.

Zur Herstellung von Kontingenz wäre es notwendig gewesen, jede einzelne Zuteilung von „Smarties" explizit und unter möglichst konkreter Benennung der entscheidenden Verhaltensweisen zu begründen. Etwa: „Du bekommst vier Smarties, weil Du in den ersten dreißig Minuten intensiv gearbeitet und gelesen und geschrieben hast und noch einmal vier, weil Du Dich in dieser Phase von dem Krach in der Klasse nicht hast ablenken lassen. Das hast Du sehr gut gemacht! Für die letzten fünfzehn Minuten kann ich Dir leider keine „Smarties" geben, denn da bist Du nur noch durch die Klasse gelaufen".

„Dir kann ich gar keine „Smarties" geben, weil Du die ganze Zeit auf der Fensterbank gesessen hast, und dann hast Du auch noch versucht, am Fenstervorhang hochzuklettern. Gelesen und geschrieben hast Du in dieser Zeit nicht, vielleicht wird es ja in der nächsten Stunde besser!"

➤ Kontiguität:

Je enger die räumliche und zeitliche Verknüpfung zwischen einer gezeigten Verhaltensweise und der darauf erfolgenden Konsequenz ist, desto wirksamer ist diese.

Aus Gründen der Kontiguität wäre es in dem obigen Beispiel etwa ratsam, die Vergabe der Verstärker (der „Smarties") nicht erst am Ende der Unterrichtsstunde, sondern etwa alle fünfzehn Minuten vorzunehmen.

Beispiele:

Eine Person, die vor Gericht verurteilt wird für ein Vergehen, das sie vor achtzehn Monaten oder mehr begangen hat, wird das Urteil wegen der fehlenden Kontiguität nicht mehr auf den begangenen Straftatbestand beziehen, sondern etwa es mit der Person des Richters verknüpfen: „Der will mir einen reinwürgen!"

Ein Hund, der weggelaufen ist und nach Stunden des Herumstreunens nach Hause kommt und der dann verprügelt wird, wird diese Strafe nicht auf den Aspekt des Weglaufens beziehen, sondern auf den des Nachhausekommens. Er wird demnach nicht seltener weglaufen, aber immer länger wegbleiben.

Die Bedeutung der Kontiguität zeigt sich auch bei der Einnahme von Drogen, etwa beim Alkohol, der ja bekanntlich zwei Wirkungen hat, zuerst die angenehme, enthemmende, berauschende, später den „Kater". Wäre es umgekehrt, würde kein Mensch auch nur einen Tropfen davon trinken.

➤ **Positive und negative Verstärkung:** Vor allem der Begriff der negativen Verstärkung ist unklar und wird häufig mißverstanden.

Verstärkung meint in jedem Falle, daß die Auftretenshäufigkeit der verstärkten Verhaltensweise steigt, also daß die Konsequenz als angenehm erlebt wird. Hierbei gibt es jedoch zwei Möglichkeiten:

Positive Verstärkung: Dieser Begriff läßt sich folgendermaßen definieren:

Auf eine bestimmte Verhaltensweise hin erfolgt eine angenehme Konsequenz.

„Etwas präziser als oben ausgedrückt, läßt sich ein „positiver Verstärker" als ein Ereignis definieren, das die zukünftige Auftrittswahrscheinlichkeit von Reaktionen einer operanten Klasse erhöht, wenn es kontingent auf eine entsprechende Reaktion dargeboten wird" (Reinecker, 1987, 116f). Beispiele:

> *Der Lehrer fragt: „Wie heißt die Hauptstadt von Italien?" Der Schüler antwortet: „Rom!" Der Lehrer: „Toll, Du hast gut gelernt!"*
>
> *Die Mutter stellt das Essen auf den Tisch. Die Kinder sagen: „Mhmm, das riecht aber gut!"*
>
> *Der Schüler hat eine Rechenaufgabe gelöst, der Lehrer bestätigt ihm, daß er richtig gerechnet hat.*
>
> *Nachdem das Loch im Fahrradschlauch geflickt ist, kann man wieder mit dem Rad fahren (die Verstärkerwirkung ist natürlich davon abhängig, daß man diese Tätigkeit als etwas angenehmes empfindet!)*

Negative Verstärkung: Dieser Begriff meint folgendes:
Durch eine bestimmte Verhaltensweise hört ein unangenehmer Zustand auf. Beispiele:

> *Die Einnahme von Medikamenten hat fast immer negative Verstärkerwirkung, weil diese einen unangenehmen Zustand beenden oder lindern.*
>
> *Schulschwänzen und alle anderen Sorten von Vermeidungsverhalten, weil sie erfolgreich dazu dienen, unangenehmen Situationen aus dem Weg zu gehen.*
>
> *Der Unterricht ist furchtbar langweilig, nach einiger Zeit beschäftigen sich etliche Schüler damit, „Schiffe zu versenken".*

Wenn man diese Unterscheidung genau hinterfragt, läßt sie sich kaum aufrechterhalten, denn oft genug ist es nur eine Frage der Perspektive oder Schwerpunktsetzung. Ich will dies am letztgenannten Beispiel deutlich machen: Man kann argumentieren, das Spiel

„Schiffe versenken" sei ein negativer Verstärker, weil es den unangenehmen Zustand „langweiliger Unterricht" beendet. Man könnte auch sagen, es sei ein positiver Verstärker, weil es angenehme Konsequenzen wie Spaß, Spannung oder gemeinsam etwas Verbotenes zu tun, zur Folge hat.

Mir erscheint diese Unterscheidung vor allem aus einer pragmatischen Perspektive wichtig. Sie ist hilfreich bei der Aufdeckung solcher verhaltenssteuernder Mechanismen, wie der nicht reflektierter oder bewußter kontingenter Verstärker.

Gräff u.a. (1978, 12) machen dies an einem Beispiel deutlich:

> „Der elfjährige, geistigbehinderte Dieter (Entwicklungsalter: ca. 6;0) bricht während des Unterrichtes <ohne ersichtlichen Grund> in lautstarkes Schreien aus. Sofort wendet sich ihm die Lehrerin zu, beruhigt ihn mit begütigenden Worten und setzt sich für einige Minuten neben ihn auf den Platz. Dieter hört auf zu schreien."

Wenn wir uns jetzt diese Episode unter dem Aspekt von positiver und negativer Verstärkung ansehen, dann zeigt sich, daß Dieter für sein Verhalten „lautstarkes Schreien" positiv verstärkt wurde. Die für ihn angenehme Konsequenz besteht darin, daß sich die Lehrerin ihm sofort (Kontiguität) zuwendet und für einige Minuten neben ihn setzt.

Aus lerntheoretischer Perspektive läßt sich demnach die Prognose formulieren, daß Dieter in Zukunft häufiger das Verhalten „lautstarkes Schreien" zeigen wird, in der Erwartung, daß sich dann seine Lehrerin neben ihn setzen wird.

Aber auch die Lehrerin ist verstärkt worden, und zwar negativ, d. h. durch ihr Verhalten wurde eine für sie unangenehme Situation „lautstarkes Schreien" beendet.

Auch für sie ließe sich demnach vorhersagen, daß sie sich in Zukunft häufiger ihrem Schüler Dieter zuwenden und sich neben ihn setzen wird, wenn er durch sein lautes Schreien eine für sie unangenehme Situation arrangiert.

In diesem Fall ist die Lehrerin eingebunden in einen Regelkreis und dabei einem Verstärker-Mechanismus ausgesetzt, den sie nicht verändern kann, solange sie ihn nicht durchschaut.

➤ **Positive und negative Bestrafung:** Diese beiden Begriffe entsprechen sinngemäß dem oben gesagten, nur daß durch eine Bestrafung eben die Auftretenshäufigkeit einer Verhaltensweise sinkt. Die Konsequenz wird in jedem Falle als unangenehm erlebt.

Positive Bestrafung: Dieser Begriff läßt sich folgendermaßen definieren:

Auf eine bestimmte Verhaltensweise hin erfolgt eine unangenehme Konsequenz: Beispiele:

> *Der Lehrer fragt: „Wie heißt die Hauptstadt von Italien?" Der Schüler antwortet: „Rom!" Der Lehrer: „Antworte gefälligst im ganzen Satz!"*
>
> *Die Mutter stellt das Essen auf den Tisch. Die Kinder sagen: „Was? Schon wieder <Dicke Bohnen>?"*
>
> *Der Schüler hat sich darum bemüht, eine Aufgabe zu lösen, aber trotz aller Anstrengung ist sein Ergebnis falsch.*
>
> *Beim Versuch, sein Fahrrad zu reparieren, klemmt sich der Junge die Finger der rechten Hand zwischen Mantel und Felge, das tut weh!*

Negative Bestrafung: Dieser Begriff meint folgendes:

Durch eine bestimmte Verhaltensweise hört ein angenehmer Zustand auf. Beispiele:

> *Der Verzicht auf die Einnahme von Tabletten oder den Gebrauch von Drogen ist, besonders in der Anfangszeit (Kontiguität!), gleichbedeutend mit dem Wegfall angenehmer Situationen.*
>
> *Die Oma sagt: „Wenn Du jetzt nicht Deine Schularbeiten fertig machst, nehme ich Dir solange die Süßigkeiten weg und mach den Fernseher aus!"*
>
> *Wiederholtes Foul-Spiel wird im Sport mit Ausschluß vom Spiel bestraft, dieser Spieler darf dann nicht mehr mitspielen.*
>
> *Wird der Unterricht als angenehme Situation definiert, kann der Ausschluß vom Unterricht (Time-Out) die Wirkung einer negativen Bestrafung haben.*

Verstärkung: **positiv:** es folgt eine angenehme Konsequenz

negativ: ein unangenehmer Zustand hört auf

Bestrafung: **positiv:** es folgt eine unangenehme Konsequenz

negativ: ein angenehmer Zustand hört auf

Verstärkung und Bestrafung können **kontinuierlich und intermittierend** erfolgen.

Kontinuierlich ist eine bestimmte Konsequenz dann, wenn sie **jedesmal** auf das spezifische Verhalten hin erfolgt, intermittierend, wenn sie nur **hin und wieder** stattfindet.
Steine in einen Teich zu werfen, bedeutet (zumindest für Kinder), kontinuierlich verstärkt zu werden, das Spielen an Geldautomaten verstärkt die Spieler intermittierend.

Bei der kontinuierlichen Verstärkung kann das erwünschte Verhalten sprunghaft ansteigen, aber bei Ausbleiben der Verstärker verschwindet es auch schnell wieder. Die intermittierende Verstärkung hält dagegen ein Verhalten auch über lange Zeiträume aufrecht, in denen keine Verstärkung stattfand. Die zugrundeliegende Logik lautet: Je öfter ich es ohne Erfolg versucht habe, desto näher bin ich dran, also weitermachen! Dies könnte beispielsweise eine lerntheoretische Erklärung für „süchtiges" Spielen an Spielautomaten sein: Je länger ich nichts gewonnen habe, um so näher bin ich dran an der „goldenen Serie" und jetzt aufzuhören, wäre das Verrückteste, was ich tun könnte!

Ein schulisches Beispiel:

> Nehmen wir an, die Schüler einer Klasse haben es sich angewöhnt, ohne sich zu melden ihre Antworten auf Fragen und ihre Unterrichtsbeiträge einfach in die Klasse zu rufen. Der Klassenlehrer möchte dies aus verschiedenen Gründen, die ich hier nicht erörtern muß, ändern. Wenn er dies mit den Schülern bespricht und ihnen eine kontinuierliche Verstärkung in Aussicht stellt, kann er das problematische Verhalten fast sofort beenden. Damit das neue Verhalten der Schüler – sich zu melden usw – dauerhaft wird, wird er jedoch sehr schnell zu einer intermittierenden Verstärkung übergehen und diese nur sehr langsam ausblenden.

Das abgebildete Schema (nächste Seite) macht diesen Sachverhalt noch einmal deutlich (vgl. hierzu auch: Liebel, 1992, 41):

Es gibt noch zumindest zwei weitere Aspekte, die von Bedeutung sind, und die auf keinen Fall übersehen werden dürfen, wenn man Verhalten beeinflussen möchte durch ein **„systematisches Kontingenzmanagement"**
➢ **Die Unterscheidung in internale und externale oder Selbst- und Fremdverstärkung (1)**
➢ **Die Abhängigkeit der Wirkung eines Verstärkers von dem ihm zugeschriebenen, subjektiven Wert (2)**

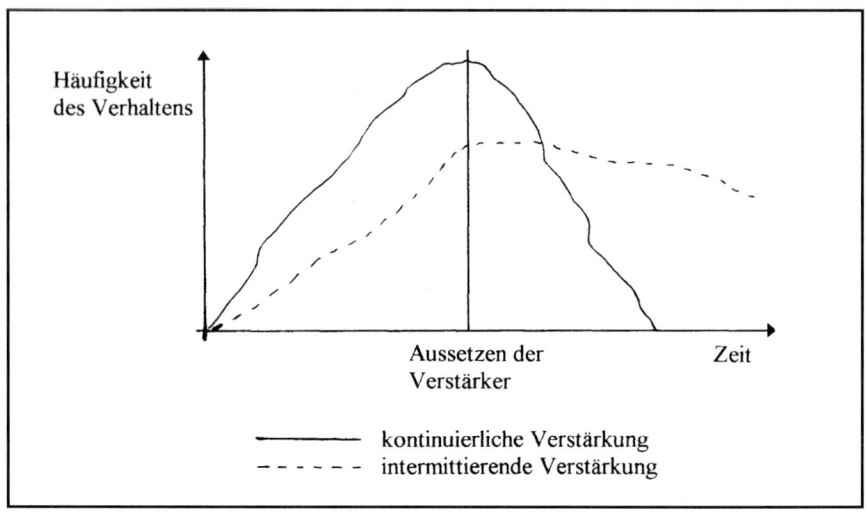

Häufigkeit des Verhaltens

Aussetzen der Verstärker

Zeit

——————— kontinuierliche Verstärkung
– – – – – – intermittierende Verstärkung

zu 1: Internale und Externale Verstärkung

Alle Menschen haben in ihrem Gesamtrepertoire einzelne Verhaltensweisen, die sie zeigen, weil das jeweilige Verhalten an und für sich schon Verstärkerqualität für sie besitzt. Andere Verhaltensweisen dahingegen sind nur dann zu beobachten, wenn sie sich begründete Hoffnung auf einen von außen kommenden Verstärker (z.B. Bezahlung) machen können, der mit dem jeweiligen Verhalten inhaltlich in keinerlei Beziehung zu stehen braucht.

➤ Internale oder Selbstverstärkung

Zur ersten Sorte gehören zum Beispiel alle die Verhaltensweisen, die wir zeigen, wenn wir unseren Hobbies nachgehen.
Selbst eine mehrtägige Bergtour mit Rucksack und stundenlangen Kletterpartien kann (trotz der Strapazen) als Erfüllung eines großen Wunsches angesehen werden. Oder die Annahme einer sportlichen Herausforderung, selbst dann (oder eben: gerade dann), wenn sie eine Grenzerfahrung darstellt.

Der Sammler findet sein Vergnügen in der Tätigkeit des Sammelns und aus dem Wissen des Besitzes seltener oder einmaliger Stücke. In allen diesen Beispielen liegt der Verstärkerwert in der Verhaltensweise selbst.

(Peyer/Perres, 1978)

BEI DER INTRINSISCHEN VERSTÄRKUNG HAT DIE TÄTIGKEIT SELBST VERSTÄRKENDEN CHARAKTER

Dieser Mechanismus stellt aber – aus dieser lerntheoretischen Perspektive gesehen – gleichzeitig eines der größten pädagogischen Probleme dar, denn auch so manche unerwünschte Verhaltensweise verstärkt sich selbst.

Die beiden wichtigsten davon scheinen mir die aggressiven Verhaltensweisen (vgl. S. 128f.) und das Vermeidungsverhalten zu sein.

Mit dem Begriff des Vermeidungsverhaltens bezeichnet man alle Verhaltensstrategien, mit denen eine Person eine Situation umgeht (eben: vermeidet), die sie für bedrohlich hält. Ein Problemaspekt ist dabei der, daß sie über den tatsächlichen Bedrohungsgehalt dieser aktuell vermiedenen Situation nichts weiß, eben weil sie sie nicht erlebt hat – sie wird aber demnach auch ihre Einschätzung der Situation nicht verändern und beim nächsten Mal wieder mit Vermeidung reagieren.

Die internale Verstärkung des Vermeidungsverhaltens besteht genau darin, daß die betreffende Person der Überzeugung ist, auf diese Art und Weise einer Gefahr erfolgreich aus dem Weg gegangen zu sein.

Das pädagogische Problem besteht unter anderem darin, daß sich Vermeidungsverhalten als solches nicht beobachten, sondern nur interpretativ oder spekulativ erschließen läßt. Der Bundesligafan, der jeden Samstag seinen Wagen wäscht und dabei die Spiele im Radio mitverfolgt, gibt nicht zu erkennen, daß er so erfolgreich die für ihn bedrohliche Situation im Stadion vermeidet. Oder das Ehepaar, das seit zwanzig Jahren jeden Urlaub in ein und derselben Pension verbringt, muß so seine eventuelle Angst vor dem Unbekannten und Fremden weder zugeben noch sogar selbst erkennen. So kann das Motiv unter anderem Vermeidungsverhalten sein, es muß es aber nicht, ebenso gut wären andere Gründe denkbar. Vermeidungsstrategien können sehr effektiv und nützlich sein, aber sie beinhalten immer auch einen problematischen Aspekt, nämlich den, daß sie Handlungsspielräume einengen und Wahlmöglichkeiten begrenzen.

Daß das Schuleschwänzen in vielen Fällen als eine Art Vermeidungsverhalten anzusehen sein wird, scheint offensichtlich. Ich denke darüberhinaus, daß auch ein Großteil an Unterrichtsstörungen entsprechend motiviert sein kann. Wenn es gelingt, auf diese Art und Weise Leistungssituationen (die als bedrohlich angesehen werden, weil der Mißerfolg angenommen wird) zu vermeiden, dann liegt nichts näher, als dieses sich selbst verstärkende Verhaltensmuster bei Bedarf zu wiederholen.

Wenn der Lehrer (einen Teil der) Unterrichtsstörungen als Form von Vermeidungsverhalten akzeptieren kann, dann ergeben sich daraus für ihn konkrete Anhaltspunkte und Möglichkeiten für eine positive Veränderung: Die Reduzierung von befürchteten und angenommenen Mißerfolgen durch Schaffung von mehr Transparenz und Struktur und durch die gemeinsame Verständigung auf Unterrichtsinhalte und -verfahren. Vielleicht ist dies mit ein Grund dafür, daß in offenen Unterrichtssituationen weniger Störungen auftreten, als in geschlossenen.

➤ Externale oder Fremdverstärkung

Als zweite Möglichkeit habe ich die der externalen Verstärkung genannt. Unserer beruflichen Tätigkeit gehen wir in erster Linie nach, weil wir dafür bezahlt werden, ich räume die Wohnung auf, weil ich weiß, daß gleich Gäste kommen werden und mache den Ölwechsel beim Wagen selbst, weil ich so Geld sparen kann.

Wenn wir diese beiden Möglichkeiten der Verstärkung im Auge behalten und uns jetzt den Schülern zuwenden, die verstärkt problematische Verhaltensweisen produzieren, dann dürfte es weitaus seltener der Fall sein, daß sie schulische Verhaltensweisen zeigen, weil diese für sie internalen Verstärkungswert besitzen. Ganz im Gegenteil wird schulisches Lernen (oft genug generalisiert auf alles, was mit Schule zu tun hat) als aversiv erlebt und deshalb abgelehnt oder vermieden.

Die Grundüberlegung einer pädagogischen Verhaltensmodifikation für diese Situation ist nun die, den Schülern, die über keine internalen Verstärker für Rechnen, Schreiben und Lesen verfügen, für genau diese Tätigkeiten externale Verstärker anzubieten. Dieses Vorgehen ist weder Dressur noch Manipulation, sondern nichts anderes, als das, was in alltäglichen Lebenszusammenhängen aller Menschen auch passiert – das Produzieren eines bestimmten Verhaltensmusters (z.B. „Arbeiten") für einen externalen Verstärker.

Das Ziel einer entsprechenden pädagogischen Maßnahme muß dabei immer sein, von der externalen Verstärkung weg zu einer internalen hin zu kommen. Dieses Ziel wird nicht immer erreicht werden können, aber damit Schüler eine Chance erhalten, vielleicht irgendwann einmal ein Buch zu lesen, nur weil es ihnen Spaß macht (internale Verstärkung) oder in ihrem Alltag souverän mit Zahlen umzugehen, kann es sich als hilfreich und nützlich erweisen, ihnen auf dem Weg dahin vorübergehend externale Verstärker anzubieten.

zu 2.: Die Wirkung eines Verstärkers ist abhängig von dem ihm zugeschriebenen subjektiven Wert

Dieser zweite Aspekt liefert einen ersten Brückenschlag zum Kognitivismus, denn hier geht es nicht mehr um unmittelbar beobachtbares Verhalten, sondern um Bewertungs- und Zuschreibungsprozesse.

Zunächst ist damit nichts anderes gemeint, als daß eine bestimmte Konsequenz (z.B.: „Wenn ihr das Arbeitsblatt fertig ausgefüllt habt und bis zum Klingeln noch Zeit ist, dann könnt ihr in dieser Zeit Schach spielen!") für den einen Schüler eine hohe Verstärkerqualität besitzt, etwa daran erkennbar, daß er sich zielstrebig ans Werk macht, für einen anderen Schüler aber möglicherweise gar keine (vielleicht kann er kein Schach spielen oder er hat die Erfahrung gemacht, daß er immer verliert). Stichwort: Interpersonelle Varianz.

Denkbar ist aber auch, daß ein und derselbe Schüler an dem einen Tag zielstrebig auf die angebotene Konsequenz hinarbeitet, aber vielleicht schon am nächsten Tag nicht, (weil er selber genügend attraktive Süßigkeiten dabei hat). Stichwort: Intrapersonelle Varianz.

Darüber hinaus können durch entsprechende subjektive Bewertungsmuster Konsequenzen, denen der Lehrer Verstärker- oder Bestrafungsqualität zumißt, in ihr Wirkungsgegenteil verkehrt werden.

➤ Die Konsequenz entspricht nicht der Erwartung

Nehmen wir an, ein Schüler, dem das nicht so häufig gelingt, hat eine sehr gute Arbeit geschrieben. In der Erwartung eines überschwenglichen Lobes und eines Extrataschengeldes kommt er nach Hause. Die Eltern sehen sich das Heft an und sagen dann: „Na siehste, Du kannst es doch, wenn du willst, so muß es eigentlich immer sein!" Vielleicht sind sie der Meinung, damit ihren Sohn gelobt und ihm Mut zugesprochen zu haben, für ihn selber hat diese Konsequenz, weil sie unterhalb seiner Erwartungshaltung blieb, jedoch die Wirkung einer Bestrafung.

Die umgekehrte Situation läge vor, wenn er eine schlechte Arbeit nach Hause brächte, in der Erwartung einer Standpauke oder gar einer Tracht Prügel. Der Vater beschränkt sich vielleicht auf ein paar kernige Hinweise wie „So geht das aber nicht!..etc" und ist der Ansicht, seinem Sohn mal wieder deutlich gemacht zu haben, was er sich von ihm erwarte. Die Bestrafung des Vaters wird aber in diesem Falle – wieder durch die entsprechende Erwartungshaltung des Jungen – zu einer Verstärkung.

Für die pädagogische Arbeit des Lehrers bedeutet die Reflexion dieser Gedanken für sein konkretes Handeln das Betreten einer Grauzone, denn selbst, wenn er seine Schüler sehr genau kennt, wird er doch nur selten einigermaßen sicher sein können, daß seine Bewertung einer Situation oder eines Verhaltens mit denen der betreffenden Schüler korrespondiert oder gar übereinstimmt.

Das Modellernen

„Ich bin völlig verzweifelt, weil mein achtjähriger Sohn Wolfgang ständig maßlos übertreibt. Dabei habe ich ihm das schon mindestens 100000 Mal verboten."

„Verflixt noch mal, wenn ich bloß wüßte, woher der Bengel, der

Teufelskerl, bloß seine vulgären Ausdrücke aufgeschnappt hat!"
(Beide Zitate in: Liebel, 1992, 59)

Als dritte Möglichkeit, neue Verhaltensweisen zu erwerben, hatte
ich das Modellernen genannt. Dieser Begriff und die mit ihm verbundene Lernart scheinen inzwischen Alltagswissen geworden zu
sein:
Durch die Beobachtung eines attraktiven und erfolgreichen Modells
können auch komplexe Verhaltensweisen „abgeguckt" werden. Sie
werden gedächtnismäßig gespeichert und in passenden Situationen
realisiert.
Bestimmte Variablen können die Wirkung eines Modells oder einer
Modellvorgabe verbessern. Zwei von ihnen (Attraktivität und erfolgreiches Handeln des Modells) habe ich schon genannt, weitere
günstige Faktoren wären
— Beliebtheit, Freundlichkeit oder hoher Status des Modells,
— eine längerandauernde und intensive Beziehung zwischen Modell und Beobachter,
— oder eine sowohl kompetente als auch realistische (statt einer
  idealtypischen) Modellvorgabe, die auch die Bewältigung eventu-
  eller Schwierigkeiten miteinschließt.
Begünstigende Bedingungen auf Seiten des Beobachters könnten:
— aktuelle wie situationsunabhängige (z.B. eine Selbsteinschätzung
  eigener Unzulänglichkeit) Stressoren sein,
— sowie die Bedeutung, die der Beobachter dem gezeigten Verhalten beimißt.

Bei der sogenannten kognitiven Modellierung (vgl. Kapitel 7.) wird
die Wirkung noch erhöht durch eine gleichzeitige Begleitung des
Handelns des Modells durch Aussprechen der Gedanken, die das
aktuelle Verhalten anleiten und steuern.

Last not least muß der Beobachter das Modell in dieser Funktion
auch akzeptieren, das heißt, er muß das Verhalten des Modells als
relevant für sich selber erachten.

Auf die große Bedeutung des Lehrers als Modell sowohl für kognitives wie soziales und affektives Verhalten wird in der Literatur
immer wieder hingewiesen.
Tausch / Tausch: „ Lehrer sind besonders bedeutsame Personen für
das Wahrnehmungslernen von Schülern. Sie sind täglich 4-5 Stunden mindestes 9 Jahre lang mit Schülern zusammen. Sie werden
von den Schülern aufgrund ihrer Position in der Klasse, ihrer Be-

fugnisse und ihrer Wissenskenntnisse sehr deutlich wahrgenommen. Lehrer können durch die Art ihres Verhaltens das soziale, gefühlsmäßige und intellektuelle Verhalten der Schüler beeinflussen" (Tausch/Tausch, 1979, 46).

Adameit: „Die überaus große Bedeutung des Lehrers oder Erziehers als Modell ist so offensichtlich und auch allgemein so bekannt, daß es zunächst ganz unnötig erscheinen mag, wenn wir uns damit beschäftigen... Der Lehrer erfüllt in fast idealer Weise die Bedingungen für ein überzeugendes Modell – im positiven wie im negativen Sinne" (Adameit, 1978, 242).

Seltener wird gefragt, ob der Lehrer diese Funktion denn auch tatsächlich besitzt, das heißt, ob Schüler das Verhalten eines Lehrers als relevant und attraktiv für sich selber ansehen.

Ich persönlich bin da oft mehr als skeptisch. Viele Schüler scheinen mir eher der Ansicht zu sein, daß Lehrer eine ganz besondere Sorte von Menschen sind, Erwachsene, die sich ganz anders verhalten als die Schüler es sonst gewohnt sind. Ähnlich vergleichbar der Institution Schule, in der ja auch so vieles anders ist als im „wirklichen Leben". Lehrer haben sozusagen einen Sonderstatus, der ihr (den Schülern manchmal unerklärliches) Verhalten rechtfertigt, der aber auch die mögliche Bedeutung des Lehrers als Modell für seine Schüler sehr relativieren kann.

Obwohl die Lehrer und ihre Schüler vergleichsweise sehr viel Zeit miteinander verbringen, zeigen die Schüler kaum Verhaltensweisen, die sie durch Beobachtung ihres Lehrers erworben haben. Oder?

5.3 Einige Möglichkeiten des Einsatzes der klassischen Verhaltensmodifikation

Der Ausgangspunkt und Grundgedanke der behavioristischen Lerntheorie ist der, daß Verhalten gelernt wird. Umgekehrt formuliert hieße das auch, daß es nicht das Ergebnis oder der Ausdruck irgendwelcher (etwa ererbten) Charaktermerkmale, Triebe oder Instinkte ist. Verhalten ist das Ergebnis von Lernprozessen, das heißt von Erfahrungen aus der Auseinandersetzung mit der vorgefundenen Umwelt. Demnach ist unser Verhalten abhängig von drei Variablen:

➤ **Die drei Variablen:**

1. der auslösende Reiz / die Situation / der Stimulus ➤ S

110

2. die motivationalen, emotionalen, kognitiven Komponenten, zusammengefaßt als Organismusvariable ➤ O

3. die Konsequenzen, die dem Verhalten folgen ➤ C

Dieser Sachverhalt findet sich in der Literatur häufig ausgedrückt in einer Formel (**V** steht hier für Verhalten):

$$\textbf{S} - \textbf{0} - \textbf{V} - \textbf{C}$$

Wenn man diese Formel als Ausgangspunkt nimmt für die Planung pädagogischer Maßnahmen, dann ergeben sich prinzipiell immer drei Möglichkeiten, auf eine bestimmte Verhaltensweise Einfluß zu nehmen:

➤ **ich kann die situativen Bedingungen, die Auslöser verändern (1),**

➤ **ich kann versuchen, motivationale, emotionale oder kognitive Faktoren zu klären und zu beeinflussen (2),**

➤ **und ich kann die Konsequenzen manipulieren, die ein Verhalten in seiner Auftretenshäufigkeit bestimmen (3).**

zu 1: Zu den situativen Gegebenheiten:

Verhaltensbeeinflussungen durch Veränderung der Situation sind allen Lehrern vertraut:

Wenn zwei Schüler, die nebeneinander sitzen, sich dauernd ablenken und zu einem Unruheherd in der Klasse werden, wird die Situation verändert: jeder bekommt seinen eigenen Tisch.

Die Lehrerin sagt: „Jeder hat auf seinem Tisch nur seinen Stift, alle anderen Sachen kommen in die Schultasche!"
Cruickshank (1973) hat ein Unterrichtskonzept für die Arbeit mit hyperaktiven Kindern vorgelegt, in dem auf extreme Weise alle möglicherweise störenden Reize reduziert oder ganz ausgeblendet sind.

Nach meinen Beobachtungen wird im pädagogischen Kontext die Bedeutung auslösender Stimuli zwar berücksichtigt, aber die Möglichkeit, Konflikte und Auseinandersetzungen durch ein optimales situatives Setting präventiv zu reduzieren, wird selten systematisch und kontrolliert angegangen. Viele chronische Belastungsfaktoren von Lehrern und Schülern könnten aber möglicherweise reduziert oder gar zum Verschwinden gebracht werden durch eine systematische Evaluierung der situativen Gegebenheiten. Hierzu gehört durchaus auch die Überlegung (am besten innerhalb einer pädagogischen Konferenz), wie sich Bedingungen, die man als belastend, aber bisher unveränderbar eingestuft und erfahren hat, möglicherweise doch manipulieren lassen. Hier ist jeder Lehrer (oder jedes Kollegium) in seinem spezifischen Umfeld und mit seinen jeweiligen Klassen selbst gefordert.

Die nachfolgend genannten Gesichtspunkte können nur als beispielhafte Orientierung dienen.

Welche situativen Variablen spielen eine Rolle?

Eine Grundüberlegung zur Gestaltung von Unterrichtssituationen ist die, daß für die Schüler eine klare Struktur der Stunde, des Tages, der Woche etc. und damit verbunden Transparenz in das, was sie erwartet, gleichbedeutend ist mit Sicherheit.

Eine unklare Situation wird eher als bedrohlich eingestuft, als eine, die klar und transparent ist. Daraus ergeben sich eine Vielzahl relevanter Stichworte:

➤ Überschaubarkeit vs. Durcheinander (Vielfalt gleichzeitiger und/oder ablenkender Reize, Gleichzeitigkeit inkompatibler Reize)

➤ Wenn Schüler sich überfordert oder bedroht fühlen (besonders bezogen auf Leistungsanforderungen und soziale (Situationen), gibt es für sie eine Möglichkeit „aus dem Felde zu gehen", ohne Sanktionen befürchten zu müssen?

Aus Sicht der Schüler bedeutet Unterricht gelegentlich nichts anderes, als täglich mehrere Stunden lang mit anderen Menschen in einem Raum sein zu müssen, den zu verlassen nicht erlaubt ist. Zusätzlich können einige der Anwesenden durchaus als angstinduzierend erlebt werden. Das gleiche kann auch gelten für die Tätigkeiten, die von einem erwartet werden und auf die man sich auch dann einlassen muß, wenn man sich den Anforderungen nicht gewachsen fühlt. Es dürfte nicht leicht sein, eine ähnlich geartete Situation (außer Gefängnis!) für Erwachsene zu finden.

In einigen Grundschulklassen der Schule für Erziehungshilfe in Bremen gibt es für die Schüler folgende Möglichkeit: Jedes Kind hat an der Rückwand des Klassenraumes eine Art Hundehütte stehen oder (auf den aneinanderstehenden Hütten) einen bienenwabenähnlichen Rückzugsraum, in den jedes Kind sich zurückziehen kann und in dem es nicht gestört oder angegriffen werden darf. Jeder Eingang kann mit einer Gardine zugezogen werden und das Kind bestimmt selbst, wann es wieder am Unterricht teilnehmen kann und will. Allein das Wissen um diese Möglichkeit schafft Sicherheit auch für die Situationen, in denen die Hütte nicht in Anspruch genommen werden muß.

➤ Vertrautheit einer Situation (Stunden-, Tages-, Wochenrhythmus)

Jeden Tag wird in den ersten fünfzehn Minuten gemeinsam gefrühstückt, dann diktiert der Lehrer uns drei Sätze, jeden Tag...!
Wenn wir gut mitgearbeitet haben, machen wir Freitags in der letzten Stunde immer eine Überraschungsstunde!

➤ Variable: *Ort* – Gestaltung des Klassenraumes

Den Raum nach Möglichkeit einteilen (optisch erkennbar abgrenzen durch Regale, Teppichboden oder farbiges Klebeband) in einen Arbeitsbereich, einen Spielbereich und/oder einen Platz für Gespräche!

➤ Variable: *Zeit* – festgelegte Zeitintervalle für bestimmte Tätigkeiten

„Wenn wir eine halbe Stunde gut gearbeitet haben, können wir in den letzten fünfzehn Minuten noch spielen, oder singen...
Wer mit seinem Arbeitsblatt fertig ist, kann schon mal (ganz leise) in die Spielecke hinübergehen!

➤ Variable: *Inhalt* – Regelabsprachen (vgl. auch S. 118), informierender Unterrichtseinstieg

Eine Regel könnte lauten: Im Arbeitsbereich wird nur gearbeitet. Gespielt wird in der Spielecke, geredet wird am Platz für Gespräche!
Oder: Wer lernen und arbeiten möchte, darf nicht daran gehindert werden!
Auch Transparenz in geplante Unterrichtsprozesse schafft bei den Schülern Sicherheit. Noch mehr Bereitschaft zur Mitarbeit wird man als Lehrer erleben, wenn man sich für seine Vorstellungen von Unterricht die Zustimmung der Schüler einholt (oder diese gegebenenfalls diskutiert).
(Zu Möglichkeiten der Strukturierung von Unterricht bei schwierigen Schülern siehe auch M. Bergsson, 1995.)

zu 2: Zur Organismusvariable

Ein Verhalten, das durch eine bestimmte Motivation aufrechterhalten wird, kann zum Verschwinden gebracht werden, wenn es gelingt, die zugrundeliegenden Bedürfnisse zu erkennen und zu stillen.

z.B.:
– morgens gemeinsames Frühstück
– sich in der Schule wohlfühlen, gerne zur Schule gehen
– interessanten Unterricht anbieten (evtl. Projekte)
– Unterricht außerhalb des Schulgebäudes
– Möglichkeiten der Entspannung, des Sich-Austoben-Könnens
– genügend Lob (Streicheleinheiten) erhalten
– genügend Raum für soziale Kontakte haben
– die Schüler fühlen sich als Personen angenommen und ernstgenommen

zu 3: Zu den Konsequenzen

Die Möglichkeiten, auf Verhalten Einfluß zu nehmen durch gezielte und systematische Veränderung der nachfolgenden Konsequenzen, wird in der verhaltensmodifikatorischen Arbeit am häufigsten eingesetzt. Deshalb werde ich auf diesen Aspekt etwas ausführlicher eingehen und einige spezielle Strategien vorstellen und diskutieren.
Vielleicht ist es sinnvoll, sich noch einmal die Grundgedanken des Einsatzes von Verstärkern klarzumachen:

– Werden die Konsequenzen, die einem Verhalten folgen, als angenehm erlebt, wird dieses Verhalten in Zukunft in dieser oder in
ähnlichen Situationen häufiger auftreten.

– Werden die Konsequenzen, die einem Verhalten folgen, als unangenehm erlebt, wird dieses Verhalten in Zukunft in dieser oder in
ähnlichen Situationen seltener auftreten.

Die daraus ableitbare Konsequenz lautet: Positive Verhaltensansätze verstärken (Catch him at being good!), unerwünschtem Verhalten nach Möglichkeit die verstärkenden Konsequenzen entziehen.

Wie diese Überlegung in ein verhaltensmodifikatorisches Programm
umgemünzt werden kann, werde ich im folgenden an einem Beispiel darstellen und dabei die einzelnen Schritte kommentieren.

➤ Eine Möglichkeit verhaltensmodifikatorischen Vorgehens in einer Grundschulklasse (1. / 2. Schuljahr)

Als Ausgangsbedingung nehme ich an, daß ein Lehrer einer Schule
für Erziehungshilfe eine neue Eingangsklasse übernimmt. Die Situation zu Schuljahresbeginn ist unter anderem bestimmt durch:

– eine noch unklare Gruppenstruktur (Ethologen würden hier vielleicht sagen: Hackordnung), möglicherweise kommen noch weitere Schüler im Laufe der Zeit hinzu – die ablaufenden gruppendynamischen Prozesse sorgen für erhebliche Turbulenzen.

– aversive Schulerfahrungen der Kinder aus ihrer Zeit in der Re-
gelschule, fast alles, was mit „Schule" zu tun hat, wird als negativ und bedrohlich erlebt und entsprechend vermieden oder abgelehnt;

– eine stabile, verläßliche und belastbare Beziehung zwischen Klassenlehrer und Schülern muß sich erst noch entwickeln.

In dieser Situation beginnt der Lehrer mit einem verhaltensmodifikatorischen Verstärkerprogramm:

Erster Schritt, etwa 14 Tage lang:
Alle 7 – 8 Minuten verteilt der Lehrer einen materiellen Verstärker
(Erdnüsse). Er gibt jedem Kind genau an, wofür der Verstärker ver-
geben wird (also verstärken, nicht belohnen). Verstärkt werden vorher möglichst genau festgelegte unterrichtsbezogene und sozial ak-
zeptable Verhaltensweisen.

Kommentar:

In dieser ersten Phase geht es zunächst darum, daß sich die Schüler mit diesem Verfahren vertraut machen und die zugrundeliegenden Regeln erkennen.

Entscheidend ist, daß den Schülern die Kontingenz zwischen ihrem Verhalten und der Anzahl der Verstärker, die sie erhalten, deutlich wird: Wenn ich durch die Klasse laufe, dann bekomme ich keine Erdnüsse – wenn ich auf meinem Platz sitze, dann bekomme ich dafür zwei Erdnüsse. Wenn ich in die Klasse rufe, dann bekomme ich keine Erdnüsse, wenn ich mich melde, dann bekomme ich zwei Erdnüsse.

Damit dieses Programm für die Schüler attraktiv wird, ist es gleichzeitig sinnvoll und notwendig, sie in dieser ersten Phase möglichst viele Erfolge erleben zu lassen. Werden sie gleich zu Beginn frustriert oder enttäuscht, dann ist die Gefahr groß, daß sie sich auf weitere Anstrengungen nicht mehr einlassen werden. Die Hauptaufgabe des Lehrers in dieser Phase kann es sein, mit Argusaugen auf die Verhaltensweisen zu achten, die er verstärken kann.

Häufig wird kritisiert, daß durch die häufigen Phasen der Rückmeldung und des Verstärker-Verteilens der Unterricht zerhackt oder gar zerstört wird. Dazu folgendes: In der Klasse und in der Zeitphase, die ich mir in bezug auf dieses Beispiel vorstelle, dauern unterrichtsbezogene Arbeitsphasen ohnehin immer nur wenige Minuten. Und: Regulärer Unterricht ist eher das Ergebnis dieser häufigen kontingenten Feed-Backs. In einer Klasse, deren Schüler in der Lage sind, unterrichtsbezogenes Verhalten über längere Zeitphasen zu zeigen als hier angenommen, sollten die Rückmeldungen entsprechend seltener stattfinden.

Meine Angaben über die Zeiträume sind nur sehr ungefähre Orientierungsmarken. Wichtiger ist mir, deutlich zu machen, daß ein verhaltensmodifkatorisches Programm alles andere als statisch ist – der Lehrer und die Klasse, die sechs Wochen lang oder länger ein bestimmtes Setting unverändert beibehalten, machen etwas verkehrt.

(Nebeneffekt: Klassische Konditionierung: der Lehrer als neutraler (oder durch Generalisierung der Vorerfahrungen aversive) Reiz wird durch die häufige Kopplung mit einem Wertreiz (Süßigkeiten) schneller als sonst zu einem als angenehm empfundenen Wertreiz.)

116

Zweiter Schritt, etwa 14 Tage lang: Ausdehnen der Zeitspanne bis 15 Minuten, d.h. drei Feed-Back-Sequenzen pro Stunde. Eventuell den Verstärker öfter wechseln, um seine Attraktivität zu erhalten.

Kommentar: Sobald die Schüler die Funktionsweise des Programms und das damit verbundene Lehrerverhalten verstanden haben, reduziert dieser in kleinen Schritten die Häufigkeit der Verstärkervergabe. Die Ausdehnung der einzelnen Phasen wird den Schülern mitgeteilt oder besser noch, mit ihnen besprochen.
Die Reduzierung der Häufigkeit des Feed-Backs darf auf keinen Fall mit einer Reduzierung der Verstärkermengen einhergehen, da die Schüler dies als Bestrafung auffassen könnten.
Auch wenn die Verstärker gewechselt werden, sollte der Lehrer aus Gründen der Kontiguität in dieser Phase bei primären, materiellen Verstärkern (Süßigkeiten, oder, wenn dem Lehrer an einer gesunden Ernährung der Kinder gelegen ist: Studentenfutter – Nüssen und Rosinen) bleiben.

Dritter Schritt, etwa 14 Tage lang: Einführung von Token (vgl. S. 111); der Lehrer legt sich für jedes Kind eine Karteikarte an, alle 15 Minuten verteilt der Lehrer nach seiner Einschätzung Striche, Klebepunkte oder ähnliches (natürlich kontingent) und trägt diese auf der jeweiligen Karteikarte ein. Die so gesammelten Punkte können am Ende der Stunde gegen Süßigkeiten eingetauscht werden.

Kommentar: Zu Beginn dieser Phase ist es wichtig, daß der Lehrer den Schülern die Wertigkeit der neuen Punkte so genau verdeutlicht, daß diese für die Schüler auch Verstärkerqualität erhalten.
Dies und weitere zu beachtende Aspekte beim Einsatz von Token-Systemen habe ich in einem eigenen Gliederungspunkt weiter unten zusammengestellt, da diese Vorgehensweise eine der häufigsten ist, aber auch die, die mit die meisten Fehlerquellen enthält.
Dies ist die letzte Phase, in der die Schüler ihre Punkte allein durch die Entscheidung des Lehrers erhalten (also fremdbestimmt).

Vierter Schritt, etwa 4 Wochen lang: Der Lehrer verteilt die Punkte, legt die Anzahl aber im Gespräch mit dem Kind fest (der Schüler lernt auf diese Weise in kleinen Schritten Selbstbeobachtung, Selbsteinschätzung, Selbstkontrolle und Selbststeuerung); dem Kind wird immer mehr Dominanz eingeräumt; auch die zu modifizierenden Verhaltensweisen werden mehr und mehr mit dem Schüler zusammen festgelegt.

Gleichzeitig wird:

– das Verstärkerangebot ausdifferenziert (Spielsachen, Schreibmaterial, Briefmarken, Fotos – für jeweils entsprechend festgelegte Punkte-Anzahl, vgl. hierzu das Beispiel im weiter unten formulierten Beispielvertrag);

– die Vergabe der Token (nach 20/ nach 30/ nach 45 Min.) und ihre Eintauschmöglichkeit (nach jeder 2. Stunde/ am Ende des Schultages/ am Ende der Woche) systematisch seltener.

Kommentar: Der Lehrer fragt jetzt jeden einzelnen Schüler, wieviel Punkte für die letzten fünfzehn Minuten er sich denn geben würde, und er wird dabei auch immer nach der Begründung fragen. Anfänglich wird er mit seiner eigenen Einschätzung notfalls korrigieren, später seine Meinung gleichwertig neben die des Schülers stellen, noch einen Schritt weiter der Auffassung des Schülers Dominanz einräumen: „Ich sehe das zwar etwas anders als Du, aber wenn Du meinst, daß Du die drei Punkte verdient hast, dann schreib sie Dir auf."
Viele Lehrer wundern sich in dieser Phase sowohl über die realistischen Selbsteinschätzungen der Schüler als auch über den hohen Grad von Übereinstimmung (was aus Lehrersicht nichts anderes heißt, als daß die Schüler nicht mogeln!). Wenn es mehr Differenzen gibt, als daß sie pädagogisch produktiv bearbeitet werden könnten, dann war der geplante Schritt der Veränderung zu groß und er muß entsprechend zurückgenommen werden.

Fünfter Schritt, etwa 10 Wochen lang: Die Kinder erhalten jedes eine Klebekarte mit den Punkten und übertragen diese nach jeweiliger Absprache mit dem Lehrer auf ihre Karteikarte. Jedes Kind verwaltet jetzt sein „Punktekonto" selbst.

Gleichzeitig werden materielle Verstärker reduziert zugunsten sozialer Verstärker („Überraschungsstunde", Spiele oder Singen am Ende der Stunde, des Schultages, auf dem Schulhof, Radtour usw.)

Kommentar: Um mögliches Konkurrenzverhalten unter den Schülern zu reduzieren (wer hat die meisten Punkte?), ist es sinnvoll, einen Verstärker anzubieten, den sich die ganze Klasse erarbeiten kann, indem alle Schüler gemeinsam eine bestimmte Punktzahl erreichen (Vorsicht bei Außenseitern). Auch hier muß der Lehrer darauf achten, daß der erste Versuch unbedingt erfolgreich verläuft!. Häufig ist es auch so, daß die Token inzwischen selbst Verstärkerqualität besitzen, so daß die Attraktivität der Eintauschverstärker an Bedeutung verliert.

Sechster Schritt, ca ?: Ausblenden der materiellen Verstärker und des Tokensystems, gemeinsames Festlegen von Unterrichtszielen und den ihnen folgenden sozialen oder Aktivitätsverstärkern (Rollen-Spiele, Geschicklichkeitsübungen, gem. Musizieren, gem. Kochen...)

Kommentar: Beispiel: Der Lehrer verhandelt mit seinen Schülern das Programm des vor ihnen liegenden Tages, später auch am Montagmorgen den Stoff der vor ihnen liegenden Woche. Dies gilt zumindest in bezug auf die Inhalte, für die er als Klassenlehrer zuständig ist. Für die gemeinsame Bewältigung des Stoffes erfolgt am Ende des Schultages (des letzten Schultages der Woche) eine gemeinsame Aktivität mit Verstärkerqualität.

Siebter Schritt, ca ?: Durch positive Lernerfahrung und schulische Fortschritte wird im Idealfall unterrichtsbezogenes Arbeiten zur teilweise sich selbst verstärkenden Tätigkeit.

Kommentar: Auch wenn das oben genannte Ergebnis nicht immer erreicht werden wird, so haben die Schüler doch ihr unterrichtsbezogenes Verhalten qualitativ wie quantitativ erheblich verändert. Der Lehrer wird jetzt nicht mehr systematisch und kontrolliert verstärken, aber er wird weiterhin auf die positiven Verhaltensäußerungen seiner Schüler achten, sie loben und sie unterstützen in ihren Lernprozessen der Selbstbeobachtung und Selbststeuerung.

In der Hauptschule ist das Vorgehen prinzipiell das gleiche, die Hauptschwierigkeit besteht hier eher darin, wirksame und pragmatisch einsetzbare Verstärker zu finden. Eine Möglichkeit, solche zu finden, besteht darin, darauf zu achten, was für Wünsche die Schüler äußern, denn in einem Wunsch wird immer etwas zum Ausdruck gebracht, was für die Schüler Verstärkerqualität besitzt. Stärker bedacht werden muß im Sek-I-Bereich auch der Einsatz sozialer Verstärker: Die Wirksamkeit sozialer Verstärker hängt stark ab von der Lehrer-Schüler-Beziehung, nicht jedes Lehrerlob wird vom Schüler als angenehm erlebt.
Wichtig erscheinen mir hier auch gemeinsame außerunterrichtliche Aktivitäten, da „Schule" oft generalisiert als aversiv erlebt wird.

Im Sinne der kooperativen Verhaltensmodifikation (Redlich, Schley, 1978) sollte hier auch die Phase der Fremdbestimmung der Schüler ersetzt werden durch ein gemeinsames Verhandeln der Sichtweisen des Problems (1. Schritt), möglicher Lösungsvorstellungen (2. Schritt) und möglicher Wege der Lösung (3. Schritt).

➢ **Bei einem Einsatz von Token-Systemen sind folgende Aspekte zu beachten:**

— das gewünschte (operational definierte) Verhalten kann ohne großen Aufwand gezielt (kontingent) verstärkt werden;

— es sollten Verhaltensweisen verstärkt werden, die mit unerwünschtem Verhalten unvereinbar (inkompatibel) sind;

— der Wert der Token als Sekundärverstärker muß den Schülern (z.B. durch mündliche Instruktion) bekannt sein;

— die Regel der Darbietung und der Eintauschwert der Token müssen den Schülern bekannt sein;

— die verschiedenen Eintauschverstärker können (durch ein gestreutes Angebot) auf die Schüler individuell abgestimmt werden;

— eine größere Anzahl verschiedenartiger Eintauschverstärker hilft auch, Sättigungseffekte zu vermeiden;

— Verhaltensänderung durch Token mit anderen Verfahren (z.B. verbale Instruktion, Modellvorgabe) koppeln;

— als Eintauschverstärker auch soziale und Handlungsverstärker anbieten, Token langsam ausblenden für diese Verstärkerarten;

— mit Hilfe von Token aufgebautes Verhalten durch Überführung in ein Selbstkontrollsystem aufrechterhalten;

— die Anzahl der erworbenen Token enthält auch eine quantitative Aussage und gibt dem Schüler damit genaue Rückmeldung über das Ergebnis seiner Verhaltensänderung;

— die Zeitspanne zwischen der Ausgabe der Tokens und der Endverstärkung kann ausgedehnt werden (Verstärkungsverzögerung);

— Token lassen sich sowohl bei Einzelpersonen als auch in der Gruppe relativ leicht einsetzen;
(in Anlehnung an: Benkmann, Neukäter, 1982, 62f).

— die Verteilung der Token durch den Lehrer muß immer mit einem Lob über die erreichten Punkte verbunden sein: „...it is apparent that an effective programm requires more than tokens and back up reinforcers" (Es scheint so zu sein, daß ein effektives Programm mehr verlangt als Token und Eintauschverstärker) sagt Kuypers (1968, 101) in seinem bezeichnenden Artikel, „How to make a Token System Fail“. Seiner Überzeugung nach ist der über Erfolg oder Mißerfolg entscheidende Aspekt der der Kopplung der Tokenvergabe mit dem Lob oder der Zuwendung des Lehrers: „The central aspect of a token system is the pairing of teacher praise with tokens which are backed up by an effective reinforcer“ (Kuypers, 1968, 101).

– **der gravierendste Nachteil** ist der, daß Tokensysteme häufig eine Unterrichtssituation schaffen (Stichworte: artifiziell, Laborsituation), die sich von anderen schulischen Wirklichkeiten so stark unterscheiden, daß kaum Generalisierungseffekte zu erwarten sind. Sie sollten deshalb nicht länger beibehalten werden als unbedingt notwendig!

„Tokensysteme haben demnach vor allem dort ihre Einsatzberechtigung, wo es darum geht, Schülern und Schülergruppen, die ein stärkeres Vermeidungsverhalten gegenüber der Schule entwickelt haben, eine erste Annäherung an schulisches Lernen und an die Person des Lehrers zu ermöglichen. In dem Maße, wie intrinsische Motivierung aufgebaut wird, sollen und müssen extrinsische Motivierungen ausgeblendet (fading) werden“ (Perlwitz, 1978, 22).

➤ Kontingenz-Verträge

Häufig ist die Situation in einer Klasse so, daß für die Mehrzahl der Schüler verhaltensmodifikatorische Vereinbarungen nicht notwendig erscheinen, aber daß ein einzelnes Kind Verhaltensmuster zeigt, die dem Lehrer besondere Probleme oder Kopfzerbrechen bereiten. Für diesen Fall bietet sich die Arbeit mit einem Vertrag an, den man mit diesem einen Schüler schließt. (Ein ausführliches Fallbeispiel „Die Schülerin Marion“ findet sich in Gräff, Fucks, Pelz, 1978, 7 – 9 und 83 – 93.)
Diese Situation kann sich beispielsweise ergeben, wenn ein neuer Schüler in die Klasse kommt, dem es schwerfällt, die jeweilige Arbeitsweise der Klasse für sich zu adaptieren, oder wenn ein Schüler – aus welchen Gründen auch immer – in seinem Verhalten oder in seinen schulischen Leistungen einen Einbruch erlebt und besonderer unterstützender Hilfen bedarf.

Ich werde im folgenden, wieder in modifizierter und erweiterter Form nach Benkmann/Neukäter (1982, 64ff), die wesentlichen zu beachtenden Aspekte eines Vertrages nennen und anschließend zwei Beispielvertrage anfügen, die das hier Gesagte noch einmal konkretisieren.

Zwischen den an einem Modifikationsprogramm beteiligten Personen können Verstärkungskontingenzen in einem Vertrag festgelegt werden. Der Kontingenz- oder Verhaltensvertrag enthält die Bedingungen zwischen bestimmten Verhaltensweisen und ihren jeweiligen Konsequenzen. Er gibt Auskunft über *die Ziele der Verhaltensänderung sowie über die Verfahren zu ihrer Erreichung* und kann mit einzelnen Schülern, aber auch mit Schülergruppen abgeschlossen werden. Kontingenzverträge werden nicht selten bei der Strukturierung sozialer Beziehungen von Personen abgeschlossen. Wie schon beim Tokensystem beschrieben, finden auch Verträge beim Aufbau von Selbstkontrolle Berücksichtigung, indem beispielsweise ein zunächst einseitig vom Lehrer kontrollierter Vertrag schrittweise in einen vom Schüler mit sich selbst vereinbarten und von ihm allein kontrollierten Vertrag überführt wird. Durch Fremdkontrolle aufgebaute und stabilisierte Verhaltensweisen können dabei allmählich selbstverstärkenden Wert erhalten.

Ein guter Vertrag weist zahlreiche Elemente auf:

— Er beruht auf Freiwilligkeit und der Zustimmung aller Beteiligten, die vor Vertragsabschluß über die Art des Vorgehens, die damit verbundenen Vor- und Nachteile und die angestrebten Ziele hinreichend informiert sind bzw. diese mit festlegen.

— Die Durchführungsbedingungen, Ziele und Verfahren sind nicht vorgegeben, sondern werden zwischen den Vertragspartnern vereinbart. Sie sind jederzeit kontrollierbar und nach bestimmten Phasen revidierbar. Vertragliche Vereinbarungen werden wechselseitig getroffen; sie spezifizieren *die Verpflichtungen und Verstärkungen aller Vertragspartner.*

— Der (schriftlich abgefaßte) Vertrag enthält klare und eindeutige Angaben über die Gültigkeitsdauer und über die zur Diskussion stehenden Verhaltensweisen. Darüberhinaus wird festgelegt, welcher Verstärker angeboten wird für die Einhaltung des Vertrages, aber auch die Sanktion für den Fall der Nichterfüllung. Zusätzlich kann der Vertrag eine Bonus- oder *Gratifikationsklausel für zusätzliche Verstärkung* von beständig geäußertem vertragskonformen Verhalten vorsehen.

- Der Vertrag ist *positiv* (z.B. Wenn du fünf Aufgaben löst, darfst du zehn Minuten spielen) und nicht negativ (z.B. Wenn du die Arbeit nicht erledigst, gibt es Spielverbot) formuliert. Durch Unterschrift verpflichtet sich jeder Vertragspartner zur Einhaltung des Vertrages.

- Er wird *systematisch* angewendet. Das Programm schließt *ständige Rückmeldung* ein bzw. der Schüler wird nach seiner Selbsteinschätzung (z. B. seines Verhaltens in der letzten Stunde) gefragt. Aufzeichnungen über Verhaltensänderungen können dabei hilfreich sein.

- Der Schwierigkeitsgrad des Vertrages ist auf die Fähigkeiten und Fertigkeiten des Schülers und auf seine Selbsteinschätzung abgestimmt.

- Kontingenzverträge lassen sich flexibel handhaben, Vertragsänderungen sind im Einvernehmen aller Beteiligten jederzeit möglich.

- Verträge koppeln die Vergabe von Verstärkern oder die Sanktionierung von Fehlverhalten ab vom Lehrer, (dessen Reaktionen vom Schüler oft als willkürlich und wenig transparent erlebt werden). Stattdessen beruft sich der Lehrer, ggf. auch der Schüler, auf die Vereinbarungen des Vertrages. Dies schafft Transparenz und Sicherheit für Lehrer und Schüler.

- Bei Fehlverhalten bzw. Nichteinhaltung der Vereinbarungen sollte vor Sanktionsmaßnahmen ein Warnstimulus (z.B." gelbe Karte") erfolgen, der ebenfalls vertraglich vereinbart ist.

- Wird der Vertrag von Schülerseite durch Klagen, Trödeln, dauerndes Auf-die-Uhr-Sehen etc. (vgl. Homme, 1976, 148f) nicht eingehalten oder sabotiert, sollte er möglichst schnell neu verhandelt werden. Entweder sind die getroffenen Vereinbarungen für die Schüler nicht attraktiv, oder ihre Vorstellungen wurden nicht hinreichend berücksichtigt.

Auf den beiden folgenden Seiten finden sich zwei Beispiele für Verträge, der erste stammt aus Rost, 1982, 119, der zweite Vertrag ist angelehnt an eine Vorgabe aus Gräff u.a., 1978, 65. Zu diesem zweiten Beispiel gehörte im konkreten Versuch noch ein zweites Blatt, auf dem die möglichen Eintauschverstärker aufgemalt waren. Diese staffelten sich von Süßigkeiten, 1 Smartie pro Kreuzchen über Pizzaessen mit den Eltern (60), einer Spielstunde für die ganze Klas-

se (80) bis hin zu einem Besuch eines Bundesligaspiels von Borussia Dortmund (150). Die jeweilige Anzahl der Kreuzchen war mit Denis gemeinsam festgelegt worden. Nach einer kurzen „Erprobungsphase", in der der Junge seine erworbenen Kreuzchen jedesmal für Süßigkeiten eintauschte, begann er zielstrebig für die „teureren" Aktivitäten zu sammeln, von denen zunächst das Pizzaessen, dann die Spielstunde für die ganze Klasse realisiert wurde. Erst nachdem er sich seiner Sache sicher war, arbeitete er für seinen „Traum", einmal ein Spiel seiner Lieblingsmannschaft zu sehen. In diesem Beispiel waren die Eltern sehr kooperativ und übernahmen die Zuständigkeit für die Bereitstellung der vereinbarten Verstärker.
Beispiele für Vertragsabschlüsse mit einer ganzen Klasse finden sich vor allem in Redlich/Schley, 1978.

VERTRAG

zwischen der Klasse 4a der Nansenschule und der Klassenlehrerin, Frau Wilms, über das Anfertigen der Hausaufgaben

Folgende Regeln sollen gelten:

1. Jeder Schüler führt ein Hausaufgabenheft und trägt am Ende jeder Stunde die Hausaufgaben ein. Jeder Tisch kontrolliert sich selbst, daß alle Hausaufgaben aufgeschrieben sind.
2. Die Hausaufgaben werden von allen Schülern regelmäßig und vollständig gemacht.
3. Am nächsten Tag kontrolliert jeder Tisch selbst, ob die Hausaufgaben vollständig gemacht sind. Wenn einer die Hausaufgaben nicht oder nur unvollständig erledigt hat, wird es zu Beginn der Stunde gemeldet.

Im Austausch dafür wird folgendes vereinbart:

1. In den letzten 5 Minuten der Schulstunde schreibt Frau Wilms die Hausaufgaben an die Tafel.
2. Frau Wilms schimpft nicht mehr, wenn einmal ein Schüler seine Hausaufgaben vergessen, nicht oder nur unvollständig gemacht hat und läßt deshalb auch nicht nachsitzen.
3. In den letzten 15 Minuten des Schultags erklärt Frau Wilms denjenigen, die die Hausaufgaben nicht verstanden haben, nochmals, was sie tun sollen und wie es geht. Die anderen dürfen in dieser Zeit schon mit den Hausaufgaben anfangen.

Belohnung

Jeder Schüler, der seine Hausaufgaben vollständig gemacht hat, erhält 1 Pluspunkt. Wer in einer Woche alle Hausaufgaben vollständig gemacht hat, erhält 1 Zusatzpluspunkt. Sind eine Woche lang die Hausaufgaben besonders ordentlich und sauber angefertigt, wird 1 weiterer Pluspunkt fällig.

Strafe

Wer seine Hausaufgaben nicht gemacht hat, erhält 2 Minuspunkte. Für nicht vollständig gemachte Hausaufgaben gibt es 1 Minuspunkt.

Für jeden Tag, an dem Frau Wilms gegen die Vereinbarungen verstößt, erhält die Klasse zusätzlich 10 Pluspunkte.

Punktethermometer

Die Pluspunkte der ganzen Klasse werden jeden Tag zusammengezählt (Minuspunkte werden abgezogen) und in das Punktethermometer eingetragen. Für 75, 155, 325, 525, 700 und 1000 Punkte wird eine Vergünstigung fällig:

   75 : 1 Stunde Vorlesen
  155 : 1 hausaufgabenfreier Tag
  325 : 1 hausaufgabenfreier Tag + 2 Spielstunden am Freitag
  525 : 1 hausaufgabenfreier Tag + 1 Bastelvormittag
  700 : 1 hausaufgabenfreier Tag + 1 Zoobesuch am Freitagvormittag
 1000 : 1 hausaufgabenfreier Tag + 1 ganztägige Klassenfahrt in die Fränkische Schweiz

Vertragsdauer

Dieser Vertrag gilt vom 1. 9. 1979 bis zum 1. 12. 1979. Sind die 1000 Punkte früher erreicht, kann ein neuer Vertrag geschlossen werden oder es wird wieder von vorn gezählt.

W. Riediger   I. Wilms
(Klassensprecher 4a)   (Klassenlehrerin 4a)

Vertrag
zwischen Denis R. und Frau Huber

Es lernt sich leichter, wenn man während des Unterrichts
gut aufpaßt. Dieser Vertag soll Dir, Denis, dabei helfen,
in Zukunft etwas besser aufzupassen. Wenn Dir das
gelingt, hast Du Dir eine
Belohnung
verdient.

Was mußt Du tun, um gut aufzupassen?
➤ Während des Unterrichts auf dem Platz sitzen bleiben!
➤ Demjenigen, der gerade spricht, zuhören und ihn dabei
ansehen!
➤ Arbeitsaufgaben ohne größere Pause bearbeiten!
➤ Dich melden, wenn Du etwas sagen möchtest!

Dieser Vertrag soll Dir helfen, in der zweiten Stunde
besser aufzupassen, er gilt nur für die ersten 30 Minuten
der zweiten Stunde.

Du bekommst jeden Tag eine Aufpaß-Liste mit jeweils
zehn Kästchen. Immer wenn Du in der zweiten Stunde
drei Minuten lang gut aufgepaßt und gut mitgearbeitet
hast, wird die Lehrerin Dich ansehen und Dir ein
Handzeichen geben. Dann darfst Du Dir ein Kreuzchen in
eines der Kästchen auf der Aufpaß-Liste machen. Wenn
Du es einmal nicht geschafft hast, ist das nicht schlimm,
das wird immer wieder passieren - aber dann darfst Du
Dir auch kein Kreuzchen machen!

Welche Belohnung bekommst Du für die
Aufpaß-Kreuzchen?
Am Ende der zweiten Stunde darfst Du Dir für die
Aufpaß-Kreuzchen etwas von der Belohnungsliste
aussuchen. In Klammern steht der Preis für die einzelnen
Dinge.
Über diesen Vertrag kann jederzeit gesprochen werden,
und er kann auch verändert werden. Er gilt zunächst für
die Zeit vom 23. 10. - 6. 11. 1995.

Unterschriften:

➢ Gesichtspunkte bei der Anwendung von Verhaltensregeln

Der Vertrag stellt eine besondere Form der schriftlichen Fixierung von Regelabsprachen dar. Explizıt ausgehandelte und vereinbarte Regeln gibt es in fast jeder Klasse, sie erleichtern Lehrer wie Schülern die Orientierung, indem sie für Transparenz und Struktur sorgen. Sie koppeln Lehrerentscheidungen ab von seiner jeweils aktuellen emotionalen Befindlichkeit oder seiner Willkür, und sie erleichtern den Schülern das Lernen von Selbststeuerung. „Diese *Durchschaubarkeit der Interaktionsregeln schafft Verhaltenssicherheit,* da Lehrer und Schüler wissen, wer für wen unter welchen Bedingungen was tun soll. Damit wird klar, daß für eine Verhaltensänderung Erwartungen allein nicht ausreichen, sondern daß jeder Partner der Interaktion einen „Einsatz" leisten muß, um einen „Gewinn" zu erzielen" (Rost, 1982, 113). Die Lehrer, die auf solche Regelabsprachen verzichten, übersehen möglicherweise, daß es keine Gruppe und kein System ohne Regeln gibt, nur in dem einen Fall ist ein Teil dieser Absprachen offengelegt und gemeinsam beschlossen, im anderen Fall wirken Regeln implizit und unbewußt und legen damit Schüler und Lehrer an die Kette. Die folgende Übersicht gibt einige Hinweise für die Absprache von Regeln:

— Die Formulierung sollte klar und einprägsam sein und neben Angaben über den Zweck und das Ziel eine konkrete Verhaltensanweisung beinhalten.

— Die einfache Vermittlung von Verhaltensregeln genügt häufig nicht. Ihre Wirksamkeit ist in hohem Maße von den Konsequenzen für Regelbefolgung und -verstoß bestimmt. Regelbefolgung muß daher explizit verstärkt werden. Auf Regelverstoß folgen Sanktionen. Vereinbarung von Verstärkung wie Sanktion sind Teil der Regelabsprache.

— Es werden nur solche Regeln aufgestellt, deren Einhaltung in der Schulsituation verstärkt werden kann, die ferner für das Zusammenleben in der Gruppe und für die Verwirklichung gemeinsamer Ziele sinnvoll und zweckmäßig sind.

— Verhaltensregeln werden nach Möglichkeit nicht verordnet, sondern gemeinsam mit den Schülern aufgestellt und besprochen. Dabei wird das „kritische Verhalten" genau beschrieben, so daß die Schüler wissen, wann Regelbefolgung und Regelverstoß vorliegen.

- Um schwächere Schüler nicht zu überfordern und den Freiheits- und Handlungsspielraum des einzelnen nicht unnötig zu begrenzen, sollten nur wenige Regeln eingeführt werden (etwa 3 – 5). Regeln, die von Schülern nicht richtig verstanden worden sind oder die sie nicht behalten können, verlieren automatisch ihre Wirksamkeit.

- Bei verschiedenen Gelegenheiten eingestreute Wiederholungen oder Erinnerungen an die Absprache dienen der Festigung der Regelkenntnisse.

- Regeleinhaltung wird durch das Vorbild des Lehrers erleichtert. Auf diese Weise wird das **Lehrerverhalten auch für die Schüler voraussagbar.**

- Regeln sind kein Instrument für Dogmatismus! Bei ihrer Anwendung stellt sich dem Lehrer u.U. die Aufgabe, Regelbefolgung von Schülern in Abhängigkeit von der jeweiligen Handlungssituation und den Fähigkeiten zur Selbststeuerung der Schüler unterschiedlich zu gewichten und die Angemessenheit der Konsequenzen daraufhin (neu) zu überprüfen. Überlegungen dieser Art kann der Lehrer offenzulegen und mit den Schülern gemeinsam verhandeln. Sie bieten so eine gute Gelegenheit für den Lehrer, als kognitives Modell für soziale Problemsituationen zu fungieren.

- Es ist sinnvoll, wenn die einzelnen Regeln aufeinander Bezug nehmen (Regel**system**).

- Bei der Aufstellung von Regeln ist folgender verhaltensmodifikatorischer Grundsatz zu berücksichtigen: **Verhaltensänderungen können niemals in zu kleinen Schritten anvisiert werden, wenn es nicht funktioniert, dann war der geplante Schritt der Veränderung zu groß!**

> **Verhaltensmodifikation und aggressives Verhalten**

Aggressive Verhaltensweisen – ereignen sie sich zwischen Schülern oder sind sie gegen den Lehrer gerichtet – gehören zu den Erscheinungen im Schulalltag, die von Lehrern mit als die belastendsten erlebt werden.

Zumindest aus drei Überlegungen heraus sind sie auch durch verhaltensmodifikatorische Überlegungen und Maßnahmen nur bedingt zu verändern, deshalb will ich sie hier kurz nennen, um einen Mißerfolg vermeiden zu helfen oder für diesen Erklärungen anzubieten.

1. Eine erfolgreiche Aggression verstärkt sich selbst, die Qualität des Verstärkers liegt bereits im ausgeführten Verhalten. (Ebenso verhält es sich mit allen Formen von Vermeidungsverhalten!) Es macht eben einfach Spaß, die Kakaoflaschen an die Wand zu schmeißen. Soziale Verstärker in Form von Anfeuerungsrufen können zwar zusätzlich stimulieren, sind aber nicht zwingend notwendig. Einen anderen Schüler zu bedrohen und dabei seine Macht und Überlegenheit zu erleben, beinhaltet Selbstverstärkung.

Aus lerntheoretischer Sicht müßte man zur Unterbindung aggressiven Verhaltens Verstärker anbieten können (für entsprechendes inkompatibles pro-soziales Verhalten), die wesentlich attraktiver sein müssen, als der Wert der Verstärkung, der in der Aggression selbst liegt. Dies dürfte im Kontext von Schule oft nicht oder nur mit großer Mühe realisierbar sein.

2. Viele Aggressionen sind gekoppelt mit einer entsprechenden Wutkomponente, die in einer entsprechenden Situation dazu führt, daß Regelabsprachen oder Verträge schnell bedeutungslos werden. Man fühlt sich provoziert (oder was auch immer...), jedenfalls kann man sich das nicht gefallen lassen..., da sind gemeinsame Anstrengungen und vereinbarte Hilfen oder Warnstimuli schnell der Schnee von gestern, bei dem auch die vereinbarten Sanktionen für Regelverstöße keine Rolle mehr spielen. Bei solchen Erfahrungen erscheint es sinnvoller, (in ruhigen Stunden) gemeinsam eine Möglichkeit innerer, kognitiver „Stopper" zu verhandeln, vgl. das Kapitel Kognitivismus. (Welcher Gedanke könnte dir dabei helfen, in Zukunft in einer solchen Situation anders zu reagieren?)

3. Weil sie so „erfolgreich" sind, sind aggressive Verhaltensmuster oft auf viele Situationen und Stimuli generalisiert. Eine therapeutische Grundregel besagt, daß eine Prognose für den Erfolg einer Maßnahme um so ungünstiger ausfällt, je weiter ein problematisches Verhalten sich ausgeweitet hat.

Sinnvoll erschiene mir deshalb eine Kopplung von Verfahren. Zum einen könnte mit Hilfe von Verhaltensmodifikation der Versuch unternommen werden, in kleinen Schritten für eng begrenzte Situationen die Fähigkeit zu mehr Selbstkontrolle aufzubauen (man kann ja auch aus negativen Erfahrungen positive Konsequenzen ziehen). Zum anderen könnten die umfassenden „Spielregeln", die Aggressionen erlauben (oder aus Sicht des Schülers erfordern) neu und anders verhandelt werden.

➤ Die häufigsten Fehler beim Einsatz von Verhaltensmodifikation

- Die nachfolgenden Konsequenzen werden nicht kontingent erlebt, der Schüler wird vielleicht belohnt, aber nicht verstärkt!

- Verstärker, die die Schüler einmal erhalten haben, dürfen ihnen nicht wieder weggenommen werden!

- „Positive Verstärkungen zu erhalten, ist ein Privileg, kein Recht" (Rost, 1982, 114, i.O. kursiv). Je mehr der Schüler der Überzeugung ist, daß ihm die Verstärker <rechtmäßig zustehen>, desto mehr wird er das Nicht-Erhalten der Höchstmenge als Bestrafung empfinden und damit ein solches Programm schnell ablehnen.

- Verhaltensweisen, die sich intrinsisch verstärken (z.B. Tischtennisspielen), dürfen auf keinen Fall zusätzlich extrinsisch verstärkt werden, da dies die dem Verhalten bereits innewohnende Verstärkerqualität verringern oder gar zerstören würde.

  In einem Experiment mit Kindergartenkindern hat man diesen Mechanismus und seine Wirkung nachgewiesen. Die Kinder, in zwei Gruppen eingeteilt, erhielten „Zauberstifte" (Leuchtmarker), mit denen sie nach Belieben Bilder malen konnten. Diese Stifte waren in beiden Gruppen sehr beliebt (d.h. die Kinder waren intrinsisch motiviert, mit diesen Stiften zu arbeiten). In einer der beiden Gruppen wurden die Kinder immer dann, wenn sie ein Bild gemalt hatten, dafür mit Süßigkeiten (extrinsisch) verstärkt, in der anderen Gruppe nicht.

  Nach einiger Zeit wurden in beiden Gruppen für ein paar Tage die Stifte entfernt. Als die Kinder nach dieser Pause wieder mit den Zauberstiften malen konnten, wurde zu Beginn in beiden Gruppen fleißig gemalt, allerdings gab es keinerlei extrinsische Verstärkerangebote (Süßigkeiten) mehr.

  Daraufhin sank in der Gruppe, die Süßigkeiten erhalten hatte, nach dem Wegfall dieses Verstärkers sehr schnell das Interesse an den Zauberstiften, während in der anderen Gruppe mit unveränderter Begeisterung mit ihnen gemalt wurde. Das zusätzliche Verstärkerangebot hatte in der einen Gruppe die vorhandene intrinsische Motivation stark beeinträchtigt.

– Anstelle vermeintlicher Verstärkung (oder Bestrafung) tritt das Gegenteil ein, weil die Qualität des angebotenen Verstärkers nicht der Erwartungshaltung entspricht.

– Der Lehrer muß sich sicher sein, daß die von ihm eingesetzten Verstärker auch tatsächlich Verstärkerqualität haben, d.h. ihr Erwerb muß für die Schüler attraktiv sein.

– Der Lehrer richtet sein Augenmerk nicht auf positive Verhaltensansätze, sondern er konzentriert sich auf das Problemverhalten (und verstärkt es dadurch)! Die beste Strategie, unerwünschtes Verhalten abzubauen, ist der Aufbau des entgegengesetzten, inkompatiblen erwünschten Verhaltens!

– Der Versuch, unerwünschtes Verhalten abzubauen, indem es ignoriert wird, schlägt fehl, da die gelegentliche Reaktion als intermittierender Verstärker erlebt wird, der das Verhalten sehr löschungsresistent macht.

– Das Prinzip: So viel Fremdbestimmung wie nötig, so viel Selbstbestimmung wie möglich, darf als dynamische Grundlage eines VM-Prozesses nicht aus dem Auge verloren werden.

– Gelegentlich werden Verstärker angeboten, indem schulische Arbeiten erlassen werden („Hubert braucht heute keine Hausaufgaben zu machen!"). Rein lerntheoretisch ist dagegen nichts einzuwenden, aus kognitivistischer Sicht wird damit allerdings dem Schüler der aversive Charakter schulbezogener Anstrengungen bestätigt.

– Verstärker sollten nicht gegeben werden für (gute) schulische Leistungen (diese Funktion hatten früher die „Fleißkärtchen"!), sondern für die entsprechende Anstrengungsbereitschaft und den Versuch! Andernfalls wäre schnell wieder ein Mechanismus etabliert, in dem die guten Schüler viele positive Rückmeldungen erhielten und die schwächeren leer ausgingen.

➢ Problematische Aspekte bei der Anwendung von Bestrafung

Aus all dem hier Vorgetragenen dürfte schon deutlich geworden sein, daß die Konzentration auf den Abbau problematischer Verhaltensweisen – so naheliegend dies auch sein mag – wenig ergiebig sein wird. Auch wenn ich mich an dieser Stelle wiederhole, die bestmög-

131

liche Weise, problematische Verhaltensmuster zum Verschwinden zu bringen, ist der systematische Aufbau der inkompatiblen Verhaltensmuster durch kontingente Verstärkung.

Der pädagogische Einsatz von Bestrafung ist – obwohl er sehr häufig erfolgt – höchst fragwürdig und wenig ergiebig. Besonders aus lerntheoretischer Sicht ist auf die vielen Nachteile, die sich daraus ergeben können, hingewiesen worden. Eine Zusammenstellung findet sich z.B. bei Adameit u.a.(1978, 229), die ich hier in nur unwesentlich veränderter Form wiedergeben möchte:

1. Das Problemverhalten wird nur solange gehemmt, wie der Strafreiz anhält, es wird aber nicht gelöscht.

2. Die Bestrafungssituation wird vom Bestraften gemieden.

3. Die zum Problemverhalten führende Motivation bleibt erhalten, da sie nicht gesättigt wird.

4. Es erfolgt keine Analyse der Auslöser und Konsequenzen. Ist das Verhalten erst einmal unterdrückt, kann das auch schwer nachgeholt werden.

5. Die Aufmerksamkeit wird auf das Problemverhalten gelenkt: es wirkt modellhaft.

6. Es wird nichts Neues gelernt.

7. Die allgemeine Lernfähigkeit wird eingeschränkt.

8. Als generalisierte Verhaltensweisen werden Unsicherheit, Gehemmtheit, Dogmatismus und Veränderungsfurcht gestärkt.

9. Die Selbstachtung gerade von Jugendlichen wird vermindert.

10. Gegenüber der Bestrafung erfolgt eine Abstumpfung, weshalb sie immer härter werden muß, um noch zu wirken.

11. Das persönliche Verhältnis zwischen Strafendem und Bestraften wird belastet; der Strafende wird gehaßt oder gefürchtet.

12. Bestrafung kann Mitleid bei der Bezugsgruppe hervorrufen, was Ursache neuer Problemverhaltensweisen sein kann.

13. Der Strafende entwickelt – oft unterschwellig – Schuldgefühle, die zu Unsicherheit und Inkonsequenz führen können. Das wiederum kann Anlaß sein für neue Schwierigkeiten im Verhältnis zwischen Lehrer und Schülern.

14. Die sofortige Wirkung der Bestrafung, z.B. bei Störverhalten, führt durch die Gesetzmäßigkeiten des Verstärkungslernens leicht zu einer Etablierung dieses Erzieherverhaltens.

15. Der Strafende – vor allem der Lehrer – wird leicht zum Modell für seine Schüler.

16. Die Wirkung der Bestrafung ist individuell sehr unterschiedlich und kann deshalb nur schwer dosiert werden.

17. Der Strafende wird positiv verstärkt.

Sehr wahrscheinlich wird der Leser mit mir darin übereinstimmen, daß trotz dieser beachtlichen Liste von problematischen Aspekten die Technik der Sanktionierung in Schule und Unterricht häufig zu finden ist und auch von den Lehrern und Lehrerinnen eingesetzt wird, die diese Art pädagogischer Maßnahme „eigentlich" ablehnen.

Dies hat verschiedene Gründe und wir sollten sie uns ansehen, um so unsere Handlungsmöglichkeiten gerade auch in Konfliktsituationen besser reflektieren zu können.

Aus Sicht des Lehrers hat die Anwendung von Bestrafung oder der Rückgriff auf Sanktionen einige nicht zu unterschätzende Vorteile:

— einfache Anwendung

— Vielfalt der Bestrafungsmöglichkeiten

— sofortige (!) hemmende Wirkung, soweit die Sanktion stark genug ist. Auch hier gelten die Regeln der Kontingenz und der Kontiguität: eine negative Konsequenz eines Verhaltens ist um so wirksamer, je unmittelbarer und je intensiver sie erfolgt – die Konsequenz, die ein Mensch erfährt, der seine Hand auf eine heiße Herdplatte legt, wird sehr wahrscheinlich eine stark verhaltenssteuernde Wirkung in zukünftigen Situationen, in denen eine heiße Herdplatte zugegen ist, auf ihn haben.

— abschreckende Wirkung auf andere

— last not least scheint der Einsatz von Sanktionen – gerade auch **in** einer Krise und zur sofortigen Beendigung oder Unterbrechung einer schwierigen Situation alternativlos. So sinnvoll und notwendig, wie die spätere Auswertung von problematischen Situationen und die Suche nach gemeinsamen Lösungen auch ist (etwa in dem Sinne: „Was muß passieren, damit das, was passiert ist, nie wieder passiert?), in der Krise selbst wird der Versuch, konstruktiv und kooperativ miteinander zu reden, wenig Sinn machen.

(Peyer / Perres, 1978)

INTENSIVES STRAFEN IST EINE ÄUSSERST WIRKSAME TECHNIK ZUR VERHALTENSREDUZIERUNG

Allerdings sollte für solche Situationen folgendes bedacht werden:

Die kurzfristige Entlastung wird erkauft mit möglicherweise langfristigen Belastungen!

Um diese so gering wie möglich zu halten, scheint es mir sinnvoll, sanktionierendes Lehrerverhalten so selten wie möglich einzusetzen, die Intensität zu dosieren und sein Verhalten hinterher vor den Schülern zu begründen.

Ein wichtiges Merkmal professionellen pädagogischen Handelns scheint mir die Fähigkeit zu sein, gerade auch in kritischen Situationen seine Handlungskompetenz nicht zu verlieren.

Zwei weitere Anmerkungen zu diesem Thema erscheinen mir wichtig:

Das resolute Einschreiten des Lehrers etwa bei Ausseinandersetzungen zwischen Schülern kann in der Situation selbst zu vermehrter Wut auf den Erwachsenen führen. Ich kann mich jedoch an Situationen erinnern, in denen Schüler später ausgesprochen dankbar waren für die rigorose Unterbrechung der kritischen Situation – und zwar nicht nur die, die verhauen worden wären, sondern auch die, die geschlagen hätten!

Das Ankündigen und Durchsetzen von Sanktionen im Rahmen gemeinsam vereinbarter Regeln wird von den Schülern akzeptiert und nicht mit der Person des Lehrers in Verbindung gebracht: für die Konsequenzen ihres Verhaltens sind sie selbst verantwortlich. Auch wenn sie in einer einzelnen Situation die Regeldurchsetzung durch den Lehrer nicht akzeptieren wollen, insgesamt werden sie sein konsequentes Verhalten als „gerecht" und für sie transparent erleben.

Wegen der vielen genannten Nachteile der Bestrafung lehnt die pädagogische Verhaltensmodifikation den systematischen Einsatz von „positiven Bestrafungstechniken" (zur Erinnerung: auf eine bestimmte Verhaltensweise erfolgt eine unangenehme Konsequenz) ab und schlägt stattdessen folgende Strategien vor:

Löschung: Der Grundgedanke der Löschung ist simpel und einleuchtend: Wenn die Häufigkeit einer Verhaltensweise abhängig ist von einer kontingenten Verstärkung, dann muß dieses Verhalten seltener werden, wenn man alle Verstärker konsequent entfernt.

Für die pädagogische Praxis hat dieser Vorschlag jedoch einen mehr als zweifelhaften Wert.

– Ich kann nur dann mit Löschung (bzw. Ignorieren) arbeiten, wenn ich alle möglichen Verstärker auch kontrollieren und ausblenden kann, das aber dürfte nur sehr selten der Fall sein. Wenn ein Schüler dauernd durch die Klasse läuft, dann kann ich dies jahrelang ignorieren, ohne daß es seltener wird, denn ein solches Verhalten verstärkt sich selbst, und auch die Mitschüler werden immer wieder verstärkend reagieren.

– Durch das Ausbleiben der bisher üblichen Verstärkung durch den Lehrer wird der Schüler zunächst erst einmal „noch einen Zahn zulegen", denn warum sollte auf einmal nicht mehr klappen, was bisher immer funktioniert hat: Das Problemverhalten wird häufiger und intensiver gezeigt. Hat der Schüler damit konsequent keinen Erfolg, dann ist es sehr gut möglich, daß er andere Problemverhaltensweisen ausprobieren wird. In einer solchen Situation sagt dann der Lehrer: Ich habe das mal ausprobiert mit dem Ignorieren, aber es ist alles nur noch schlimmer geworden!"

— Wird der Lehrer nur ein einziges Mal inkonsequent und verstärkt den Schüler, so lernt dieser folgendes: „Aha, es klappt also doch, ich muß es nur lange genug und intensiv genug probieren, irgendwann habe ich dann doch Erfolg!" Verhaltensmodifikatorisch formuliert: Die gelegentliche (intermittierende) Verstärkung macht eine Verhaltensweise sehr resistent gegen Löschung.

Die beiden weiteren Möglichkeiten, unerwünschtes Verhalten abzubauen, beruhen auf dem Prinzip der negativen Verstärkung, daß heißt, daß ein als angenehm bewerteter Zustand beendet wird.

Die in der pädagogischen Praxis häufiger zu findende Technik ist die des „time out". Hier wird der Schüler für eine bestimmte Zeit vom Unterricht ausgeschlossen. Der Lehrer sagt ihm (etwa): „Im Moment gelingt es dir nicht, im Unterricht mitzumachen, und damit die anderen lernen können, ist es besser, wenn du so lange vor die Tür gehst, bis du denkst, daß du wieder gut mitarbeiten kannst!" Der Grundgedanke des time out ist der, den Schüler von möglichen Verstärkern innerhalb der Klasse auszuschließen und ihn so negativ zu bestrafen. Ich bin da sehr skeptisch, viele Schüler werden die Zeit vor der Tür als angenehmer erleben, als die unterrichtliche Situation – erst recht, wenn sie nicht allein sind oder wenn sie den Wagen des Hausmeisters waschen dürfen.

Die zweite Möglichkeit ist die des Verstärkerentzugs, hier bekommt der Schüler zu Stunden- oder Tagesbeginn eine Anzahl von Punkten, die ihm dann – immer wenn er Fehlverhalten zeigt – abgezogen werden. Es ist nicht ratsam, Punkte abzuziehen, die der Schüler sich vorher selbst verdient hat, in bezug auf die hier erreichte Anzahl sollte er sich immer sicher fühlen können. Der Nachteil des Verstärkerentzugs liegt darin, daß er die Aufmerksamkeit auf das Problemverhalten fokussiert statt auf das erwünschte.

Abschließend läßt sich zu diesem Gliederungspunkt nur sagen: Es gibt viele gute Gründe, so weit wie nur eben möglich auf Bestrafungen zu verzichten und sich um andere Lösungen für problematisches Verhalten zu bemühen.

5.4 Fragen und Perspektiven

Fragen:

- Welche Bedingungen erleichtern einen möglichst hohen Grad an **Selbst- und Mitbestimmung der Schüler**? Welche dieser Bedingungen läßt sich als erste umsetzen (oder anstreben)? Bei wem könnte ich mir bei meinen Bestrebungen Hilfe holen?

- Was könnte **eine erste verhaltensmodifikatorische Maßnahme** sein? Und was der erste Schritt? Welches problematische Verhalten bietet sich an für den ersten Versuch?

- Wie finde ich **wirksame Verstärker**? Macht es für mich Sinn, darüber mit den Schüler direkt und offen zu verhandeln? Oder scheint es mir sinnvoller, genauer hinzuhören, (etwa auf Sätze, wie: „Herr Schneider, können wir nicht mal wieder...!)

- Welche Hilfen gibt es für die Schüler und mich, das unter verhaltensmodifikatorischen Bedingungen neu aufgebaute Verhalten auf möglichst viele andere Situationen zu **generalisieren**? Ist diese Frage mit den Schülern (kooperativ) verhandelbar?

- Wie kann ich mich als Lehrer für meine Anstrengungen **selber verstärken**, wenn ich die von den Kollegen oder Schülern erhofften Rückmeldungen nicht bekomme oder nicht erwarten kann?

- Wie könnte eine Strategie für mich selber aussehen, mit der ich mich darin trainieren kann, **to catch them at being good**?

- Wie kann ich die hilfreiche Perspektive des **Vorgehens in kleinen Schritten** im Auge behalten?

- Für welche Konflikte in meiner Klasse bietet sich die Arbeit an einer Veränderung der **situativen Gegebenheiten** an, wo eine stärkere oder andere Berücksichtigung der **Organismusvariable**, wo erscheint mir die Veränderung der **nachfolgenden Konsequenzen** an einleuchtendsten?

- Inwieweit beurteile ich verhaltensmodifikatorisches Arbeiten als kompatibel mit anderen Ansätzen? Mit welchen?

- Welche Bausteine aus diesem Konzept würde ich gerne in mein pädagogisches Reflektions- und Handlungsinventar übernehmen, und auf welche möchte ich eher verzichten?

- Mit welchen Kollegen könnte ich bei einer verhaltensmodifikatorischen Maßnahme kooperieren, wo wäre ich eher skeptisch? (Wie ließe sich das ändern?) Welche Konsequenzen hätte ein derart verändertes pädagogisches Arbeiten für meine Position im Kollegium?

– Inwieweit halte ich den lerntheoretischen Ansatz für ein Denkmodell, das mir und meiner momentanen Vorstellung von meiner Arbeit besonders entspricht? Oder: inwieweit ist mir diese Sichtweise eher fremd?- Oder: was gefällt mir an diesem Denkmodell und was gefällt mir nicht?

Perspektiven

Die Verhaltensmodifikation bietet uns für den Umgang mit Konfliktsituationen nicht nur ein vergleichsweise reichhaltiges Instrumentarium, sondern sie liefert uns hierzu auch präzise Gebrauchsanweisungen. Damit will ich aber auf keinen Fall die Möglichkeit ausschließen, sich mit vertrauten Handwerkszeugen auch in künstlerischer Hinsicht zu versuchen.

Prävention – Intervention – Auswertung

Prävention

Das gemeinsame Aushandeln von Regeln oder – in besonderen Fällen – eines Vertrages ist von hoher präventiver Wirkung. Da diese Absprachen immer auch eine Vereinbarung darüber enthalten, welche Sanktion bei Verstößen erfolgt, steht der Schüler immer wieder vor der Entscheidung, ob er sich an die Regel halten will, oder ob er sich für den Regelverstoß und die Sanktion entscheidet. Diese Freiheit der Wahl besitzt er – er ist aber auch immer informiert darüber, was passieren wird, wenn er die abgesprochene Regel verletzt. Dies wird – als präventives Ergebnis – häufig dazu führen, daß er sich im Vorfeld dazu entscheidet, die Regel einzuhalten.

Intervention

Eine eng damit verbundene Möglichkeit des Eingreifens **in** einer konflikthaften Situation bietet sich dem Lehrer. Wenn der vereinbarte Warnstimulus unbeachtet geblieben ist, und der betreffende Schüler weiterhin mit einer Regel unvereinbares Verhalten zeigt, kann der Lehrer auf die vereinbarten Sanktionen verweisen: „Wir haben uns darauf verständigt, daß Spucken in der Klasse nicht erlaubt ist. Wenn du jetzt nicht sofort aufhörst, dann fällt für dich am Freitag die Überraschungstunde aus!" Auch hier bleibt letztendlich die Entscheidung und die Übernahme der Verantwortung dafür beim Schüler.

Konfliktauswertung

Eine abgesprochene Regel darf in keinem Falle gebrochen werden. Dies würde sowohl den Sinn von Regelabsprachen in Frage stellen als auch den Verdacht von Lehrerwillkür erwecken. Problematische Konsequenzen sollten im Kontext mit der Regel diskutiert werden und zu einer gemeinsamen Veränderung der Regel führen. Die Erfahrung des Schülers, daß eine vereinbarte Sanktion auch tatsächlich durchgesetzt wird (für manche Schüler eine durchaus ungewohnte bis fremde Erfahrung), wird sich in präventiver Hinsicht auswirken auf zukünftige vergleichbare Situationen. Da in den letzten Abschnitten sehr viel von Sanktionen die Rede war, will ich an dieser Stelle noch einmal darauf verweisen, daß die Einhaltung der Regel auch Gratifikationen nach sich zieht!

Intuition – Strategie – Wirklichkeit

Intuition

Verhaltensmodifikation als überprüfbares und systematisches Verfahren reduziert intuitives Lehrerhandeln in Konfliktsituationen auf ein möglichstes Minimum. Konflikte werden nicht über eine begnadete Lehrerpersönlichkeit abgefedert, sondern geregelt durch gemeinsam vereinbarte Strukturen. Das bedeutet umgekehrt gesehen aber nicht, daß der Lehrer sich nicht als ganze Person , mit Kopf und Herz und Hand in die Beziehung zu seinen Schülern einbringen soll. Ganz im Gegenteil hat die Zuwendung des Lehrers für viele Schüler einen sehr hohen Verstärkerwert.

Wenn ein Lehrer meint, daß er in Konfliktsituationen möglicherweise selber nicht in der Lage ist, abgesprochene Regeln einzuhalten und durchzusetzen (weil sein Naturell mit ihm durchgeht!), dann erscheint es mir sinnvoll, wenn er sich auf ausschließlich solche Regeln beschränkt, von denen er sicher weiß, daß er sie wird umsetzen können.

– Strategie und Setting

Verhaltensmodifikation ist ein strategisches Verfahren, das für vereinbarte Situationen Strukturen anbietet, die für alle Beteiligten Transparenz (und damit Verhaltenssicherheit) schaffen, die die Eigenverantwortung jedes einzelnen betonen und die den Lehrer von

Entscheidungsdruck entlasten.

– Alltag und Wunsch nach Veränderung

Im pädagogischen Alltag wird schnell deutlich werden, daß verhaltensmodifikatorische Projekte nicht in dogmatischer Form realisiert werden können. Sie sind und bleiben **Mittel zum Zweck** der Verbesserung der Lehrer-Schüler-Beziehung, der unterrichtlichen Arbeit in der Schule und des Aufbaus von Selbstkontrolle beim Schüler.

Regelabsprachen erleichtern – aber sie ersetzen nicht die individuelle Verantwortung des Lehrers für sein Handeln in Konfliktsituationen.

Reagieren – Agieren – Reflektieren

Reagieren

In bezug auf eine bestimmte Unterscheidung ist Verhaltensmodifikation ein reaktives Verfahren: **Sie reagiert, aber sie unterbindet nicht!** Der Schüler hat die Möglichkeit, sich so oder anders zu verhalten, nur so kann er **Selbstbestimmung** lernen, aber – gleich wie er sich entscheidet – die vereinbarte Reaktion auf sein Verhalten wird immer die sein, daß er auch lernt, die Eigenverantwortung für die Konsequenzen seines Verhaltens zu übernehmen.

Agieren und Reflektieren

Durch das Arrangement der situativen Bedingungen (Klassenraumgestaltung) und das Setzen von Steuerreizen (z.B. Warnstimuli) bietet die klassische Verhaltensmodifikation dem Lehrer etliche Möglichkeiten, Entscheidungen im Vorfeld von Konfliktsituationen zu treffen und Prozesse aktiv zu steuern. Dies setzt allerdings präzise Reflektion (nach Möglichkeit Diskussion) und Planung voraus.

Anders Handeln – Anders Denken

Anders Handeln

Der Erwerb der Fähigkeit, auf positives Schülerverhalten oder gar auf positive „Ansätze" mit Zuwendung und Verstärkung zu reagieren, dürfte für viele Lehrer ein durchaus umfängliches Trainingsprogramm bedeuten – so war es jedenfalls bei mir. Oft sind wir geradezu darauf „geeicht", störendes Verhalten selektiv wahrzunehmen und darauf zu reagieren – manche Kollegen warten sozusagen nur darauf, daß es endlich passiert und fühlen sich dann bestätigt, daß sie wieder einmal recht behalten haben. Das Einüben von „anders handeln" kann hier (- entsprechend der Vorgehensweise der Verhaltensmodifikation -) nur in ganz kleinen, operational beschriebenen Schritten erfolgen.

Anders Denken

Es ist eng verknüpft mit dem Wissen darüber, daß unsere subjektiven Eindrücke vom Verhalten der einzelnen Schüler durch objektivere Beobachtungsverfahren kaum bestätigt werden dürften, und daß die Beurteilung eines Verhaltens als störend eher etwas über unsere Beurteilungskriterien aussagt, als über den „tatsächlichen Störgehalt" der betreffenden Verhaltensweise.

Klassifikation – Emotionale Betroffenheit

Klassifikation

Bei welchen Verhaltensweisen erscheint eine an der klass. VM orientierte Lösungsstrategie wenig sinnvoll:

- Solche Verhaltensmuster, die sich selbst verstärken: z.B. aggressive Verhaltensweisen oder Vermeidungsverhalten. Eine rein klassisch-verhaltensmodifikatorische Vorgehensweise wird hier schnell auf Schwierigkeiten stoßen, denn sie müßte Verstärker anbieten können, die wesentlich attraktiver sein müßten als der Verstärkergehalt der genannten Verhaltensäußerungen. Das dürfte im pädagogischen Kontext oft kaum möglich sein.

- Verhaltensweisen, die sich einer Kontrolle (und damit einer systematischen Beeinflussung) entziehen, wie etwa Stehlen oder Lügen.

Geeignet ist dieses Verfahren dagegen bei allen andern Verhaltensweisen, die operational beschreibbar sind, die im schulischen Kontext auftreten, und deren Veränderung von vielen oder allen der Beteiligten als Verbesserung erlebt würden.

Emotionale Betroffenheit

Der Grad meiner emotionalen Betroffenheit in Konfliktsituationen kann erheblich reduziert werden durch ein verhaltensmodifikatorisches Setting, weil es auch mir als Lehrer Verhaltenssicherheit bietet, indem es mir konkrete Reaktionsmuster an die Hand gibt. Andererseits erscheint es weder möglich noch sinnvoll, das eigene subjektive Empfinden aus dem Spiel zu lassen, da gerade in solchen sozialen Situationen der Lehrer ein wichtiges (und alternatives) Bewältigungsmodell für seine Schüler kann.

6. Humanistische Psychologie

Ähnlich wie in den Bemerkungen über die Psychoanalyse werde ich auch hier den Ansprüchen, die die Humanistische Psychologie für sich formuliert, nicht in umfassender Form Genüge tun, sondern mich auf einige Aspekte beschränken, von denen ich denke, daß sie für den Umgang des Lehrers mit Konfliktsituationen die wesentlichen sind. Aus der Vielzahl der unter dem Begriff der Humanistischen Psychologie zusammengefaßten Konzepte werde ich mich dabei begrenzen auf die Sichtweise von **Carl Rogers**, da diese am weitesten aus ihrem ursprünglich klinischen Kontext auf das pädagogische Feld übertragen wurde.

Sinnvoll und nötig erscheinen mir einleitend einige allgemeine Hinweise zu dieser psychologischen Richtung und ihren Grundpostulaten. Aus diesen Aussagen wird sich im folgenden ableiten lassen, daß es nicht das Anliegen der Humanistischen Psychologie sein kann – etwa wie beim Behaviorismus – spezifische Techniken und, bis in einzelne Schritte hinein, systematisch festgelegte Strategien zu verwenden.

> Wo dies versucht wird, etwa in den, in Pädagogenkreisen weit verbreiteten, Büchern von Thomas Gordon (Familienkonferenz, 1972; Lehrer-Schüler-Konferenz, 1977), wird dies eher kritisch gesehen und abgelehnt. Michael Behr: „Gordon faßt Rogers Konzept von Authentizität als Umformulierung von Du- in Ich-Botschaften: Nicht „Du bist ungezogen", sondern: „Ich bin frustriert". Empathie begreift er als kommunikationsstrategisches Know-how" (Behr, 1987, 148).

Hier gleicht sie eher der Psychoanalyse, der- wie in Kapitel 4. deutlich geworden sein dürfte – es ja auch nicht gelungen ist, für eine psychoanalytisch orientierte Pädagogik so etwas wie eine „Handlungsgrammatik" (vgl. Bittner, 1973) vorzulegen.

Inhaltlich betont die Humanistische Psychologie die entscheidende Bedeutung eines Verständnisses von Problemverhalten als Ausdruck nicht gelingender Entwicklungsschritte und die Qualität des Beziehungsangebots des Pädagogen oder Therapeuten. Qualitativ eigene konkrete strategische Handlungsmodelle oder Anwendungskonzepte hat auch der Ansatz von Carl Rogers kaum vorzuweisen. Wie im obigen Zitat deutlich geworden sein dürfte, würde ein solcher Versuch den Implikationen der zugrundeliegenden Theorie auch eher entgegenlaufen.

Dennoch kommt ihm – gerade auch im Hinblick auf Lehrerverhalten in Konfliktsituationen – eine ganz besondere Bedeutung zu. Wie kein anderer Ansatz vor ihr betont er

– die Bedeutung der Beziehung zwischen den Beteiligten und

– die Eigenverantwortung des Einzelnen für sein Verhalten.

Daraus ergeben sich für unser Thema durchaus weitreichende Konsequenzen. Für den Umgang mit Konfliktsituationen ergibt aus der Reflektion über die Aussagen von Carl Rogers eine Position, die Lehrerverhalten sehr nachhaltig beeinflussen kann und die – wie ich meine – eine überlegenswerte und nützliche Ergänzung oder Alternative bieten kann zu hierarchisch strukturierten Konfliktlösungsmustern.

Einleitend ein paar stichwortartige Hinweise:
Die Humanistische Psychologie entstand als eigenständige psychologische Richtung zu einem Zeitpunkt, der bestimmt war von einer starken Polarisierung der Psychologie in die psychoanalytische Position auf der einen Seite, die behavioristische auf der anderen.
Neben diesen beiden Lagern verstand sich die Humanistische Psychologie als „Dritte Kraft", die in vielen zentralen Punkten andere und neue Vorstellungen artikulierte, die sich deutlich von den bisherigen psychologischen Sichtweisen abhoben. In diesem „Schulenstreit" (vgl. z.B. Eysenck, 1956) rückte die Humanistische Psychologie vor allem wieder den „ganzen Menschen" in den Mittelpunkt des Interesses. Sie orientierte sich mehr an den konkreten Problemlagen des Menschen und legte weniger Wert auf die akademisch-wissenschaftliche Absicherung ihrer Verfahren (Grawe, 1992, 1994).

Dabei ist die Humanistische Psychologie, vielmehr noch als die anderen genannten Theorien keine in sich geschlossene, klar abgegrenzte oder in sich widerspruchsfreie, psychologische Richtung, sondern eher ein Sammelbegriff für eine kaum zu überschauende Vielzahl von Theorien und Verfahren (Völker, 1980; Quitmann, 1985, Kollbrunner, 1987)[5].

> „Man wird der Humanistischen Psychologie eher gerecht, wenn man sie als eine >Bewegung< betrachtet, die Strömungen eines >Zeitgeistes< aufnimmt, der weltumspannenden Charak-

ter hat und nicht nur im Bereich der Sozialwissenschaften, sondern genauso für die Naturwissenschaften große Bedeutung erlangt hat" (Quitmann, 1985, 283).

Bei einer solchen Vielzahl von Ansätzen stellt sich die Frage, was diese miteinander verbindet, oder anders formuliert, was die wesentlichen Bestimmungsstücke der Humanistischen Psychologie ausmacht.

Im Übersichtskapitel (Kap.3) habe ich geschrieben, daß die Vertreter dieser Richtung eine ganzheitliche Sichtweise bevorzugen und es ablehnen, sich auf irgendwelche spezifischen Aspekte oder Segmente zu beschränken. Ihre Strategien bestehen darin, die Selbstheilungskräfte oder verschütteten Potentiale einer Person zu mobilisieren und sie (etwa durch Wertschätzung) in ihren Anstrengungen zu unterstützen.

Die Humanistische Psychologie lehnt es auch in ihrer Forschung ab, menschliches Handeln und Erleben in einzelne Bestandteile zu zerlegen, wie es die akademische Psychologie tut (Psychoanalyse = Emotionen, Behaviorismus = Verhalten, Kognitivismus = Denken, vgl. Pervin, 1981; Schönpflug, 1983), sondern sieht den ganzen Menschen als autonomes und soziales Wesen. „Im Mittelpunkt der Humanistischen Psychologie steht der Mensch" (Quitmann, 1985, 17).

Diese Sichtweise macht es oft schwierig oder gar unmöglich, mit dem wissenschaftlichen Instrumentarium der akademischen Psychologie zu arbeiten. Während es hier bestimmte Forschungsmethoden gibt, mit denen bestimmte Forschungsfragen untersucht werden können, bestimmt in der Humanistischen Psychologie die Fragestellung das methodische Instrumentarium, was darauf hinausläuft, daß auch Methoden eingesetzt werden, die in der akademischen Psychologie nicht als wissenschaftlich anerkannt sind.

Stichworte: problemzentrierter, undogmatischer Methodenpluralismus, Feldexperimente, Einzelfallstudien, Lebenslauf- und Werkanalysen. „Die Humanistische Psychologie mißt dem Sinn und der Bedeutung von Fragestellungen mehr Bedeutung zu als dem methodischen Vorgehen" (Quitmann, 1985, 17).

Das Menschenbild der Humanistischen Psychologie ist den meisten von uns wahrscheinlich deshalb besonders sympathisch, weil wir hier als Gattung (und natürlich auch als Einzelwesen) besonders optimistisch gesehen werden.

Der Mensch wird als handelndes Subjekt gesehen, das eigenverantwortlich agiert und das versucht, seine Bedürfnisse nach Wachstum und nach Selbstverwirklichung zu realisieren. Dieses Bedürfnis wird als Wesensbestandteil (man könnte auch sagen als „Trieb") des Menschen gesehen.

Da der Mensch ein soziales Wesen ist, ist er angewiesen auf Kontakt, Interaktion und Beziehung zu anderen Menschen, damit Wachstum stattfinden kann.

Der Mensch an sich ist gut, hat er den Platz, den er braucht um zu „wachsen", so wird er sich zum Guten hin entwickeln. Jeder Mensch ist wertvoll an sich, und das Leben ist sinnvoll.

Der Mensch lebt bewußt und zielgerichtet, und er ist in der Lage, zu wählen und zu entscheiden (vgl. Quitmann, 1985, 16f).

„Die Humanistische Psychologie geht weiterhin von der Annahme aus, daß es im menschlichen Leben keinen Zufall gibt" (Völker, 1980, 18).

> Herbert Goetze formuliert folgende „Grundannahmen zur Person... als Basissätze:
>
> 1. Menschliche Entwicklung vollzieht sich *von innen nach außen*. Daher hat menschliches Lernen natürlicherweise auch intrinsische Lernbedürfnisse zur Grundlage.
>
> 2. Die *Verantwortlichkeit* für Lernen und Verhalten liegt bei keiner Außeninstanz, sondern *bei der Person selbst*.
>
> 3. Die Würde des Menschen ist unantastbar; jede Kreatur ist an sich *wertvoll*.
>
> 4. Gesunde Beziehungen zwischen Menschen beruhen auf *Vertrauen*" (Goetze, 1989, 766).

Dementsprechend setzen die pädagogisch-therapeutischen Verfahren der Humanistischen Psychologie auch schwerpunktmäßig an:

– bei der Stärkung der positiven Eigenkräfte einer Person und der Hilfe zur Selbsthilfe;

– sowie bei der Gestaltung der Beziehung zwischen Menschen. „Es geht ums Anteilnehmen" sagt Ruth Cohn (1993);

> Carl Rogers schreibt, „daß das Individuum in sich selbst ein ungeheures Potential zur Selbsterkenntnis und zur Veränderung seines selbstbestimmten Verhaltens trage – und daß dieses Potential freigesetzt werden könne, wenn es nur gelingt, ein definierbares Klima förderlicher Einstellungen zu schaffen" (1978, 17f).

Eine Frage, die sich für die Lehreraus- und -fortbildung aus einer solchen Sicht der Dinge ergibt, ist die nach dem Verhältnis von wissenschaftlichem Theoriestudium auf der einen und „Selbsterfahrung" auf der anderen Seite. Von Fitting / Kluge (1992) wird – aus der Sicht der Humanistischen Psychologie – jedenfalls ausdrücklich auf die Bedeutung von „Selbsterfahrung" für Lehrer hingewiesen. Die Arbeit orientiert sich mehr an der Gegenwart (dem „Hier und Jetzt") als an der Vergangenheit, und sie ist nicht analytisch ausgerichtet, sondern „phänomenologisch"[6].

Nach diesen äußerst knappen Hinweisen zur Orientierung und zur Einordnung der Humanistischen Psychologie will ich zurückkommen auf die Grundfrage dieses Buches, die Frage nämlich, welchen Beitrag diese psychologische Richtung zu leisten vermag in bezug auf einen pädagogisch möglichst kompetenten, sinnvollen und effektiven Umgang mit konflikttrchtigen Situationen.
An dem Beispiel des personenorientierten (oder nicht-direktiven) Ansatzes von Carl Rogers will ich dies im folgenden kurz aufzeigen:

6.1 Zur Bedeutung des Ansatzes von Carl Rogers für pädagogisches Handeln in Konfliktsituationen

Michael Behr, ein Vertreter dieser Richtung, schreibt in dem Buch „Rogers und die Pädagogik":

In bezug auf konkrete „Anwendungskonzepte" kann man nur „auf das bekannte sogenannte Verbalisieren emotionaler Erlebnisinhalte zurückverweisen, das dem Helfer die Verwirklichung und Mitteilung von Empathie ermöglicht. Empathie ist hier... zu verstehen... als lebendige Teilhabe, als ein Mitschwingen, als der engagierte Versuch, die Welt aus der Perspektive und dem gesamten Wertverständnis und Gefühlserleben des anderen zu begreifen. Sie ist weniger Technik als Seinsweise. Sie drückt eine Haltung aus, sie ist eine Säule der Beziehung." (Behr, 1987, 158)
An anderer Stelle sagt er:
„Pädagogische Erfolge hängen von der Qualität einer menschlichen Beziehung zu den Schülern ab, die definiert wird durch das Maß, in welchem der Lehrer Authentizität, Wertschätzung und Empathie zeigt" (Behr, 1987, 147 i.O. fett gedruckt).

147

Carl Rogers hat in seinen Veröffentlichungen (z.B. 1972, 1973, 1974) somit der **Gestaltung der Beziehung** zwischen Klient und Therapeut und später zwischen Lehrer und Schüler eine entscheidende Bedeutung beigemessen und **Echtheit, Wärme** und **Akzeptanz** als förderliche Variablen bezeichnet, die notwendig und hilfreich sind für Wachstumsprozesse.

Für den Umgang mit Konfliktsituationen ergeben sich daraus folgende Aspekte:

1. Aspekt: Zur Person des Lehrers:

Der Untertitel des Buches „Erziehungspsychologie" von Tausch/ Tausch (1977) lautet: **„Begegnung von Person zu Person!"**. Diese Formulierung ist das Programm: Echtheit, Wärme, Akzeptanz und eine nicht wertende Grundhaltung sind nicht *Lehrertechniken*, sondern *Ausdruck einer Beziehung*, in die der Lehrer sich „als ganzer Mensch" einbringt, und in der er, so weit wie nur irgend möglich, auf etliche Attribute seiner Berufsrolle verzichtet.

➢ Er diszipliniert und entwertet Schüler und ihre Leistungen nicht, sondern ermutigt, stützt und fördert.

➢ Er baut gegebene Hierarchien und damit verbundene Machtpositionen so weit wie möglich ab, damit „Begegnung von Person zu Person" überhaupt stattfinden kann.

➢ Er vermittelt keinen Stoff, sondern lernt mit den Schülern gemeinsam – er fordert sie auf zu entdeckendem Lernen und vertraut dabei auf die Eigenkräfte der Schüler.

➢ Last but not least ein Aspekt, der vielen Lehrern als der mit ihrem Beruf am wenigsten zu vereinbarende erscheinen dürfte: Der personenorientierte Lehrer (be-)wertet so wenig wie nur irgend möglich, weder positiv noch negativ.

> Beispiel: Die Kinder einer Grundschulklasse haben Bilder gemalt, und eines der Mädchen läuft mit ihrem Blatt nach vorne und zeigt es stolz der Lehrerin. Ließe sich die Kollegin in dieser Situation von ihrer subjektiven Theorie leiten, dann würde sie das Kind wahrscheinlich loben. Die Lerntheorie (vgl. Kap. 5) würde ein solches Vorgehen ausdrücklich befürworten. Unsere Lehrerin orientiert sich am Ansatz von Rogers, sie betrachtet aufmerksam das Bild, gibt es dann dem Kind zurück und sagt: „Ah, dir gefällt das Bild!?" Auf der Bezie-

hungsebene sagt sie dem Kind damit: „Deine Bewertungskriterien sind für dich wichtiger (und richtiger) als meine!"

Herbert Goetze schreibt zum Stichwort „fremdbestimmter Wertschätzung" unmißverständlich:

„Kinder haben unter dieser selektiven Wertschätzung besonders zu leiden, weil sie sich gegen das verordnete Wertesystem am wenigsten wehren können. Ihre Selbstachtung wird in traditionellen Schulen systematisch demontiert; denn unsere Schule machen die Fremdachtung der Schülerperson und damit den Wertemaßstab, der an sie angelegt wird, von gesellschaftlich positiv sanktionierten Merkmalen abhängig (wie Intelligenz, Schulerfolg, Wohlverhalten)... Am Ende dieser Entwicklung wird eine Deformation der vitalen kindlichen Selbstverwirklichungskräfte stehen, die sich als Selbstmißachtung und damit als einer beobachtbaren Form von Verhaltensstörung manifestieren" (Goetze, 1989, 771).

Während Bewertungen psychische Spannungen hervorrufen können, kann die Verbalisierung emotionaler Erlebnisinhalte auf eine Situation entspannend wirken. „Rogers vermutet, daß mit dem Abnehmen psychischer Spannung mehr Möglichkeiten zur bewußten Selbstkontrolle gegeben sind, so daß mehr Erfahrungen akzeptiert werden können" (Goetze/Jaede, 1974, 44). Deshalb betont die nicht-direktive Beratung „die emotionalen Elemente, die Gefühlsaspekte der Situation stärker als die intellektuellen Aspekte" (Rogers, 1972, 37).

2. Aspekt: Zur Gestaltung der Lehrer-Schüler-Beziehung

In den Aussagen zur Person des Lehrers ist die Beziehung zu seinen Schülern schon immer implizit mitgedacht. Der meines Erachtens zentrale Begriff ist hier der des **„einfühlenden Verstehens"**. Im Gespräch und in der Arbeit mit Schülern bemüht sich der Lehrer sowohl gefühlsmäßig („einfühlend") als auch kognitiv („verstehend") um die Schüler. Die Lehrer-Schüler-Beziehung ist definiert durch Empathie, bei der emotive und kognitive Aspekte prinzipiell gleichrangig sind.

Sehen wir uns das Verhalten eines Lehrers in einem (Konflikt-)Gespräch mit einem Schüler an:

➢ Der Lehrer läßt dem Schüler völlige Freiheit bei der Auswahl der Gesprächsthemen. (Wenn der Schüler das Gespräch gesucht hat!)

➢ Er greift nicht lenkend in das Gespräch ein, er gibt weder Ratschläge („Ratschläge sind auch Schläge!"), noch interpretiert, lobt oder tadelt er. Er stellt weder Fragen zur Informationsgewinnung noch zum Gesprächsverlauf.

➢ Er bemüht sich um eine emotional-warme, angstfreie Atmosphäre, die dem Schüler die Sicherheit verleiht, die er braucht, um über alles das sprechen zu können, was ihn bewegt.

➢ Er hat eine akzeptierende Haltung der Person des Schülers gegenüber, die auch dann nicht aufgegeben wird, wenn der Schüler Verhaltensweisen oder Ereignisse beschreibt, die der Lehrer selbst nicht als positiv bewerten würde.

➢ Stattdessen versucht er, die gefühlsmäßige Bedeutung aufzuspüren, die solche Ereignisse für den Schüler selbst haben, indem er sucht, sich in die Erlebniswelt des Schülers einzufühlen und dessen Sichtweise der Dinge einzunehmen. Diese nachempfundenen „emotionalen Erlebnisinhalte" teilt er dem Schüler mit und hält diesem so einen „Spiegel seines Gefühlslebens" vor, der ihn dazu befähigen kann, neue Aspekte seines Erlebens und Bewertens (oder seiner Persönlichkeit) zu erkennen. Dieses Vorgehen soll den Schüler dabei unterstützen, selber und aktiv die für ihn bestmögliche Lösung für seine Probleme zu finden (Selbstaktualisierungstendenz). „Beim Verstehen eines Klienten geht es nicht nur darum zu erfassen, was ein Klient sagt, sondern was er meint" (Sachse, 1986, 18).

➢ Zu diesem Zwecke ist es günstiger, wenn der Schüler über seine persönlichen inneren Sichtweisen und Ansichten spricht, als über äußere Ereignisse, seine konkreten Verhaltensweisen oder seine rationalen Begründungszusammenhänge.

➢ Diese Haltung des Lehrers kann aber nur dann hilfreich sein, wenn er selbst „er selbst" ist und nicht nur eine „Helfer-Fassade" zeigt. Der Schüler muß die Erfahrung machen, daß der Lehrer ihn ernst nimmt, und daß er keine Sorge vor negativer Bewertung haben braucht.

➢ Die Erfahrungen aus solchen Gesprächen ergeben eine Entwicklung in Richtung auf ein wachsendes Vertrauen in die eigene Person und eine zunehmende Offenheit gegenüber neuen Situationen.

3. Aspekt: Zur Person des Schülers

Hier unterscheidet sich die Humanistische Psychologie deutlich von der Sichtweise der Psychoanalyse. Wachtums- und Entwicklungsschritte sind hier nur möglich in einer gewährenden, nicht-direktiven Atmosphäre, in Freiräumen, in denen sanktionsfrei experimentiert werden kann. „Lernen in Freiheit" (Rogers, 1974, vgl. auch Hinte, 1980)) heißt die Formel der Übertragung dieses Ansatzes auf Unterricht.

Das wiederum setzt die **weitestgehende Eigenverantwortlichkeit des Schülers für sein Handeln** voraus. Nicht der Lehrer ist die zuständige Instanz für das Lernen des Schülers, sondern dieser ist es selbst.

➢ Ich kann einen Menschen nicht zwingen, etwas zu lernen, ich kann ihm bestimmte Themen anbieten, aber sein Lernen muß er selber organisieren.

➢ Ich kann einen Menschen nicht ändern, ich kann ihm nur dabei helfen, sich selbst zu ändern.

Auch der Appell an die Eigenverantwortung der Schüler hat programmatische Bedeutung in der Humanistischen Psychologie – und: er ist alternativlos, denn:

Wachstum, Autonomie und die Fähigkeit zur Eigen- und Mitverantwortung lassen sich nicht denken als Ergebnis fremdbestimmter Prozesse.

Diesen Gedanken werde ich im Kapitel über die systemische Sichtweise noch einmal aufgreifen.

Aus vielen Diskussionen mit Lehrern und Lehramtsstudenten weiß ich, daß der Gedanke an eine weitestgehende Eigenverantwortung der Schüler oft zwar als durchaus wünschenswert, aber gleichzeitig auch als wirklichkeitsfremd und unrealistisch angesehen wird. Ein solches Konzept scheitert ihrer Ansicht nach doch schon an der Schulpflicht, die den Schülern nicht die Möglichkeit lasse, lernen zu wollen, wo sie doch lernen müssen. Aus pädagogischer Sicht läßt sich hierzu allerdings fragen, ob ein Schulrecht nicht die bessere Lösung wäre, würde es doch die Spielräume für Lehrer, Eltern und Schüler erheblich erweitern.

Bevor ich diese Gedanken jedoch weiter vertiefe, möchte ich an einigen Beispielen aufzeigen, was gemeint ist, wenn von der Eigenverantwortung der Schüler die Rede ist.

Beispiel 1:

Während der Pause kommt ein Drittklässler zum aufsichtführenden Lehrer, in der rechten Hand hält er einen faustgroßen Stein. „Mit dem werde er jetzt die nächstbeste Scheibe einwerfen", erklärt er.

Der Lehrer: „Auf jeden Fall solltest Du Dir vorher überlegen, wie Du die Angelegenheit mit Deinem Vater klärst, wegen der Versicherung, weißt Du – denn schließlich muß die Scheibe ja bezahlt werden!"

Der Schüler wirft – die Scheibe ist hin!

Der Lehrer: „Bevor Du heute nach Hause gehst, werde ich Dich noch einmal daran erinnern, daß Du die Sache mit der Scheibe mit Deinem Vater besprichst, damit Du es nicht etwa vergißt!!!"

Am nächsten Tag hat der Schüler doch vergessen, die Angelegenheit mit seinem Vater zu erörtern, auch am übernächsten, obwohl der Lehrer ihn bei Schulschluß wieder ausdrücklich daran erinnert hat. Erst am dritten Tag rückt er zu Hause mit der Sprache heraus und übernimmt damit die Verantwortung und trägt die Konsequenzen seines Verhaltens!

(Ich habe leider keine Informationen darüber, wie in diesem – nicht erfundenen – Beispiel zusätzliche Absprachen zwischen dem Lehrer und den beteiligten Eltern abgelaufen sind – aber ich denke mir, daß sich dieser Schüler in zukünftigen ähnlichen Situationen vorher Gedanken machen wird über die möglichen Konsequenzen seines Verhaltens – nicht nur in bezug auf das Einwerfen von Scheiben. Insofern dürfte sich der Aufwand und das Geld für die Scheibe bezahlt gemacht haben.)

Beispiel 2:

Die Jungen der fünften Klasse einer Schule für Erziehungshilfe haben sich auf dem Schulhof aus Sperrmüll und anderen Baumaterialien eine Hütte zusammengezimmert, die ihr ganzer Stolz ist, bis die Schüler der achten Klasse eines Tages hingehen und ihnen ihren Unterschlupf zerstören.

Wütend und empört wenden sie sich deswegen an den Schulleiter und berichten ihm den Hergang! (Zwischenfrage: Wie würden Sie in einer solchen Situation reagieren?)

Der Schulleiter jedenfalls betritt in einer der folgenden Stunden den Raum der achten Klasse. Er sagt: „Die Jungens aus der Fünften sind bei mir gewesen. Sie haben gesagt, ihr hättet ihnen ihre Hütte kaputt gemacht! (Pause...) Was soll ich denen jetzt sagen?"

Im Raum wird es mucksmäuschenstill, keiner sagt etwas, die Stille scheint ewig zu dauern...Dann räuspert sich einer der Schüler und erklärt: „Wir helfen ihnen beim Wiederaufbau!" Der Schulleiter: „Kann ich das den Jungen aus der Fünften sagen?"

Die Schüler (im Chor): „Ja, ja ja!"

Der Rektor geht raus, ohne ein weiteres Wort.

(Sehr bedenkenswert finde ich in diesem Fall die möglichen Konsequenzen anderer Reaktionen, denn ich halte es für mehr als wahrscheinlich, daß Sanktionen oder „Druck" oder moralische Appelle „von oben" nicht zu einem Einlenken, sondern – ganz im Gegenteil zu vermehrten Repressionen gegen die Schüler der fünften Klasse geführt hätten! Gleichzeitig zeigt dieses Beispiel die großen Vorteile einer prospektiven Konfliktbearbeitung, vgl. S.52).

Beispiel 3:

Die beiden obigen Beispiele sind nicht erfunden. Im folgenden Bericht eines Lehrers wird hoffentlich deutlich werden, welche Möglichkeiten zur Zusammenarbeit mit den Schülern sich ergeben, wenn man davon ausgeht, daß jeder für sich selber verantwortlich ist.

Nach dem Referendariat an einer Schule für Erziehungshilfe übernimmt ein junger Kollege als Klassenlehrer eine 9. Klasse einer Lernbehindertenschule. Die Klasse besteht aus fünfzehn Jungen und Mädchen im Alter zwischen 14 und 17 Jahren. Sie gilt als „Rüpelklasse", deren letzter Klassenlehrer vorzeitig pensioniert worden war, und der die Schüler bevorzugt mit dem Lösen ganzseitiger Kreuzworträtsel beschäftigt hatte.

Als der Lehrer am ersten Schultag die Klasse mit den ihm bis dahin unbekannten Schüler betritt, stellt er sich zuerst vor, fragt die Schüler nach ihren Namen, den zuletzt behandelten Unterrichtsthemen usw.. Anschließend entwickelt er etwa folgenden Gedankengang:

Im Prinzip gibt es für die Schüler zwei Möglichkeiten, sagt er. Die erste ist die, sich dazu zu entscheiden, mit dem Abschlußzeugnis der Lernbehindertenschule zufrieden zu sein.

Eine solche Weichenstellung hätte entsprechende Konsequenzen für den Umfang und die Intensität der Arbeit, die hier in den folgenden zwei Jahren zu leisten wäre. Konkret: Besondere Anstrengungen würden von keinem der Beteiligten verlangt.

Die andere Möglichkeit ist die, daß sich einige der Schüler – oder vielleicht sogar alle – dazu entscheiden, den Hauptschulabschluß anzustreben. Auch dieses Vorhaben hätte weitreichende Konsequenzen, allerdings in umgekehrter Richtung: Alle Beteiligten hätten zwei Jahre vor sich, in denen wirklich hart gearbeitet werden müßte.

Jeder sollte sich überlegen, wozu er sich entscheiden möchte, dann sollte die Klasse intern darüber diskutieren, welches Ziel sie anstreben will.

Der Lehrer setzt sich draußen vor der Klassentür auf eine Treppe, während die Schüler drinnen diskutieren. Nach fünfzehn Minuten rufen sie ihn wieder herein. Dreizehn von ihnen haben sich vorgenommen, den Hauptschulabschluß zu versuchen, nur zwei haben nicht den Mut zu dieser Anstrengung.

Der gesamte restliche Vormittag wird dazu verwandt, didaktische Maßnahmen zu vereinbaren, die für Transparenz sorgen, und die den Schülern benötigte Hilfen zu Verfügung stellen:

➢ Offenlegung der Zensurenlisten; Selbsteinschätzung bei Bewertungen, dabei kein Vergleich der Schüler untereinander, sondern jeder mißt sich selbst nur an sich selbst;

➢ Freitags in der letzten Stunde Wochen-Feed-Back (mit Selbsteinschätzung) für jeden Schüler, in möglichst operationaler Form, d.h. es werden konkrete Verhaltensweisen und Situationen genannt, die okay waren und solche, die es nicht waren;

➢ jeden Morgen in der ersten Stunde gemeinsame Festlegung des Tagesprogramms; sind die vereinbarten Inhalte bearbeitet, und es bleibt noch Zeit bis zum Unterrichtsschluß, kann diese zur Erstellung der Hausaufgaben genutzt werden – was dazu führt, daß die Schüler selber auf stringentes Arbeiten in der Schule drängen und oft genug mit bereits erledigten Hausaufgaben nach Hause kommen;

➢ innere Differenzierung und Materialangebote für freies Arbeiten, eine Rückzugsecke in der Klasse;

➤ wer nicht mitarbeiten möchte, muß dies auch nicht, aber er darf die, die lernen wollen, nicht daran hindern.

Durch diese Entscheidung, die die Schüler für sich getroffen haben, haben sie auch die Verantwortung für ihre Arbeit übernommen. Und es gibt ein Kriterium, an dem sie selber messen können, ob eine bestimmte Leistung hinreichend war oder nicht, nämlich der angestrebte Hauptschulabschluß. Der Lehrer muß nicht mehr ziehen, drängeln, drohen oder was auch immer. Nach verpatzten Tagen, die es natürlich auch gibt, wissen die Schüler auch ohne Lehrerkommentar, daß sie so ihr Ziel nicht erreichen werden. Lehrer und Schüler stehen nicht mehr in einem Konkurrenzverhältnis zueinander – der Lehrer zieht, die Schüler bremsen – sondern sie arbeiten gemeinsam an einem gemeinsamen Ziel.

Tom Andersen (mündl. Mitteilung) sagt: **„Wenn man ernsthaft kooperieren will, dann geht es ganz von selbst!**

6.2 Der Ansatz von C. Rogers und die systemische Sichtweise

Es ist durchaus kein Zufall, daß ich an dieser Stelle einen systemischen Therapeuten zitiere. In mehr als einer Hinsicht kommen diese beiden Theorien zu fast deckungsgleichen Ergebnissen, auch wenn ihre jeweiligen Begründungen sich sehr unterscheiden. Ich werde auf diese Parallelität noch zurückkommen.

Carl Rogers hat diese Form des Unterrichtens – bei der es um ein Höchstmaß an Selbstbestimmung jedes einzelnen geht – in seinem Buch „Lernen in Freiheit" (1974) dargestellt.

Bestandteil dieser Selbstbestimmung ist dabei auch, daß man als Lehrer oder als Schüler den Grad der Umsetzung dieses Ansatzes eben selbst bestimmt.

Herbert Goetze: „Die hier zugebilligte Freiheit kann jedoch nicht aufgezwungen werden, denn wenn Menschen nicht fähig oder nicht willens sind, von diesem Angebot Gebrauch zu machen, werden sie das Angebot der Freiheit als Bedrohung ihrer gelernten Gewohnheiten und Strukturen wahrnehmen" (1989, 770).

Rogers schreibt zu dem Bericht einer Lehrerin: „Allerdings ist einer der wichtigsten Bestandteile dieses Berichts die Tatsache, daß sie ihren Schülern nur so viel Freiheit zu lassen wagte, wie sie selbst riskieren konnte, um sich dabei noch einigermaßen wohl zu fühlen" (Rogers, 1974, 18).

Die Lehrerin beschreibt selbst ihre anfänglich mulmigen Gefühle in bezug auf das neue Arbeiten, aber sie tröstet sich damit, daß das alte System alles andere als erfolgreich war, sie schreibt:

„Es fällt mir schwer, sie nichts tun zu sehen, und mich beunruhigt zeitweise der Gedanke an ihre Fortschritte, ihre Leistungen etc. Ich muß mir immer wieder klarmachen, daß diese Schüler ja bei dem alten Programm >versagt< und auch unter dem alten System keine zu Ende geführten Aufgaben abgeliefert hatten; es hatte eben nur so ausgesehen, als ob sie etwas täten" (Shiel in Rogers, 1974, 21).

Diese Form des Unterrichts und der Gestaltung der Lehrer-Schüler-Beziehung ist für das Thema dieses Buches insofern von großer Bedeutung, als eine Gestaltung von Schulleben, die sich an den Bedürfnissen und Interessen der Schüler orientiert, und die eine große Vielfalt von individuell ausformbaren Lern- und Arbeitsprozessen zu Verfügung stellt, **eine der wirksamsten präventiven Möglichkeiten zur Reduzierung von Konflikten** darstellen dürfte. Inhalte und Arbeitsformen, für die man sich selbst entschieden hat und über deren Realisierung man partnerschaftlich verhandelt hat, haben einen anderen Aufforderungscharakter und einen anderen Grad von verbindlicher Mitarbeit als vorgesetzter Unterricht.

Die Bedeutung von Kooperation zwischen Lehrer und Schüler in bezug auf bestehende Konflikte in einer Klasse weisen Redlich und Schley (1978) mit ihrem Konzept der „Kooperativen Verhaltensmodifikation" nach. Hierbei handelt es sich um eine Kombination von klassischer Verhaltensmodifikation und Humanistischer Psychologie, mit deren Hilfe die beiden Autoren Prozesse der Fremdbestimmung der Schüler möglichst eliminieren wollen. Sehr verkürzt dargestellt geht es in diesem Ansatz darum, daß Lehrer und Schüler gemeinsam ihre verschiedenen Sichtweisen einer problematischen Situation offenlegen und sich in einem zweiten Schritt auf eine gemeinsame Zielvorstellung verständigen. In einem dritten Schritt soll dann mit Hilfe verhaltensmodifikatorischer Techniken der Weg vom Problem zur Lösung beschritten werden.

Von besonderer Bedeutung erscheint mir dabei der Hinweis der Autoren, daß gelegentlich offensichtlich die Verhandlung der ersten beiden Punkte – nämlich die partnerschaftliche Verständigung auf ein gemeinsames Problem (langweiliger Unterricht, störende Schüler) und auf eine gemeinsam erarbeitete Lösung – den letzten Schritt überflüssig macht. Die Tatsachen, daß die Schüler sich ernstgenommen fühlen, daß ihre Sicht der Dinge als relevant akzeptiert wird, und daß eine präzise Zielvorstellung formuliert ist, genügen möglicherweise schon zur Auflösung auch chronischer Konfliktkonstellationen.

> Ein Mensch ist eher motiviert, eine Entscheidung in die Tat umzusetzen, an deren Entstehen er beteiligt war, als eine Entscheidung, die ihm aufgezwungen worden ist. Das Verantwortungsgefühl wird stärker angesprochen. Zudem entsteht bei eigenen Ideen der Wunsch, zu sehen und daran mitzuwirken, daß sie auch funktionieren.

Abschließend möchte ich noch kurz hinweisen auf die in einigen Punkten erstaunliche Übereinstimmung zwischen den Positionen, wie sie C. Rogers formulierte und den Sichtweisen, die sich aus systemischem Denken ergeben können.

➤ Beide Konzepte relativieren die Bedeutung von Diagnose, oft genug wird auf sie völlig verzichtet.
Da Rogers davon ausgeht, daß in einer annehmenden und emphatischen Atmosphäre die Klienten sozusagen von selbst positive Wachstumskräfte entfalten und sich verändern, ist eine Diagnose von unerheblicher Bedeutung.
Im systemischen Denken könnten Diagnosen gleichgesetzt werden mit Wirklichkeitskonstruktionen der Therapeuten, die als Wirkung Voreingenommenheit erzeugen und damit für Veränderung eher hinderlich als nützlich wären.

➤ Eine Konsequenz für beraterisches Handeln ist in beiden Konzepten die, daß man nicht mit irgendwelchen „Fällen", Krankheitsbildern oder Indikationen zu tun hat, sondern mit Menschen, die glauben, daß Beratung für sie hilfreich sein kann.
„Man könnte sich erinnert fühlen an Carl Rogers „Kraft des Guten" und sein personenzentriertes Konzept, das davon ausgeht, auch Klienten, sogar psychisch Kranke oder Menschen in tiefer seelischer Not, einfach als Menschen zu betrachten und nicht als Objekte und das darauf abzielt, sie mit Respekt und Würde zu behandeln! Oder die Grundgedanken der systemischen Therapie: Unvernünftige behandeln als wären sie vernünftig, als könnten sie an ihrer Situation etwas ändern." (Pfeifer-Schaupp, 1996, 42)

➤ Wirklichkeit ist immer subjektiv. Rogers schreibt: „Die einzige Wirklichkeit, die ich überhaupt kennen kann, sind die Welt und das Universum so, wie ich sie wahrnehme und in diesem Augenblick erlebe. Die einzige Wirklichkeit, die Sie überhaupt kennen können, sind die Welt und das Universum so, wie Sie sie in diesem Augenblick erleben. Und die einzige Gewißheit ist die, daß die wahrgenommenen Wirklichkeiten verschieden sind. Es gibt ebenso viele „wirkliche" Welten, wie es Menschen gibt." (Rogers, 1981, 174f) Diese Aussage stellt eine exakte Widergabe der systemischen Grundüberzeugung dar, daß definitiv objektive oder wahre Aussagen nicht möglich sind, da wir nur über unsere eigenen inneren Wirklichkeitskonstruktionen verfügen:

Heinz von Foerster: „Objectivity is a subject's delusion that observing can be done without him" – „Objektivität ist die Wahnvorstellung eines Subjekts, daß es beobachten könne, ohne sich selbst" (1985, 19).

Walter ZITTERBARTH (1993, 51) zitiert hierzu Glasersfeld und Groeben, die diesen Sachverhalt auf den Punkt gebracht haben:

GLASERSFELD: „ Wenn jemand erkennt, wie die Welt wirklich ist, könnte er dies niemals wissen!"

GROEBEN: „Hat der Mensch keinen Zugang zur Welt, so kann er nicht wissen, daß er ihn nicht hat."

Wie immer demnach auch erste kleine Schritte auf dem Weg von der Fremdbestimmung zu möglichst viel selbstbestimmten Handeln in bezug auf Lernen, Leistung und kommunikatives Verhalten aussehen mögen, aus Sicht der Humanistischen Psychologie und des systemischen Denkens sind sie letztendlich alternativlos.

Allen Lehrern sind zweifellos Situationen bekannt und vertraut, in denen Schüler durchaus selbstbestimmt handeln und in denen sie (gelegentlich rücksichtslos) eigene Ziele verfolgen oder im Unterricht ihre eigenen Spielregeln verfolgen.

Zu fragen wäre demnach eher nach den Möglichkeiten und Grenzen der gemeinsamen und kooperativen Verhandlung gemeinsamer und kooperativer Ziele.

6.3 Fragen und Perspektiven

➤ Fragen

– Inwieweit kann ich in meinem Unterricht und an unserer Schule ein förderliches Klima der Achtung, Wärme und Akzeptanz schaffen? Wie könnte ein erster Schritt aussehen?

– Inwieweit kann ich diese Variablen in meinem Lehrerverhalten realisieren? Wann und wo fällt mir dies am leichtesten, und wann und wo fällt es mir schwer? Wie könnte ein erster (oder weiterer) Entwicklungsschritt aussehen?

– Inwieweit kann ich solche Fragen mit meinen Kollegen und mit meinen Schülern besprechen? Wie werden die Schüler (vermutlich) reagieren, wenn ich sie als die „Experten für sich selbst" ansehe?

– Erlebe ich mich in meiner Rolle als Lehrer eigentlich selbstbestimmt? Würde ich mich gerne so sehen? Was könnte ich tun, um Schritte in diese Richtung zu gehen? Wer könnte mich dabei unterstützen?

– Mit welchen unterrichtlichen Verfahren, die den Schülern mehr Möglichkeiten des selbstbestimmten Handelns einräumen, bin ich vertraut? Welche Erfahrungen habe ich damit gemacht? Bin ich (noch) neugierig auf neue Erfahrungen?

– Inwieweit behindert die heutige Organisationsform Schule derartige Vorstellungen pädagogischen Handelns – und an welcher Entwicklung wäre ich bereit mitzuarbeiten? In welchem Spannungsfeld stehen humanistische Überzeugungen zu gesamtgesellschaftlichen Orientierungen?

– Welche Perspektive der Konfliktbetrachtung ergibt sich aus der Sicht der Humanistischen Psychologie, und welche anderen Sichtweisen behindert sie?

– Wie sehe ich als humanistisch orientierter Lehrer meine Schüler, und welche Sicht werden diese von mir entwickeln?

– Inwieweit kann ich eine solche Haltung auch in meine Elternarbeit mit einbringen, und wo werde ich möglicherweise auf Schwierigkeiten stoßen?

– Inwieweit kann ich als Lehrer meine Aufgaben des Bewertens, Zensierens und „Lebenschancenzuteilens" verknüpfen mit einer humanistischen Haltung? Wo kann und wo muß ich Abstriche machen, und wo bin ich dazu nicht bereit?

– Welche Aspekte der Humanistischen Psychologie würde ich gerne in mein pädagogisches Reflektions- und Handlungsinventar übernehmen, und auf welche würde ich eher verzichten?

Perspektiven

Es ist sicher deutlich geworden, daß es nicht das Anliegen der Humanistischen Psychologie ist, präzise „Werkzeuge" anzubieten, wie es bei der Lerntheorie der Fall war. Ihr „Grundmuster" dürfte für Lehrerverhalten in Konfliktsituationen allerdings von weitreichender Bedeutung sein.

Prävention – Intervention – Auswertung

Prävention

Eine warme und annehmende Atmosphäre im Unterricht und eine auf gegenseitiger Achtung und Akzeptanz aufbauende Lehrer-Schüler-Beziehung dürfte eine der effektivsten präventiven Maßnahmen zur Reduzierung der Konflikthäufigkeit im Unterricht sein. Denn je sicherer und angenommener die Schüler sich fühlen, desto geringer wird ihr Bedarf nach Unterbrechung (Störung) oder Auseinandersetzung sein.

Intervention

Die Bedeutung, die von allen Beteiligten der Lehrer-Schüler- Beziehung beigemessen wird, ist auch das entscheidende (und manchmal einzige) Potential, das dem Lehrer in einer krisenhaften Situation zu Verfügung steht. Eine hilfreiche Überlegung dürfte es für Lehrer deshalb oft sein, die Qualität der Beziehung zu seinen Schülern nicht in vielen kleinen oder chronischen Auseinandersetzungen („heimliches Rauchen in der Schule") aufzureiben, sondern sie nur dann einzusetzen, „wenn nichts anderes mehr geht"!

Auswertung

Bei der Auswertung von Konflikten sehe ich zwei Aspekte: Zum einen die Schaffung einer – humanistischen Vorstellungen entsprechenden – warmen und annehmenden Atmosphäre, die ein offenes und kooperatives Gespräch ermöglicht. Zum anderen wird es inhaltlich immer auch um das Thema „Selbstbestimmung" gehen. Ziel eines solchen Gespräches wird es nicht sein, mehr Außenkontrolle zu realisieren, sondern nach Möglichkeiten verbesserter Selbstkontrolle und -verantwortung zu suchen.

Intuition – Strategie – Wirklichkeit

Intuition

Auch Lehrerhaltungen wie „Echtheit", „Wärme" und „Akzeptanz" können gelernt werden. Der eine Lehrer wird diese Grundhaltungen mitbringen, der andere wird an ihrem Erwerb lange arbeiten müssen. Unverzichtbar ist nach Auffassung der Humanistischen Psychologie allerdings, daß der Lehrer sich – besonders in Konfliktsituationen – als ganze Person einbringt und sich nicht hinter seiner „amtlichen Autorität" verschanzt.

Strategie

Eine Pädagogik, die auf einer „Grundhaltung des Vertrauens" aufbaut, wird wenig von einem Konfliktmanagement halten, das auf Außenkontrolle durch Strategien und vorgegebenes Setting aufbaut. Das heißt aber nicht, daß man sich nicht um möglichst transparente Strukturen im Schulalltag bemühen sollte, die allen Beteiligten zu mehr Sicherheit verhelfen (vgl. Goetze/Neukäter, 1981; Schumacher, 1979).

Wirklichkeit

Die alltägliche Wirklichkeit wird sich oft um Fragen drehen wie: Wieviel Selbstbestimmung traue ich meinen Schülern zu? – (Wieviel trauen sie sich selbst zu?) – (Wieviel trauen Sie sich selbst zu?) – Wie kann ich diese in kleinen Schritten bei ihrer Weiterentwicklung unterstützen? – Woran genau könnte ich kleine Schritte der Veränderung erkennen? – Wie kann ich mit Rückschlägen umgehen, ohne die langfristige pädagogische Perspektive aus dem Auge zu verlieren? – Inwieweit bin ich mir darüber im klaren, daß es sehr wahrscheinlich ist, daß ich trotz aller Bemühungen gelegentlich scheitern werde?

Reagieren – Agieren – Reflektieren

Reagieren

Auf schwierige Situationen und problematisches Schülerverhalten wird der Lehrer reagieren mit „einfühlendem Verstehen", Empathie, genauem Zuhören sowie der Aufrechterhaltung einer akzeptierenden Grundhaltung und einer angenehmen Atmosphäre.

Agieren

Impulse, die vom Lehrer ausgehen und die sich auf den gesamten Schulalltag auswirken, sind sein Beziehungsangebot und sein Arbeiten an der Etablierung einer Schul- und Arbeitsatmosphäre, in der sich alle wohlfühlen. Eines seiner Ziele ist, daß die Schüler gerne zur Schule kommen.

Reflektieren

Wieviel Fremdsteuerung ist bei meinen Schülern notwendig, und wieviel Selbstbestimmung ist möglich? Dies dürfte eine der Fragen sein, die sich humanistisch orientierten Lehrern als dynamisches Dauerproblem stellt. Vor allem nach Frustrationen und Rückschlägen scheint mir eine Phase der Reflektion und des Gedankenaustausches zu diesem Aspekt ein unverzichtbares Element der (Neu-)Orientierung (und des wieder Mut fassens).

Anders Handeln – Anders Denken

Anders Handeln

Der humanistisch orientierte Lehrer unterscheidet sich in seinem Umgang mit den Schülern und in seinem unterrichtlichen Handeln in weitreichender Weise von traditionellen Vorstellungen und Verfahren. Er arbeitet im Unterricht als Lernförderer (und nicht als „Lernzielbestimmer") gemeinsam mit den Schülern an gemeinsamen Themen, und prinzipiell werden auch Konflikte gemeinsam gelöst, ohne daß auf Machtpositionen oder Hierarchien zurückgegriffen würde. Die Verantwortung für sein Verhalten liegt bei jedem einzelnen selbst.

Anders Denken

Diesem anderen Handeln liegt die Überzeugung zugrunde, daß jeder Mensch (Schüler eingeschlossen) sich in eine positive Richtung hin entwickeln wird, wenn ihm entsprechende Situations- und Beziehungsangebote zu Verfügung stehen. Diese zu realisieren, ist ein Hauptanliegen humanistischer Lehrer. Die Förderung der Schülerpersönlichkeit (positives Selbstwertgefühl, Eigenverantwortung etc.) hat dabei immer Priorität vor unterrichtsbezogenen Erfordernissen.

Klassifikation – Emotionale Betroffenheit

Klassifikation

Die humanistische, personenzentrierte Psychologie verzichtet auf Klassifikation. Sie mißt auch der Diagnose kaum Bedeutung bei. Wichtiger als eine genaue Kenntnis der einzelnen Bedingungselemente problematischen Verhaltens ist ein Angebot, das Wachstum und Entwicklung ermöglicht. Dieses Angebot beschränkt sich nicht auf eine (oder mehrere) spezifische Kategorie, sondern soll prinzipiell universell gelten.

Emotionale Betroffenheit

Dieses Stichwort hat im Konzept der Humanistischen Psychologie dagegen um so mehr Bedeutung. Wenn der Lehrer sich als ganze Person einbringt in die Beziehung zu seinen Schülern und in entstehende oder bestehende Konflikte, dann wird er immer auch einen bestimmten Grad emotionaler Betroffenheit in die Situation hineintragen, genauso wie die Schüler. Der Unterschied zu diesen ist dabei möglicherweise nur der (und **das macht die Professionalität des Pädagogen aus**), **daß der Lehrer trotz seiner emotionalen Betroffenheit seine Handlungskompetenz nicht verliert, und daß er dies den Schülern auch deutlich signalisiert.**

7. Kognitivismus

Die Zuordnung kognitivistischer Beiträge scheint innerhalb des Faches Psychologie nicht ganz geklärt.
Zum einen sehen besonders die Vertreter (vgl. etwa Kanfer,Goldstein, 1976; Reinecker, 1987, 29; Edelmann, 1986, 7) von Lernpsychologie und Verhaltenstherapie (also der Weiterentwicklung behavioristischer Positionen) kognitivistische Erklärungsmodelle und die daraus ableitbaren Handlungskonzepte als integrale Bestandteile und Ergebnisse einer Weiterentwicklung des eigenen Ansatzes an und ordnen ihn dementsprechend zu.
Nach diesem Verständnis wäre die kognitive Verhaltensmodifikation eine hauptsächlich linear weiterentwickelte Form der klassischen Verhaltensmodifikation.

Die zweite Position, der ich hier im folgenden auch den Vorzug geben werde, sieht kognitivistisch orientierte Psychologie zunächst als ganz eigenständiges Paradigma, mit eigenen Fragestellungen, Begrifflichkeiten, theoretischen Begründungszusammenhängen und auch einem – vom Behaviorismus fundamental verschiedenen – Menschenbild: „Die kognitiven Ansätze lehnen die Annahmen des radikalen oder „metaphysischen Behaviorismus" (Mahoney, 1977) ab. Sie sprechen sich gegen eine Gleichsetzung menschlichen Handelns mit (direkt) beobachtbarem Verhalten aus" (Quekelberghe, 1979, 4).
Als die Theorie, die sich mit der Bedeutung der menschlichen Kognitionen befaßt, wird sie als eigenständige Richtung der akademischen Psychologie gesehen. In Übersichtswerken zur Psychologie (vgl. etwa Schönpflug/Schönpflug, 1983, Pervin, 1981) stehen Tiefenpsychologie, Behaviorismus und Kognitivismus als die drei zentralen Konzepte der akademischen Psychologie gleichberechtigt nebeneinander. Für diese Sichtweise scheint mir auch zu sprechen, daß zwei der – zumindest was den Bereich der Therapie angeht – führenden Kognitivisten, Albert Ellis (1979, vgl. auch Kessler/Hoellen, 1982) und Aaron Beck (1979; 1986) ihre Therapiekonzepte von ursprünglich psychoanalytischen Positionen ausgehend formuliert haben.

Sichtweise 1:

Klassische Verhaltensmodifikation ⟶ kog. VM

Sichtweise 2:

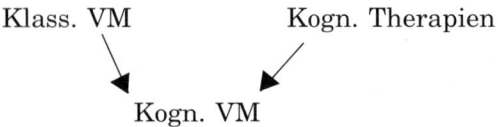

Klass. VM   Kogn. Therapien

Kogn. VM

Es gibt viele gute Gründe für die starke Verschmelzung dieser beiden Richtungen – pragmatische wie theoretische. Im theoretischen Kontext konnten aus kognitivistischer Sicht zunehmend Fragestellungen formuliert werden, die sich aus einer rein behavioristischen Position nur mit Mühe beantworten ließen.

Beispiele:

Die Standartformel der klass. VM: **S-O-V-C** (vgl. S.111) weist auf die unverzichtbare Bedeutung von Kognitionen hin: Wenn nämlich die einem Verhalten folgenden Konsequenzen verantwortlich sind für die Häufigkeit, mit der ein bestimmtes Verhalten gezeigt wird, dann **kann** dieser Mechanismus nur funktionieren, wenn die betreffende Person vor der beobachtbaren Verhaltensausführung auf kognitiver Ebene mögliche Konsequenzen ihres Verhaltens durchgespielt hat. Ohne diesen kognitiven Mechanismus könnte eine nachfolgende Konsequenz keine verhaltenssteuernde Wirkung erzeugen! Die Herstellung einer Kontingenz zwischen einer Verhaltensweise und der nachfolgenden Konsequenz ist ein kognitiver Prozeß!

Die systematische Desensibilisierung wird häufig als eines der klassischen Verfahren der Verhaltenstherapie bezeichnet. Beim Abbau von Ängsten mit dieser Methode ist das schrittweise vorgehende Verhaltenstraining   sicher einer der wesentlichen Wirkbausteine. Ein anderer ist aber auch die kognitive Bearbeitung des Erfahrenen, das heißt hier konkret, die gedankliche Umformulierung von Situationen, die vorher als angsterzeugend bewertet wurden, in solche, die als weniger bedrohlich erlebt und bewertet werden.

Interessante Verknüpfungen scheinen mir auch die Verfahren zu sein, in denen konkrete, beobachtbare Verhaltensweisen verändert werden auf einer rein kognitiven oder mentalen Ebene. Wie wirksam ein solches Vorgehen sein kann, beweist das mentale Training, in dem sich Leistungssportler oder Führungskräfte gedanklich auf die entscheidenden Momente eines Wettkampfes oder einer Konferenz dadurch vorbereiten, daß sie sich diese immer wieder gedanklich durchspielen und dabei ihr geplantes Verhalten üben.

Ein wenig appetitliches aber wirksames Beispiel, sich über mentale Beeinflussung das Rauchen abzugewöhnen berichtet Meichenbaum:

„Der Klient (wird) gebeten, sich das fehlangepaßte Verhalten vorzustellen (also das Verhalten, das er kontrollieren möchte, z.b. das Rauchen, Schlemmen, Alkoholtrinken), und sich sodann ganz detailliert eine schädliche oder aversive Szene vorzustellen, wie Krankheit, Übelkeit oder Erbrechen. Ein Klient z.b., der mit dem Rauchen aufhören will, wird angewiesen, sich folgendes vorzustellen:
Sowie Sie zur Zigarette greifen, haben Sie das Gefühl, Ihr Magen drehe sich um und Sie müßten erbrechen. Sie berühren die Zigarettenschachtel und fühlen bitteren Speichel in ihrem Mund. Wenn Sie die Zigarette aus der Schachtel nehmen, fühlen Sie Ihren Mageninhalt in der Speiseröhre. Ihnen wird übel und Sie haben Magenkrämpfe. Sie wollen sich jetzt die Zigarette in den Mund stecken und übergeben sich über die Zigarette, über ihre Hand. Die Zigarette in Ihrer Hand ist vollgesogen mit grünem Erbrochenem. Rotz kommt aus Ihrer Nase. Ihre Kleidung ist voller Kotze. (usw.)" (Meichenbaum, 1979a, 152f).

Auf der pragmatischen Ebene läßt sich anführen, daß es beiden Konzepten um die Veränderung von Verhalten geht, d.h. daß auch kognitivistisch arbeitende Psychologen oder Therapeuten an beobachtbaren Ergebnissen interessiert sind und nicht nur an der (nicht unmittelbar erfaßbaren) Beeinflussung von Denkgewohnheiten. „Vielmehr erhebt die kognitive Psychologie/Therapie den Anspruch, eine Psychologie oder Therapie des realen menschlichen Handelns zu sein, und nicht die eines fiktiven Vermögens" (Quekelberghe, 1979, 3).

Nach diesen Vorbemerkungen zur theoretischen Zuordnung noch einige kurze Hinweise zum Aufbau dieses Kapitels:

In einem ersten Schritt werde ich die Arbeitsweise der kognitiven VM darstellen, indem ich sie abgrenze von der klassischen VM. Inhaltlich knüpfe ich damit an Kapitel 5 an. Ich hoffe, so am besten deutlich machen zu können, wie unterschiedlich die Arbeitsweisen dieser beiden Konzepte sind und wie wenig sie sich dennoch gegenseitig ausschließen (P.7.1.).
Folgen werden einige Überlegungen (aus kognitionspsychologischer Sicht) zur Bedeutung von Kognitionen auf unsere Emotionen und

unser Verhalten (P.7.2).

Anschließend werde ich die zentralen Überlegungen aus den Konzepten von Ellis und von Beck (P. 7.3) zusammenstellen, weil auch diese beiden Ansätze wertvolle Anregungen geben für das Verständnis und den Umgang mit Konfliktsituationen aus kognitivistischer Sicht. Dieser Gesichtpunkt soll (in P.7.4 und 7.5) konkret unter die Lupe genommen werden:

Das Kapitel abschließen werden wie immer Fragen und Perspektiven (P. 7.6)

Die zentrale Frage lautet:

Welche Möglichkeiten des pädagogischen Handelns ergeben sich für mich in meiner Funktion als Lehrer, wenn ich nach den verschiedensten Möglichkeiten des Umgangs mit Konfliktsituationen suche und dabei eine kognitivistische Perspektive übernehme?

7.1 Kognitive und klassische VM – ein Vergleich

Das Konzept der Kognitiven Verhaltensmodifikation (vgl. hierzu bes. Meichenbaum, 1979b; Mahoney, 1977; Quekelberghe, 1979) ist eine Weiterentwicklung der klassischen VM (vgl. hierzu etwa Adameit u.a., 1983/ 3; Gräff u.a., 1978/2; Eisert/Barkey, 1979) indem die ursprünglichen Verfahrensweisen erweitert wurden, um Handlungskonzepte, die der kognitivistischen Psychologie entstammen.

Der fundamentale Unterschied zwischen den beiden Ansätzen ist dabei folgender:

– Bei der Klassischen VM ist das beobachtbare Verhalten von Bedeutung und seine Veränderung wird angestrebt durch die Veränderung der realen Gegebenheiten, entweder der Situation („diskriminativer Stimulus"), die eine bestimmte Verhaltensweise hervorruft oder der Konsequenz (kontingente Verstärkung oder Bestrafung), die diese Verhaltensweise aufrechterhält bzw. seine Häufigkeitsrate bestimmt.

Das Zeigen einer bestimmten Verhaltensweise wird also unmittelbar in Zusammenhang gebracht (Kontingenz und Kontiguität, vgl. S.98f.) mit realen, beobachtbaren Gegebenheiten.

Beispiel:

Die Kinder einer 3. Klasse bearbeiten gerade in Stillarbeit ein Arbeitsblatt. Auf dem Haus gegenüber steigt ein Schornsteinfeger auf das Dach und beginnt, den Kamin zu reinigen. Sofort hängt die ganze Klasse an der Scheibe und schaut zu. Hier hat ein „diskriminativer Stimulus" (Schornsteinfeger) eine bestimmte Verhaltensweise ausgelöst (zum Fenster laufen und zuschauen).

– Die Vertreter der Kog. VM vertreten demgegenüber die Auffassung, daß die objektiven Gegebenheiten selbst relativ belanglos sind. Nicht der Stimulus an sich ist relevant, sondern die Art und Weise, wie dieser Reiz wahrgenommen und bewertet wird, welche Einstellung man ihm gegenüber hat und welche Bedeutung man ihm beimißt. („Ist die Situation für mich transparent oder ist sie unklar?" – „Ist die Situation für mich angenehm oder bedrohlich?" – „Kann ich die Situation bewältigen oder fehlen mir die nötigen Kompetenzen?"; (vgl. hierzu Holtz/Kretschmann, 1982, 32 f). Das Zeigen einer bestimmten Verhaltensweise wird also nicht (mehr) in Zusammenhang gebracht mit einem bestimmten Reiz, sondern mit der Art und Weise, wie dieser Reiz bewertet wird, mit der „inneren Repräsentation" von Umwelt.

Beispiel:

Wenn wir auf das obige Beispiel zurückgreifen und nur die Schüler der 3. Klasse ersetzen durch ein 10. Schuljahr, dann ist gut vorstellbar, daß diese Schüler nach einem kurzen Blick auf den Schornsteinfeger mit ihrer Arbeit fortfahren. Der Stimulus ist zwar derselbe, aber es wird ihm eine andere Bedeutung beigemessen.

Konsequenz: Wenn nicht die objektiven Gegebenheiten unser Verhalten bestimmen, sondern unsere diesbezüglichen Kognitionen, dann ist es sinnvolle und logische Konsequenz, Verhalten zu verändern durch Veränderung eben dieser Kognitionen.
Die Verhaltensmodifikation löst sich vom reinen Verhaltenstraining und versucht nun, die Gedanken, Überlegungen, Absichten und Motivationen, die hinter einem Verhalten stehen, mit zu berücksichtigen.

Beispiel:

> Zwei Schüler sitzen nebeneinander, der eine holt einen Apfel aus seiner Tasche und legt ihn vor sich auf den Tisch. Sein Nachbar nimmt sich den Apfel und beißt hinein.

Die Klass. VM betriebe hier etwa Stimulusvermeidung in dem Sinne, daß durch eine Regelabsprache Essen, Süßigkeiten etc. bis zur Pause in der Tasche verbleiben müssen.

Die Kog. VM strebte systematisch und strukturiert eine Veränderung der Kognitionen an, die das problematische Verhalten hervorgerufen haben, etwa durch die Regel: Stop – erst nachdenken, mit dem Ziel, den Schüler dazu zu befähigen, potentielle Konsequenzen seines Verhaltens für sich selbst wie für andere zu antizipieren.

Hier wird deutlich, daß die bedeutsamen Unterschiede in der Erklärung von Verhalten zu sehr verschiedenen Handlungsstrategien von klass. VM und kog. VM führen, aber auch, daß diese beiden Ansätze sich nicht gegenseitig ausschließen, sondern einander ergänzen können.

Zu den Grundlagen der Kognitiven VM

Der Innere Dialog

Im Zentrum der Aufmerksamkeit der Kog. VM steht der „Innere Dialog". Was ist mit diesem Begriff gemeint?

Der Innere Dialog ist ein Teil unserer Denkprozesse, ist das, „was wir zu uns selber sagen". Genaugenommen reden wir den ganzen Tag (fast) ununterbrochen mit uns selbst, wir erklären, bewerten, ordnen zu und fällen eine Entscheidung nach der anderen. Allerdings ist dieser „innere Dialog" automatisiert oder „vorbewußt", das heißt, wir fällen unsere Urteile und Entscheidungen nicht kontrolliert und explizit reflektiert (das wäre viel zu aufwendig und schon aus Zeitgründen gar nicht leistbar), sondern im Bruchteil einer Sekunde und ohne uns Rechenschaft darüber abzugeben.
Umgekehrt läßt sich auch sagen, daß wir unseren inneren Dialog nicht nach Belieben kontrollieren können. In Prüfungssituationen wird dies manchmal sehr deutlich, der Kandidat mag noch so sehr versuchen, sich ausschließlich auf die gestellten Fragen zu konzentrieren und gedanklich beim Inhalt zu bleiben. Immer wieder wird er sich mit sich selbst beschäftigen, bzw. mit seinem inneren Dialog („Hoffentlich merken die Prüfer nicht, wie aufgeregt ich bin!

Jetzt läuft mir der Schweiß schon den Rücken herunter! Hoffentlich ist die nächste Frage nicht zu schwer! Wenn die Prüfer wüßten, was ich alles nicht weiß....).

Weiterhin kann der innere Dialog als ein System verstanden werden, das von zentraler Bedeutung ist für die Handlungssteuerung und Handlungsüberwachung. Dies gilt für alle unsere Verhaltensweisen wie auch für Emotionen. Konstruktives wie problematisches Verhalten und Erleben wird hervorgerufen, begleitet und aufrechterhalten durch einen entsprechenden inneren Dialog.

Beispiel:

Ein Praktikant/Referendar wird von den Schülern provoziert: Sie sind ja gar kein richtiger Lehrer! – Bei Frau N. macht der Unterricht viel mehr Spaß als bei Ihnen" – Bei Ihnen wollen wir keinen Unterricht mehr haben!" etc. Der Innere Dialog könnte lauten: „Ich bin wirklich kein guter Lehrer – offensichtlich komme ich bei Kindern nicht gut an – Ich hätte doch einen anderen Beruf ergreifen sollen ......"

Er könnte auch lauten: Die Schüler wollen mich provozieren – Sie wollen wissen, wo sie mit mir dran sind – es geht hier nicht um meine Person, jedem anderen würde es in dieser Situation genauso gehen .....

Hier wird deutlich, daß der Innere Dialog verantwortlich ist für
– die Emotionen (hier z.B. Angst und Unsicherheit bzw. Ruhe und Gelassenheit) und
– das Verhalten (hier z.B. „Selbstverteidigung" bzw. Ignorieren oder Metakommunikation)
mit denen eine Person auf eine Situation reagiert.

Verallgemeinert läßt sich sagen, daß der Innere Dialog bewirkt:
– welchen Umweltausschnitten jemand seine Aufmerksamkeit widmet,
– wie er verschiedene Ereignisse bewertet,
– auf welche Ursachen er sein Verhalten zurückführt,
– welche Kompetenzen – gerade auch für Konflikt – und Streßsituationen – er sich selbst zuschreibt (vgl. Meichenbaum, 1979b, 205).

Wie das obige Beispiel des Prüflings schon andeutet, kann der innere Dialog gelegentlich zu verheerenden Konsequenzen führen. Das liegt in einem solchen Falle u.a. daran, daß er sich eher mit der

Person des Handelnden beschäftigt als mit der Anforderungsstruktur der Situation, oder er kreist häufig um den eigenen **Mißerfolg** und führt so in einen sich selbst aufrechterhaltenden negativen Regelkreis.

Kompetenzdefizite und Kompetenzstörungen

Kompetenzdefizit

Unter dem Begriff Kompetenzdefizit wird nichts anderes verstanden, als daß eine Person eine bestimmte Verhaltensweise bzw. eine bestimmte kognitive Strategie oder Struktur nicht gelernt hat. Sie befindet sich nicht im Verhaltens- und Denkinventar dieser Person.

Beispiele:

Aus dem Leistungsbereich: Kognitiv impulsive Kinder machen z.B. bei bestimmten Aufgabenstellungen sehr viele Fehler, weil sie die zur Lösung der Aufgabe nötige kognitive Strategie nicht oder nur sehr fragmentarisch beherrschen (vgl. Lauth, 1983, 88; Wagner, 1976, 75).
An diesem Punkt setzt das „Selbstinstruktionstraining" an.

Aus dem Bereich sozialen Verhaltens: manche Menschen reagieren in Konfliktsituationen immer mit Strategien der Aggression, der Konkurrenz, der Eskalation. Die Möglichkeit, Konflikte auf kooperative Weise zu lösen, ist von ihnen nie gelernt worden.

Kompetenzstörung

Dieser Begriff besagt, daß eine bestimmte Verhaltensweise zwar beherrscht wird, aber in der aktuellen Situation nicht realisiert werden kann, wenn diese z.B. als zu bedrohlich bzw. zu stressig eingestuft wird.

Beispiele:

Ein Kind will ein Gedicht aufsagen und meldet sich, weil es gut gelernt hat und den ganzen Text auswendig kennt. Als der Lehrer es dann nach vorne ruft, vielleicht noch kommentiert: „Jetzt bin ich aber mal gespannt!", scheitert es – vor der Klasse stehend – aber doch. Nach der ersten Zeile fällt ihm einfach nicht mehr ein, wie der weitere Text lautet.

Ein Lehrer ignoriert eine ganze Zeit lang bestimmte Unterrichtsstörungen, bis er dann doch genervt und lauthals darauf reagiert.

7.2 Zur Bedeutung von Kognition für Emotion und Verhalten

Ich werde im folgenden die kognitivistische Sichtweise über die Funktionen unserer mentalen Prozesse bei der Emotionsentstehung, -regulierung und dem daraus resultierenden Verhalten vorstellen.

Inhaltlich handelt es sich dabei – vereinfachend dargestellt – um folgenden Prozeß:

Wie andere Lebewesen auch orientieren sich Menschen mit Hilfe ihrer Sinnesorgane unablässig über die sie umgebende Welt und schaffen sich dadurch Kontrolle und Sicherheit.
Taucht nun irgendein neuer Reiz auf, wendet die betreffende Person ihm vermehrte Aufmerksamkeit zu, da ein mehr an Information günstig ist für sinnvolles Reagieren.
Bei der „Untersuchung" des neuen Aspektes, die im inneren Dialog (d.h. in Sekundenbruchteilen, automatisiert und nicht bewußt reflektiert) abläuft, stellt sich das Individuum sozusagen drei Fragen. Dabei wird der neu eingetretene Reiz oder die neue Situation daraufhin überprüft, ob sie

unklar und widersprüchlich	oder	eindeutig
unangenehm, bedrohlich	oder	angenehm
nicht zu bewältigen	oder	zu bewältigen ist.

Je nach der Antwort, die sich die betreffende Person gibt, stellt sich als Folgekonsequenz ein dementsprechendes Gefühl ein.

➤ Je unklarer und bedrohlicher ich eine Situation einschätze und je mehr ich davon überzeugt bin, diese Situation nicht bewältigen zu können, desto größer wird die Angst sein, die sich einstellt.

➤ Je klarer und angenehmer eine Situation für mich ist, desto größer wird meine Freude und Zufriedenheit sein.

➤ Je klarer und bedrohlicher ein Reiz auf mich wirkt, ich in bezug auf meine Kompetenzen aber der Meinung bin, ihn bewältigen zu können, desto mehr werde ich ein Gefühl des Ärgers und der Aggressionsbereitschaft entwickeln.

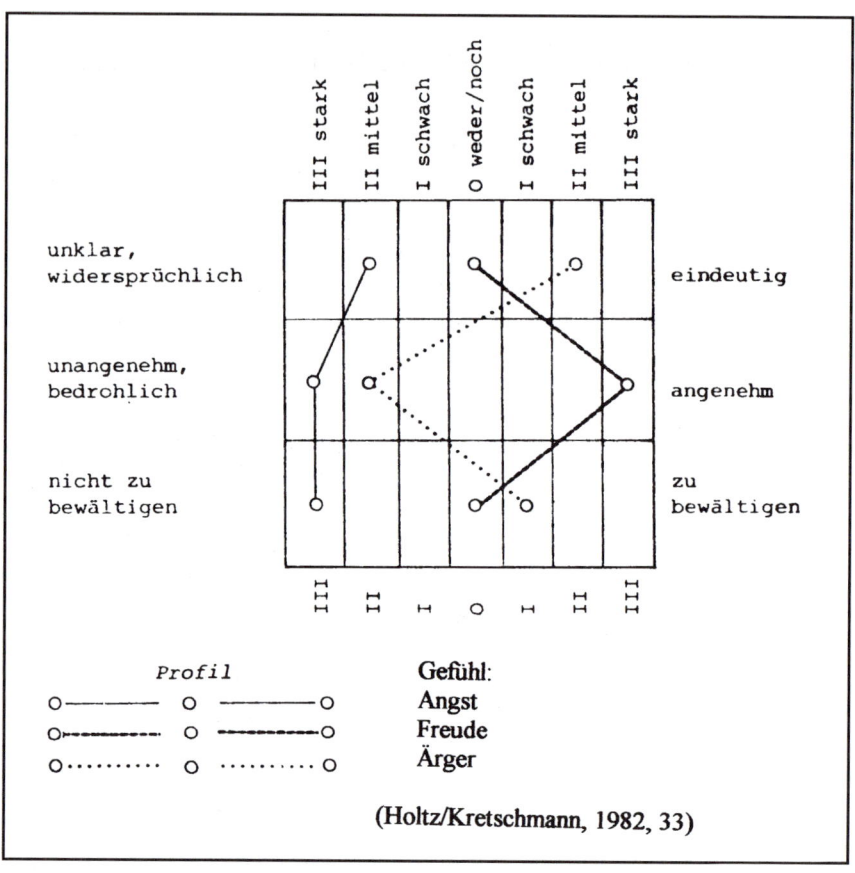

(Holtz/Kretschmann, 1982, 33)

Ein entscheidender Gesichtspunkt bei dem eben beschriebenen Prozeß ist dabei der, daß nicht die objektiven Gegebenheiten – etwa das tatsächliche Gefahrenpotential einer Situation – Auslöser sind für die Entstehung einer Emotion, sondern allein die subjektive Einschätzung derselben. 'Irrationale Überzeugungen' (Ellis, 1979), und wirklichkeitsverzerrende Interpretationsmuster lassen Angst auch in Situationen entstehen, die möglicherweise gar keinen 'objektiv erfaßbaren' Bedrohungsgehalt enthalten. Besonderen Stellenwert erhält in diesem Zusammenhang die Einschätzung der eigenen 'Bewältigungskompetenzen'.

Je weniger Kompetenzen sich eine Person zuschreibt, desto größer ist ihr Ausmaß an 'erlernter Hilflosigkeit' (Seligman, 1979) und desto stärker

174

- ist ihr **Handlungsspielraum eingeschränkt**
- entsteht **Leidensdruck bei den Betroffenen** (vgl. Adameit u.a., 1980).

In der folgenden Beobachtungssequenz eines an anderer Stelle veröffentlichten Fallbeispiels (Burrey / Palmowski, 1987, 550) werden diese beiden Auswirkungen von irrationaler Situationsbewertung und fehlender Kompetenzzuschreibung deutlich:

Situation:
Die Kinder malen im Kunstunterricht ihre Kronen an

Mike: Wer hat rot? Ichbrauch das jetzt!	Astrid: Ich, aber ich brauch das auch.	M. springt auf und nimmt A. die rote Farbe weg. A.guckt mit zusammengekniffenen Augen hinter M. her, sagt aber nichts.
Etwas später: Die L. fragt A., wie sie ihre Krone anmalen möchte.	A.: Weiß ich noch nicht. Die wird bestimmt sowieso nicht schön.	L.: Wieso, das sieht doch schon gut aus. Such dir noch eine schöne Farbe aus dann wirst du sehen, wie schön die Krone wird.
A. fragt M., ob sie nun die rote Farbe haben kann.	M. reagiert nicht, gibt sie ihr nicht.	A. wählt sich die beiden Farben aus, die gerade nicht benutzt werden.

Die ein solches Verhalten begleitenden Kognitionen vermittelt folgender Ausschnitt aus einem Gespräch zwischen Astrid und Birgit:

B.: „Astrid, erinnere dich mal an das Beispiel von der Petra...Was könnte die Petra tun, damit sie sich nicht so hilflos fühlt?"

A.: Die Petra denkt daran, daß sie schwächer ist als die anderen Kinder, und darum wehrt sie sich nicht .... Die hat Angst, daß die anderen ihr etwas tun .... Vielleicht sind die ja immer so böse zu ihr, und die Petra kann gar nichts dagegen machen."

B.: „Du meinst, es würde gar nichts nützen, wenn die Petra sich wehrt?

A.: „...... mmh, meistens kann man da nichts machen."

Nach kognitivistischer Vorstellung sind unsere Emotionen und unser beobachtbares Verhalten demnach die Resultate unserer Kognitionen, besonders unseres inneren Dialogs.

7.3 Die Therapieformen von Ellis und von Beck

„Die *Grundannahme* der Kognitiven Therapie, nämlich die Hypothese, daß erst die persönliche Interpretation eines Reizes seine Qualität bestimmt," (Jaeggi, 1981, 32) ist auch der Dreh- und Angelpunkt der beiden Konzepte, die ich im folgenden darstellen möchte.

Diese Grundannahme ist dabei keineswegs neu, in fast jedem Buch über kognitivistische Therapie findet sich der Hinweis auf den Philosophen Epiktet und dessen Erkenntnis, daß nicht die Dinge selbst die Menschen beunruhigten, sondern nur die Vorstellungen, die sich die Menschen von den Dingen machten.

Eine vergleichbare Bemerkung findet sich beispielsweise auch schon bei Alfred Adler: „ Wir leiden nicht am Erfahrungsschock – dem sogenannten *Trauma* – sondern wir machen daraus gerade das, was unseren Zwecken dienlich ist. *Wir bestimmen über uns selbst* durch die Bedeutung, die wir unseren Erfahrungen geben; und wahrscheinlich ist immer irgendein Fehler im Spiel, wenn wir bestimmte Erfahrungen als Grundlage unseres zukünftigen Lebens erachten. Bedeutungen werden nicht von Situationen bestimmt, sondern wir bestimmen uns selbst durch die Bedeutungen, die wir den Situationen geben" (Adler, 1931/1958, 14).

Die Rational-Emotive-Therapie nach Ellis

Albert Ellis hat diesen Gedanken in eine didaktisch höchst brauchbare ABC-Sequenz umformuliert, die als Grundlage seines Therapieansatzes dient.

➤ **A,** activity, bezieht sich auf Begebenheiten, Ereignisse, Aktivitäten – es sind dies die objektiven Vorgänge in der Umwelt,

➤ **B,** believes, Annahmen, steht für die Selbstverbalisierungen und Bewertungen, die eine Person in bezug auf eine activity vornimmt,

➤ **C,** consequence, steht für die sich daraus ergebenden emotionalen Reaktionen und Konsequenzen (vgl. Kessler/Hoellen, 1982, 12).

176

Ellis geht nun davon aus, daß die meisten Menschen, wenn sie sich schlecht fühlen, dies unmittelbar mit dem auslösenden Ereignis in Zusammenhang bringen (also eine Verbindung von **A** nach **C** herstellen) und die Funktion von **B** in diesem Kontext völlig übersehen.

Ellis (1977, 117) selbst macht diesen Sachverhalt in einem Fallbeispiel sehr deutlich:

> „Die Anwendung dieser Theorie möchte ich durch den folgenden Dialog verdeutlichen, den ich mit einem Patienten führte, der stark deprimiert war, weil er Tag vorher mit mehreren Bekannten Golf gespielt hatte und von diesen offensichtlich abgelehnt worden war.
>
> Therapeut: Sie glauben, der Tag sei Ihnen verdorben gewesen, weil diese Männer Sie nicht mochten?
>
> Patient: Allerdings!
>
> Therapeut: Aber das ist gar nicht der Grund, warum Sie unglücklich waren.
>
> Patient: Nein?! Ich glaube schon!
>
> Therapeut: Nein, ich bin überzeugt davon: Sie meinen nur, daß Sie aus diesem Grunde unglücklich waren.
>
> Patient: Nun, warum bin ich denn unglücklich gewesen?
>
> Therapeut: Das ist sehr einfach – so einfach wie A, B, C, könnte man sagen. A ist in diesem Fall die Tatsache, daß diese Männer Sie nicht mochten. Nehmen wir an, daß Sie ihre Haltung richtig beobachteten und sich nicht bloß einbilden, abgelehnt worden zu sein.
>
> Patient: Ich versichere Ihnen, daß es so war. Ich habe es ganz deutlich gemerkt.
>
> Therapeut: Gut, nehmen wir an, daß sie Sie nicht mochten, und bezeichnen wir das als A. Nun, C ist ihre Depression – die wir als Tatsache annehmen müssen, da Sie sie empfunden haben.
>
> Patient: So ist es.
>
> Therapeut: Also gut. A ist die Tatsache, daß die Männer Sie nicht mochten, C ist ihre Depression. Sie sehen A und C, und Sie nehmen an, daß A, die Ablehnung der Männer, C, Ihre Depression, verursacht hat. Aber das stimmt nicht.

Patient: Das stimmt nicht? Was ist denn die Ursache?

Therapeut: B ist die Ursache.

Patient: Was ist B?

Therapeut: B ist das, was Sie zu sich selbst gesagt haben, während Sie mit den Männern Golf spielten.

Patient: Was ich zu mir selbst gesagt habe? Aber ich habe gar nichts gesagt.

Therapeut: Doch, doch. Sie könnten unmöglich deprimiert sein, wenn Sie sich nichts gesagt hätten....."

„Schlechte" Gefühle sind demnach bei Ellis unmittelbares Ergebnis von Bewertungsmustern und Denkfiguren, die ein Ereignis mit einer irrationalen Bedeutung versehen. Wesentlicher Baustein des Therapieprozesses ist es demnach, solche irrationalen Denkmuster aufzudecken und sie umzuformulieren in angemessenere Zuschreibungen.

(Ich weise noch einmal darauf hin, daß man über diese Art des Denkens in aller Regel kaum Rechenschaft abgeben kann, weil sie sich nicht explizit reflektiert ereignet, sondern 'vorbewußt' bleibt, Beck spricht auch von „gedankenlosem Denken" (Beck, 1986, 35).

Die Darstellung dieses Gedankenganges zwischen Ellis und seinem „Patienten" bis zu diesem Punkt soll für meine Zwecke genügen[7].

Entscheidend ist und festzuhalten bleibt, daß unangemessene Kognitionen zu ebenfalls nicht adäquaten Reaktionen im Gefühlsbereich und im Verhaltensbereich führen. Aus dieser Perspektive lassen sich eine Reihe von Konsequenzen für den Umgang mit Konfliktsituationen ziehen.

Vorher werde ich jedoch anhand der kognitiven Therapie von A. Beck aufzeigen, wie solche irrationalen Denkmuster inhaltlich beschaffen sein können – vielleicht kommt uns ja das eine oder andere bekannt vor?!

Die kognitive Therapie der Depression nach Beck

Im ersten Kapitel habe ich schon auf die Möglichkeit der Entstehung depressiven Verhaltens durch entsprechende kognitive Muster hingewiesen. Im folgenden werde ich einige Elemente des kognitiven Modells der Depression von Beck etwas ausführlicher darstellen, da auch hier viele – durchaus generalisierbare – Überlegungen für unsere Themenstellung auftauchen werden.

Als einen ersten Baustein nennt Beck das **Konzept der kogniti-ven Triade:**

„Der erste Bestandteil dieser Triade konzentriert sich um das ne-gative Selbstbild des Patienten. Er beurteilt sich selbst als fehler-haft, unzulänglich, krank oder benachteiligt...." (Beck, 1986, 41)

„Die zweite Komponente der kognitiven Triade besteht in der Nei-gung des Depressiven, seine Erfahrungen ständig negativ zu inter-pretieren." (s.o., 42)

„Die dritte Komponente ... besteht in negativen Zukunftserwartun-gen. Wenn der depressive Mensch längerfristig vorausplant, nimmt er an, daß seine derzeitigen Schwierigkeiten oder Leiden ewig wei-tergehen werden" (s.o., 42).

Als ein zweites Element **die Kognitiven Fehler**

1. *Willkürliche Schlußfolgerungen* liegen dann vor, wenn be-stimmte Schlüsse gezogen werden, obwohl es keine Beweise gibt, die diese Schlüsse rechtfertigen, bzw. obwohl Beweise gegen die Fol-gerungen sprechen.

> Beispiel: Wer einfach und ohne Grund die Schule schwänzt, der klaut und lügt auch!
> In Ihrer Klasse war es aber laut heute, Sie haben die Schü-ler offensichtlich nicht im Griff!

2. *Selektive Verallgemeinerung* besteht in der Konzentration auf ein aus dem Zusammenhang gerissenes Detail, wobei bedeutsame-re Situationsmerkmale ignoriert werden und die ganze Erfahrung auf der Basis dieses Fragments in ein Konzept gebracht wird.

> Beispiel: -Gestern hat der Schulleiter mich zum Vertretungs-unterricht eingeteilt! Ich hab's schon vorher gewußt: der hat mich auf dem Kieker!
> – Als ich das heute morgen gesehen habe, hab ich gleich ge-wußt, was mich erwartet!

3. *Übergeneralisation* bezeichnet ein Verarbeitungsmuster, bei dem eine allgemeine Regel oder Schlußfolgerung auf der Basis einer oder mehrerer isoliert betrachteter Vorfälle entsteht, und das Konzept unterschiedslos auf ähnliche oder unähnliche Situationen angewen-det wird.

Beispiel: Wer einmal lügt, dem glaubt man nicht und wenn er auch die Wahrheit spricht!
– Also nach dieser Erfahrung werde ich dir nie wieder auch nur ein Wort glauben können!

4. **Maximierung und Minimierung** zeigen sich in Fehlern, bei denen die Bedeutung oder Größe eines Ereignisses so ungenau eingeschätzt werden, daß eine Verzerrung entsteht.

Beispiel: Nach dem Schaden, den du angerichtet hast, werden wir zeitlebens nicht mehr aus den Schulden herauskommen und nie wieder froh sein können!

5. **Personalisierung** bezeichnet die Neigung des Patienten, äußere Ereignisse auf sich zu beziehen, auch wenn es keine Grundlage dafür gibt, einen solchen Zusammenhang herzustellen.

Beispiel: Die beiden Schüler in der letzten Bank tauschen ihre Bundesligasammelkarten während des Unterrichts nur, um mich zu provozieren!
Der Schulleiter ist vorhin auf dem Gang einfach so an mir vorbeigehastet – was habe ich denn jetzt schon wieder verkehrt gemacht?

6. **Verabsolutiertes, dichotomes Denken** zeigt sich in der Neigung, alle Erfahrungen in eine von zwei sich gegenseitig ausschließenden Kategorien einzuordnen; z.B. makellos oder mangelhaft, sauber oder schmutzig, heilig oder sündhaft. Wenn er sich selbst beschreibt, wählt der Patient extrem negative Klassifizierungen (vgl. Beck, 1986, 44f.).

Beispiel: Heutzutage sind wirklich alle Kinder verhaltensgestört! Da kann man machen, was man will, und da kann ich mir noch so viel Mühe eben, die sind einfach an nichts interessiert!
Ich bin ein völlig unattraktiver Mensch! Wer sollte schon an so einem wie mir Interesse haben?

Ellis hat in seinen Veröffentlichungen ähnliche irrationale Denkmuster beschrieben, etwa die Tendenz, alles zu *„katastrophisieren"*. Später hat er aber die ursprüngliche Anzahl möglicher irrationaler Ansichten auf drei Grundannahmen, die „irrationale Dreieinigkeit" reduziert:

(1) Ich muß perfekt sein und/oder von anderen anerkannt werden. Es ist schrecklich, wenn das nicht der Fall ist. Dies kann ich nicht ertragen. Wenn ich in dieser Hinsicht versage, bin ich ein wertloser Mensch.

(2) Andere müssen mich fair und zuvorkommend behandeln. Es ist entsetzlich, wenn sie das nicht tun. Wenn andere mich nicht wie gewünscht behandeln, sind sie schlechte Menschen, die es verdienen, verdammt zu werden.

(3) Die Dinge um mich müssen so sein, wie ich das will, es ist fürchterlich, wenn sie das nicht sind. Ich kann das Leben in einer solch schlechten Welt nicht länger ertragen." (Kessler, Hoellen, 1982, 14f)

Ein Ausschnitt aus einem Gespräch, das Beck (1979, 209) mit einem Patienten (er und auch Ellis nennen ihre Gesprächspartner so!?) geführt hat, mag einige Grundsätze seiner Arbeitsweise verdeutlichen:

Patient: Ich muß morgen in meinem Seminar ein Referat halten und habe gräßliche Angst davor.

Therapeut: Wovor haben Sie Angst?

Patient: Ich habe Angst, mich lächerlich zu machen

Therapeut: Nehmen wir an...daß Sie sie lächerlich machen... Warum ist das so schlimm?

Patient: Ich werde nie darüber hinwegkommen.

Therapeut: „Nie" ist eine lange Zeit...Schauen Sie, nehmen wir an, die anderen machen sich über Sie lustig. Werden Sie davon sterben?

Patient: Natürlich nicht.

Therapeut: Nehmen wir an, die anderen halten Sie für den schlechtesten Redner aller Zeiten...Wird das ihre künftige Karriere ruinieren?

Patient: Nein...Aber es wäre schön, wenn ich ein guter Redner sein könnte.

Therapeut: Sicher wäre es schön. Aber wenn Sie es nicht schaffen, würden sich Ihre Eltern von Ihnen abwenden?

Patient: Nein...Sie sind sehr verständnisvoll

Therapeut: Sehen Sie, was wäre also so schrecklich daran?

Patient: Ich würde mich ziemlich schlecht fühlen.

Therapeut: Wie lange?

Patient: Vielleicht ein, zwei Tage.

Therapeut: Und was wäre dann?

Patient: Dann wäre ich wieder okay.

Therapeut: Und trotzdem machen Sie sich verrückt, als ob ihr ganzes Schicksal davon abhinge:

Patient: Das stimmt. Ich habe wirklich das Gefühl, als ob meine ganze Zukunft davon abhinge.

Therapeut: An irgendeinem Punkt haben Sie einen Denkfehler gemacht... Sie neigen dazu, jeden Fehlschlag für das Ende der Welt zu halten... Worauf es ankommt, ist, daß Sie ihre Fehlschläge richtig einordnen – als Verfehlen eines Zieles, nicht als Katastrophe. Sie müssen anfangen, Ihre falschen Prämissen in Frage zu stellen.

7.4 Anregungen in bezug auf Konfliktsituationen

1. Verhalten ist bedingt durch entsprechende Kognitionen

Verhaltensweisen, die die Schüler häufig zeigen, sind verknüpft mit entsprechenden kognitiven Mustern. Beispielsweise interpretieren Menschen, die häufig aggressives Verhalten zeigen, auch das Verhalten ihrer Mitmenschen sehr schnell als aggressive Äußerung. Was für den einen eine belanglose Rempelei im Treppenhaus ist, kann von einem anderen als gezielte Provokation verstanden werden! (Nicht der Sachverhalt ist entscheidend, sondern die Bedeutung, die wir ihm beimessen!)

Im Umkehrschluß ist es möglich, die Häufigkeit aggressiven Verhaltens zu reduzieren durch die Konstruktion alternativer Sichtweisen.

2. Vermittlung generalisierbarer Lösungsmuster

Aus dieser Überlegung läßt sich ein zweiter – sehr weitgehender – Gedanke ableiten, nämlich der, daß mit der Erarbeitung neuer Problemlösemuster, nicht nur das jeweils spezifische Konfliktpotential aufgelöst werden kann, sondern, daß Einsichten vermittelt werden, die einen hohen Grad an Generalisierbarkeit auf viele andere schwierige Konstellationen zulassen.

182

An dem von Ellis zitierten Beispiel des Mannes, der sich schlecht fühlte, weil er beim Golfspiel von seinen Bekannten abgelehnt wurde, läßt sich dieser Sachverhalt leicht verdeutlichen. Wenn es dem Mann gelingt, seinen „inneren Dialog" in Bezug auf diese spezifische Situation positiv zu verändern, steht ihm ein Muster zu Verfügung, das auch in zahllosen anderen Situationen hilfreich sein kann.

Beispiel:

> Dieser Mann könnte sich etwa folgende Denkmuster aneignen: Es wird immer Leute geben, die mich weniger mögen als andere – So lange ich weiß, daß ich viele gute Freunde habe, kann mir das auch ziemlich egal sein – Wahrscheinlich geht es allen Menschen so wie mir – es ist völlig normal, daß man gelegentlich angelehnt wird...

In diesem Punkt unterscheidet sich dieser Ansatz sehr deutlich von der Arbeitsweise der klassischen Verhaltensmodifikation, die sich damit begnügen würde, Variablen dieser spezifischen Situation zu verändern. Dies ist von Bedeutung in bezug auf den Effekt der Generalisierung.

3. Die Vorstellung Kontrolle zu haben, vermittelt Sicherheit

Es wäre eine Diskussion im Kollegium oder eine gründliche Reflexion wert über die Frage, inwieweit die Schüler einer Schule (oder meiner Klasse) sich Situationen ausgesetzt sehen, auf die sie keinen Einfluß zu haben glauben, oder inwieweit sie Möglichkeiten der Kontrolle oder – wie Flammer (1990) sagt – der „Erfahrung der eigenen Wirksamkeit" erleben können. Das Ergebnis könnte weitreichende Auswirkungen auf Schülerverhalten haben.

So schreibt Meichenbaum hierzu: „ Wahrscheinlich wird eine Person eine möglicherweise unangenehme Situation als weniger bedrohlich empfinden, wenn sie den Eindruck hat, daß sie ein gewisses Maß an Kontrolle über den Abneigung hervorgerufenen Reiz hat...In jedem Fall schien die Vorstellung, Kontrolle zu haben, die negativen Auswirkungen des Streß reduziert zu haben, während Unvorhersehbarkeit und Mangel an Kontrolle zum Gefühl der „erlernten Hilflosigkeit" führten" (1979b, 141).

Entscheidend ist also nicht, daß jemand Kontrolle ausübt, sondern, daß er das Bewußtsein hat, notfalls Kontrolle ausüben zu können.

Beispiel:

In vielen Beratungsstellen wird Familien, bzw. den Familienmitgliedern, die sich in einer akuten Krise befinden, das Angebot gemacht, daß sie, bevor es wieder zu dramatischen Situationen kommt, in der Beratungsstelle anrufen können. Allein dieses Angebot baut in Situationen, denen man sich bisher vielleicht hilflos ausgeliefert fühlte, einen Anker ein, der auch dann schon für Sicherheit sorgt, wenn er gar nicht benutzt werden muß: „Wenn gar nichts mehr geht, dann kann ich immer noch anrufen!" Gleichzeitig reduziert das Wissen um diese Möglichkeit die Häufigkeit der auftretenden Krisen!

Meichenbaum: „Allein das Wissen, daß man Kontrolle ausüben kann, verringert die schwächenden Auswirkungen aversiver Reize" (1979, 142).

Flammer (1990, 14) nennt eine Reihe von Beispielen, welch dramatische Auswirkungen das Gefühl der Hilflosigkeit und des Ausgeliefertseins haben kann, darunter einen Fall, der von Seligman berichtet wird (Seligman, 1983, 4f; Flammer, 1990, 14):

1967 kam eine Frau kurz vor ihrem 23. Geburtstag völlig aufgelöst ins städtische Krankenhaus von Baltimore gelaufen und bat um Hilfe. Sie und zwei andere Mädchen hatten, wie es schien, verschiedene Mütter, waren aber bei derselben Hebamme an einem Freitag, den 13., im Okefenokee-Sumpf zur Welt gekommen. Die Hebamme hatte alle drei Babys verflucht und prophezeit, daß die eine vor ihrem 16. Geburtstag, die zweite vor ihrem 21. Geburtstag und die dritte vor ihrem 23. Geburtstag sterben würde. Die erste war mit fünfzehn Jahren bei einem Verkehrsunfall ums Leben gekommen; die zweite war am Abend vor ihrem 21. Geburtstag bei einer Schlägerei in einem Nachtclub versehentlich erschossen worden. Nun wartete sie als dritte voller Entsetzen auf ihren eigenen Tod. Die Klinik nahm sie etwas skeptisch zur Beobachtung auf. Am nächsten Morgen, zwei Tage vor ihrem 23. Geburtstag, wurde sie tot im Klinikbett aufgefunden – ohne erkennbar organische Todesursache.

Diese beklemmende Geschichte kann durchaus etwas mit alltäglicher Schulwirklichkeit zu tun haben. Flammer schreibt:

184

„So wie ungünstige Schulerfahrungen einen zur Überzeugung führen können, daß man dumm ist (was sich, wenn man sich danach
verhält, auf jeden Fall bewahrheitet), so läßt sich jemandem auch
die Überzeugung fehlender Kompetenzen beibringen. Der Einfluß
der Erzieher ist dabei nicht immer so offenkundig wie wirksam....
*Es könnte sein, daß es weniger darauf ankommt, tatsächlich Wir-
kung zu haben, als darauf, daran zu glauben. Und umgekehrt: Was
hilft es, Wirkungen zu haben, wenn man glaubt, man habe keine?"*
(Flammer, 1990, 14f).

7.5 Die wichtigsten Verfahren

Ziel der Verfahren der Kog. VM ist die Änderung des Verhaltens.
Diese Änderung wird erreicht über die Modifizierung, die Beeinflussung der das Verhalten steuernden Kognitionen. D.h. konkret,
daß man versucht, den Inneren Dialog zu beeinflussen, Kompetenzdefizite auszugleichen und Kompetenzstörungen zu verhindern.

Kognitives Modellieren

„Das kognitive Modellieren unterscheidet sich vom normalen, alltäglichen Beobachtungslernen darin, daß sogenannte kognitive Modelle eingeführt werden, die während ihres Handelns die Prinzipi-
en, die Regeln und die Strategien, denen sie folgen, laut aussprechen" (Lauth, 1983, 31).
Kognitive Prozesse, die jedem Verhalten zu Grunde liegen, aber nor-
malerweise nicht wahrnehmbar sind, werden so bewußt nachvoll-
ziehbar gemacht. Durch die Verbalisation der inneren Denkprozesse erfährt der Schüler mögliche kognitive Bewältigungsfertigkeiten
von bestimmten Problemen, kann diese übernehmen, über Wiederholung und Einübung generalisieren und zu eigenen Kognitionen
machen. Der Vorteil dieser Technik liegt darin, daß der Schüler
nicht nur das „Wie", also die Verhaltensausführung erfährt, sondern auch das „Warum" und
– wichtiger noch, **die prinzipielle Strategie zum Umgang mit
einem bestimmten Problem.**

Beispiel:

Nehmen wir an, ein achtjähriger Junge schaut seinem älteren Bruder bei der Reparatur eines Fahrrades zu. Auch wenn
der ältere schweigend vor sich hin bastelt, wird der jüngere
durch genaues Beobachten irgendwann in der Lage sein, die

gleiche Reparatur durchzuführen. Sein Erkenntnisgewinn wird jedoch um so höher sein – und die benötigte Beobachtungszeit um so kürzer – je präziser der ältere als kognitives Modell fungiert und seinem Bruder den Reparaturplan offenlegt und die einzelnen Schritte erklärt.

Auch das konkrete Verhalten von Lehrer und Schülern wird durch ihren jeweiligen inneren Dialog kontrolliert und gesteuert. Diese Selbstaussagen können förderlich oder hinderlich bei der Bewältigung von Aufgaben sein. Hier kann der Lehrer als kognitives Modell hilfreiche Beispiele anbieten.

– bezogen auf Leistungssituationen

➤ Ich kann mir ruhig Zeit lassen.
➤ Ich muß genau hinschauen.
➤ So, daß habe ich schon mal geschafft.
➤ Ich bleibe ganz ruhig.

– bezogen auf soziale Konfliktsituationen

➤ Ich ärgere mich jetzt, aber ich kann meinen Ärger unter Kontrolle halten.
➤ Ich merke, daß du mich provozieren willst, aber ich weiß, daß ich damit zurechtkomme.
➤ Gehen wir die Sache Punkt für Punkt an.
(Umfassende Listen finden sich in Meichenbaum, 1979a, u.a. auf den Seiten 153, 164 f und 175).

Selbstverständlich sind alle Lehrer kognitive Modelle – etwa bei der Demonstration des Lösungsweges einer Rechenaufgabe an der Tafel. Bezogen auf Leistungssituationen könnte die Modellfunktion aber häufig dadurch effektiver gestaltet werden, daß Lehrer mehr prinzipielle Aspekte ihres Vorgehens verbalisierten, incl. der für viele Schüler kritischen Momente.

Beispiele:

– Wenn ich einen Fehler mache, ist das nicht so schlimm, alle machen Fehler.
– Wenn ich nicht mehr weiter weiß, kann ich immer noch fragen.
– Die Aufgabe ist ganz schön schwierig, ich muß vernünftig nachdenken, Sorgen nutzen überhaupt nichts.

Bezogen auf Konfliktsituationen oder überhaupt in sozial bedeutsamen Situationen sollten Lehrer meines Erachtens häufiger als kognitive Modelle fungieren, um den Schülern so zusätzliche Lernhilfen zum Aufbau neuer sozialer Verhaltensweisen anzubieten.

Selbstinstruktionstraining (SIT)

Das SIT – hier nur stichwortartig umrissen – wird eingesetzt bei der Vermittlung schulleistungsbezogener Fertigkeiten und geht davon aus, daß bestimmte kognitive Problemlösestrategien nicht oder nur unvollständig gelernt worden sind (Kompetenzdefizit bzw. -störung). Das Verfahren besteht aus fünf, systematisch aufeinander aufbauenden Schritten:

1. Der Lehrer agiert, er löst z.B. eine Suchaufgabe und verbalisiert laut seine kognitive Vorgehensweise (kognitives Modell).
2. Der Schüler agiert, der Lehrer spricht (externe Verhaltenssteuerung).
3. Der Schüler agiert und spricht laut, er benutzt seine eigenen Formulierungen, und wird vom Lehrer nur ergänzt. (Offene Selbstinstruierung).
4. Der Schüler flüstert die Selbstanweisungen (ausgeblendete Selbstinstruierung).
5. Der Schüler denkt die Selbstanweisungen (verdeckte Selbstanweisung).

Wenn die neuen Selbstanweisungen erfolgreich sind, werden sie im Laufe der Zeit zu einem Teil des inneren Dialoges werden. Das Ergebnis eines solchen Trainings läßt sich beobachten am veränderten Verhalten des Schülers in entsprechenden Situationen (Literaturhinweise: Lauth, 1983; Wagner, 1976).

Streßimpfungstraining

Das Streßimpfungstraining vermittelt kognitive Bewältigungstechniken für Belastungssituationen.

In einem ersten Schritt werden die Kognitionen bewußt gemacht, die eine bestimmte Situation als streßerzeugend oder bedrohlich bewerten, und die gleichzeitig die eigenen Kompetenzen als niedrig einstufen.

Beispiel:

A.: Die Petra denkt daran, daß sie schwächer ist als die anderen Kinder, und darum wehrt sie sich nicht .... Die hat

Angst, daß die anderen ihr etwas tun .... Vielleicht sind die ja immer so böse zu ihr, und die Petra kann gar nichts dagegen machen."

B.: „Du meinst, es würde gar nichts nützen, wenn die Petra sich wehrt?

A.: „...... mmh, meistens kann man da nichts machen."
(Burrey/Palmowski, 1987, 550).

In der zweiten Phase werden diese Kognitionen modifiziert und Techniken vermittelt, die es ermöglichen, Problemsituationen kompetenter zu bestehen.

Beispiel:

Astrid „wird gefragt, ob sie dem Peter „bessere Gedanken" empfehlen könne:

A.: „Der darf nicht immer an Fehler denken".

B.: „Ja, das ist schon sehr wichtig. Wenn er sich gut vorbereitet hat, muß er sich auch eigentlich keine Sorgen machen .... Was könnte er sich denn zur Ermutigung sagen?.....

A.: „.....Ich hab ja geübt. Das klappt schon .... gestern konnte ich noch alles!....."

B.: „Prima! Wenn der Peter sich so Mut macht, dann wird er auch keine Angst bekommen und sich nicht so schlecht fühlen ...... Außerdem sind Fehler ja auch nicht so schlimm, oder A.?"

A.: „....Man kann immer mal` n Fehler haben, auch wenn man ganz viel übt." (Burrey/Palmowski, 1987, 555).

In der dritten Phase, der Anwendungsphase werden die neuen Bewältigungsfertigkeiten geübt (z.B. in Rollenspielen) und praktisch angewandt.

Die Schildkröten-Technik

Eine für Kinder im Grundschulalter geeignete Methode, sich gegen Streß zu impfen, besteht im Erlernen der Schildkröten-Technik.

**„Die Schildkröte mag sonnige Plätze besonders gern und ruht sich oft dort aus.
Sie hat einen Panzer, in den sie sich,
wenn ihr alles zu viel wird, zurückziehen kann."**
(Krowatschek, 1995, 219)

Bei diesem Verfahren dient die Schildkröte bzw. deren Verhalten in stressigen oder konfliktträchtigen Situationen als Modell für Kinder, die dazu neigen, impulsiv oder aggressiv zu handeln. Dieses – meines Wissens erstmals von Schneider und Robin (1976) vorgelegte – Training scheint sehr erfolgreich, jedenfalls ist die Schildkröte inzwischen in vielen pädagogisch-therapeutischen Programmen die Symbolfigur für besonnenes und überlegtes Handeln geworden (vgl. z.B. Krowatschek, 1994).

Der Grundgedanke ist dabei der, daß eine Schildkröte für die Situationen, in denen sie sich über- oder herausgefordert fühlt, immer eine Lösung mit sich herumträgt, nämlich ihren Panzer, in den sie sich zurückziehen kann.

In der ursprünglichen Geschichte bekommt eine kleine Schildkröte, die wegen ihres Verhaltens immer wieder in Schwierigkeiten gerät den entscheidenden Hinweis von der größten und ältesten Schildkröte der Stadt: „Deswegen hast du doch einen Panzer. Du kannst dich in deinem Panzer verstecken, wenn du in dir das Gefühl spürst, das dir sagt, daß du wütend bist. Wenn du in deinem Panzer bist, hast du Zeit, abzuwarten und zu überlegen, was du dagegen tun kannst. Also wenn du wieder zornig wirst, ziehst du dich einfach in deinen Panzer zurück." (Schneider, Robin, zit. in Bauer, 1979, 141)

Mathilde Bauer schreibt weiter: „Wenn die Geschichte erzählt ist, zeigt die Lehrerin den Kindern die Schildkrötenreaktion: Man zieht den Kopf ein oder legt ihn auf das Schreibpult, schließt die Augen, zieht die Arme und Beine an den Körper und stellt sich vor, man sei eine Schildkröte und verstecke sich in seinem Panzer" (Bauer, 1979, 141).

Diese Übung wird zuerst spielerisch durchgeführt, dann wird besprochen, in welchen Situationen die Schüler die Reaktion der Schildkröte nachmachen sollen, Hinweisstimuli werden vereinbart und für das Zeigen dieser Verhaltensweise werden die Kinder ausdrücklich verstärkt, (wenn irgend möglich auch von ihren Klassenkameraden!)

In einer abschließenden Wertung mißt M. Bauer diesem Schildkröten-Verfahren hohe Relevanz zu:

„Es vermittelt den Kindern Bewältigungstechniken, d.h. sie sind nicht mehr ihren durch äußere Ereignisse bedingten Emotionen ausgeliefert. Sie können ihre Handlungen nun selbst steuern und sind damit auch bis zu einem gewissen Grad imstande, ihre soziale Umgebung zu beeinflussen. Kurz gesagt, sie können sich selbst helfen. Um solche Wirkungen zu erreichen, braucht man nicht hochspezialisierte Experten zu bemühen. Mit dieser Technik können Erzieher nicht nur intuitiv, sondern systematisch therapeutisch tätig sein" (Bauer, 1979, 144).

Die Stopper-Technik

Wenn man den Gedanken, der der Schildkröten-Technik zugrundeliegt, in generalisierter Form formuliert, dann geht es im Grunde nur darum, zwischen ein auslösendes Ereignis und der darauf erfolgenden impulsiven Reaktion eine Phase der Reflektion einzubauen.

Und zwar gilt dies sowohl für Lern- und Leistungssituationen als auch – wie im Schildkrötenbeispiel – für soziale Kontexte. Insofern ergeben sich aus diesem allgemeinen Gedanken auch eine Fülle von Möglichkeiten – vor allem didaktischer Art – mit den Schülern Möglichkeiten zu erörtern und zu vereinbaren, die ihnen dabei behilflich sein können, ihr impulsives Verhalten durch wohlüberlegte Reaktionen zu ergänzen oder gar zu ersetzen.

Solche vereinbarten, visualisierten Unterbrecher oder Stopper können beispielsweise so aussehen (aus Lauth, 1983, 92):

Langsam machen

STOP

Halt - nachdenken

Unterstützung des Aufbaus eines positiven Selbstkonzepts

In meinen Hinweisen zu den Möglichkeiten des klassischen Konditionierens habe ich schon darauf hingewiesen, daß es möglich ist, einem Begriff (z.B. einem Namen) zu einer positiveren Wertigkeit dadurch zu verhelfen, daß man ihn mit einem anderen positiven Terminus koppelt („der immer freundliche Johannes").

In einer etwas ausgefeilteren Form läßt sich dieser Grundgedanke auch übertragen auf das Problem eines negativ eingefärbten Selbstkonzepts. Meichenbaum (1979b, 150) berichtet diesbezüglich von einem Versuch, den Mahoney (1971) durchgeführt hat und den ich hier- wegen seiner Einfachheit und seiner Generalisierbarkeit – gern vorstellen möchte.

> In diesem Versuch ging es darum, bei einem Klienten, einem 22jährigen Mann, positive selbstbezügliche Gedanken auf- und gegenteilige negative Zwangsvorstellungen abzubauen: „vier Karteikarten wurden an der Zigarettenschachtel des Klienten befestigt. Auf drei der vier Karten waren positive Kommentare geschrieben, zum Beispiel: „Ich bin stolz auf meinen guten körperlichen Zustand". Die vierte Karte war leer. Bevor er sich eine Zigarette nahm, las der Klient die oberste Karte, steckte sie nach unten und bestätigte sich mit einer Zigarette. Wenn die leere Karte zuoberst lag, mußte er selbst etwas Positives erdenken. Über sieben Wochen hat diese Methode die Häufigkeit positiver Gedanken des Patienten wesentlich erhöht...Als Folge der Behandlung stellten sie (die positiven Gedanken, Anmerkung von mir) erhöhtes Selbstvertrauen und ein angepaßteres allgemeines Verhalten ein" (Meichenbaum, 1979b, 150).

Ich hoffe dieser Versuch – und die anderen beschriebenen Möglichkeiten – regen an zu kreativer pädagogischer Produktion. Daß solche Maßnahmen um so effektiver sein werden, je mehr sie mit den Betroffenen gemeinsam ausgehandelt werden, dürfte sich von selbst verstehen.

7.6 Fragen und Perspektiven

Fragen

– Welche Selbstanweisungen meines inneren Dialoges sind für mich in Konfliktsituationen eher förderlich, welche eher hinderlich? Vielleicht auch: Welche „irrationalen Gedanken" habe ich bei mir selbst wiedergefunden?

– Wer (oder was) könnte mir am ehesten dabei behilflich sein, mir über meine eigene „innere Dialogwelt" klarer zu werden? Welche hinderlichen Selbstaussagen könnte ich am leichtesten verändern – und wie könnte ein erster Schritt aussehen?

– Inwieweit sind meine Bewertungsmuster und Überzeugungen – sowohl in bezug auf andere als auf mich selbst – kaum reflektierte subjektive Theorien – und inwieweit kann und will ich sie der Reflektion zugänglich machen?

– Welche hinderlichen Selbstanweisungen oder irrationalen Gedanken meiner Schüler kann ich an ihrem Verhalten erkennen? Welche werden gelegentlich laut formuliert? Welche Möglichkeiten sehe ich, Einfluß zu nehmen? Bei welchem Schüler fällt mir ein erster Versuch am leichtesten?

– Wie kann ich für mich und die Schüler das Gefühl verstärken, im Schulalltag Kontrolle zu haben (vgl. S. 171ff)? Inwieweit ist diese Frage mit den Schülern verhandelbar?

– In welchen sozialen Situationen kann ich üben, für die Schüler ein hilfreiches kognitives Modell zu sein? Wie könnte eine solche Modellvorgabe konkret aussehen?

– Inwieweit ist eine kognitivistische Sichtweise des Lehrers hilfreich und nützlich für die Schüler – und inwieweit für ihn selber? Wo stößt dieses Denkmodell an seine Grenzen?

– Welchen Stellenwert gebe ich in diesem Konzept der Frage nach dem Verhältnis von Fremd- und Selbstbestimmung?

– Inwieweit ist dieses theoretische Modell für mich kompatibel mit anderen Konzepten? Welche Aspekte leuchten mir besonders ein, und wo bin ich eher skeptisch?

Perspektiven

Die kognitivistische Perspektive bietet nach meiner Einschätzung ein sehr plausibles Modell zur Erklärung menschlichen Verhaltens an. Aus diesem Modell sind etliche effektive Verfahren zur Veränderung problematischen Verhaltens entwickelt worden. Die Fragen, die sich mir stellen, sind vor allem die: Wie muß sich Schule verändern, damit kognitivistische Verfahren und Strategien in ihr ihren selbstverständlichen Platz finden können? und: Welchen Beitrag zur Veränderung von Schule könnte ein verstärkter Einsatz der beschriebenen Verfahren leisten?

Prävention – Intervention – Auswertung

Prävention

Eine Möglichkeit der Prävention von Konfliktsituationen ist die Verständigung auf „Stopper"-Signale: Erst denken, dann Handeln. Eine zweite Möglichkeit wäre die, mit den Schülern Vereinbarungen zu treffen, die ihnen und Ihnen das Gefühl geben, einer Situation nicht mehr ausgeliefert zu sein, sondern Kontrolle zu haben. Ein Beispiel hierfür sind die auf S.113 vorgestellten Rückzugs-Hütten für die Schüler. Andere Möglichkeiten des „Rechtzeitig-Aus-Dem-Felde-Gehen" können zwischen Lehrer und Schülern verhandelt werden.

Intervention

Eine mögliche Hilfe für Krisensituationen kann die Beherrschung der Schildkröten-Technik sein (auch für Lehrer!), ansonsten dürften gerade zugespitzte Situationen in besonderer Weise dazu geeignet sein, aus dem Verhalten der Schüler und aus ihren Äußerungen, Hinweise auf die beteiligten kognitiven Prozesse der Betroffenen zu gewinnen. Eine Aufgabe für den Lehrer wäre in solchen Situationen also die der genauen Beobachtung und die des genauen Hinhörens. Auch eine solche klare Aufgabenstellung kann entlastende Funktion haben.

Auswertung

Aus kognitivistischer Sicht bieten sich eine Fülle von Anregungen für die Auswertung von Konflikten. Immer wird es dabei zentral um die Aufdeckung „innerer Dialoge" und „irrationaler Denkmuster" gehen, mit dem Ziel, diese zu relativieren oder zu ersetzen durch angemessenere und hilfreichere Kognitionen.

Intuition – Strategie – Wirklichkeit

Intuition

Nach diesem theoretischen Konzept sind intuitive Lehrerreaktionen immer das Ergebnis und der Ausdruck seiner eigenen inneren Dialoge. Ich kann an ihnen festhalten, solange ich sie in bestimmten Situationen für hilfreich und angemessen halte. In dem Maße, in dem ich jedoch Gefühle der Hilflosigkeit oder des Ausgeliefertseins empfinde, bestünde eine Möglichkeit der Veränderung in der Bearbeitung der eigenen „automatischen" Denkmuster.

Strategie und Setting

Aus den präzisen theoretischen Vorgaben ergibt sich eine klare pädagogische Handlungsstrategie: Von der (Selbst-) Beobachtung zur Aufdeckung und von dort zur Veränderung. Grundlegendes Medium ist das auf Vertrauen und Sicherheit beruhende Gespräch.

Für bestimmte vorhersehbare Situationen kann der Lehrer seine Möglichkeiten, als kognitives Modell zu wirken, strategisch vorbereiten (und eventuell üben).

Alltag und Wunsch nach Veränderung

Wenn der innere Dialog unser Handeln ununterbrochen begleitet, wird es nur für ausgewählte Situationen möglich sein, sich explizit und bewußt reflektierend mit ihm auseinanderzusetzen. Allerdings hat das Auffinden und Einüben hilfreicherer Selbstanweisungen (und damit auch von Konfliktlösungsstrategien) starke Generalisierungseffekte, so daß es nicht nötig sein wird, eine Konfliktsituation nach der anderen zu analysieren. Dies ist einer der großen Vorteile der kognitivistischen Therapien: Kleine Veränderungen in unseren Denkmustern können weitreichende Konsequenzen nach sich ziehen.

Reagieren – Agieren – Reflektieren

Reagieren

Die kognitivistischen Konzepte sind insofern reaktiv, als ich immer erst Daten sammeln, beobachten muß. Insofern können Konfliktsituationen hochinformativ sein und beispielsweise Denkfiguren der Schüler (oder von mir selbst) preisgeben, die kaum zu erfragen wären.

Agieren

Beim Prozeß des Aufdeckens und des Veränderns übernimmt der Lehrer (oder der Therapeut) den aktiven Part. Er ist der Experte, der ein bestimmtes Ziel vor Augen hat und der versucht, seinen Schülern dieses Ziel zu vermitteln. Die Initiative und die Innovation geht von ihm aus. Er bestimmt sowohl die Vorgehensweise wie die Inhalte.

(Hier unterscheidet sich der Prozeß deutlich vom systemischen Ansatz, und ein systemisch orientierter Pädagoge wird wahrscheinlich prognostizieren, daß ein solches Vorgehen scheitern wird, wenn man nicht vorher das Einverständnis aller Beteiligten eingeholt und „das Expertentum eines jeden für sich selbst" bestätigt hätte.)

Reflektieren

Die Existenz innerer Denkmuster und Erwartungshaltungen registrieren wir in der Regel nur, wenn diese von anderen Beteiligten verletzt werden und wir (zumindest innerlich) ungehalten oder verstört reagieren. Hier finden wir ein unerschöpfliches Reservoir an Stoff zur Reflektion über unsere Schüler und uns selbst. Daß der Gedankenaustausch und die gemeinsame Durchleuchtung entsprechender Erfahrungen effektiver sein dürfte, als die isolierte „Selbsterfahrung" versteht sich meines Erachtens in diesem Kontext von selbst.

Anders Handeln – Anders Denken

Anders Handeln

Wie in keinem anderen Konzept ist hier die Idee des „Anders Handeln" verknüpft mit der des „Anders Denken". In dem Maße, in dem mir für die Wahrnehmung, Beurteilung, Bewertung und Bewältigung von Konfliktsituationen andere und neue Denkfiguren zu Verfügung stehen, werde ich auch anders handeln. Am anderen Handeln erkenne ich das andere Denken.

Anders Denken

Der Ansatzpunkt der kognitivistischen Verfahren ist die Veränderung unserer automatisierten Denkgewohnheiten. Konflikte und chronische Probleme lösen sich in dem Maße auf, in dem ich ihnen eine andere Bedeutung beimessen, sie anders bewerten kann: Jedes Problem hat genau die Bedeutung, die ich ihm beimesse.

Klassifikation – Emotionale Betroffenheit

Klassifikation

Alle menschlichen Verhaltensweisen werden begleitet und kontrolliert durch den inneren Dialog. Bizarre Verhaltensweisen sind das Ergebnis bizarrer Denkfiguren und Überzeugungen. Diese Aussage gilt generell und erübrigt (zumindest für den pädagogischen Kontext) detaillierte Klassifikationskataloge oder Symptomzuordnungen. Hilfreich erscheint mir allerdings die Unterscheidung in Kompetenzdefizite und in Kompetenzstörungen, da sie unterschiedliche Lernschritte nach sich ziehen.

Emotionale Betroffenheit

Ich kann mich hier nur wiederholen: Wenn unsere Kognitionen unser Verhalten und unsere Emotionen steuern, dann ist auch der

Grad unserer emotionalen Betroffenheit in Konfliktsituationen unmittelbar abhängig von einem entsprechenden inneren Dialog. In dem Maße, in dem wir ihn verändern (wenn wir das wollen), wird sich auch der Grad unseres gefühlsmäßigen Eingebundenseins oder alternativ, Ausgeliefertseins, (auch dies ist letztendlich nur eine Frage der Bewertung) verändern. Dies gilt auch für meine Schüler!

8. Systemisches Denken und Handeln

Ähnlich wie in den vorhergehenden Kapiteln werde ich darauf verzichten, in systematischer Form theoretische Grundlagen des systemischen Ansatzes zu referieren, so spannend sie auch sein mögen. Ein Verweis auf geeignete einführende Literatur soll hier genügen (Berg, 1992; Efran, 1992; Jones, 1995; Palmowski, 1995; Walter/Peller, 1994; Weiß/Haertel-Weiß, 1992).

Bei der Darstellung und Diskussion konkreter Gesichtspunkte, die für Lehrerverhalten in Konfliktsituationen von Belang sind, werde ich wieder versuchen, theoretische Aspekte und alltagspraktisches Handeln so miteinander zu verknüpfen, daß die Auswirkungen der theoretischen Grundlagen auf das Verhalten aller Beteiligten deutlich werden.

Von drei Ausgangspunkten werde ich dabei meine Überlegungen entwickeln
➤ Die Mobiles (P. 8.1)
➤ Die innere Landkarte (P.8.2)
➤ Die Funktion von Sprache (P.8.3)

8.1 Die Mobiles

Im Übersichtskapitel habe ich darauf hingewiesen, daß menschliches Verhalten nach systemischem Verständnis in erster Linie interagiert mit den Bedingungen der Situation. Strukturen, Prozesse und offene und verdeckte Spielregeln in einer Gruppe bestimmen das Agieren und Reagieren jedes Einzelnen mehr als angenommene oder unterstellte „Eigenschaften" der jeweiligen beteiligten Personen.
Dieser Gedanke läßt sich gut veranschaulichen am Bild eines „Mobiles" (vgl. z.B. Rennert, 1989). Eine Gruppe von Personen, die wir als ein „System" definiert haben, etwa eine Familie oder eine Schulklasse, entspräche einem solchen Mobile. Dieses Gebilde hat eine bestimmte Struktur, das sind die Drähte oder Stäbe, an denen die einzelnen Teile hängen. Diese Elemente selbst entsprächen den einzelnen Mitgliedern des Systems.
Ein solches Bild von einer Gruppe macht sofort deutlich, wie stark die Verhaltensweisen der einzelnen Mitglieder aufeinander bezogen sind und wie diese sich wechselseitig bedingen: Wenn ein Element

(durch Beeinflussung von außen) in Bewegung gerät, werden – vermittelt über die Systemstrukturen (die Drähte oder Stäbe) – alle anderen Mitglieder ebenfalls in Bewegung geraten, wenn ein Element sich verändert, wird das Mobile sich neu „einpendeln" müssen.

Dieser Prozeß wird im Gedankenspiel etwas komplizierter, wenn man sich klarmacht, daß jeder Mensch gleichzeitig Mitglied etlicher Mobiles ist, und dadurch jedes Mobile ununterbrochen von außen (durch neue Informationen) in Bewegung gehalten wird und selbst angrenzende Systeme in Bewegung hält.

Ein Schüler ist beispielsweise Mitglied des Systems „Schulklasse" und verhält sich den Systemstrukturen gemäß. Aber dies nur bedingt, den er ist gleichzeitig Mitglied des Systems „Freunde in der Klasse". Dieses System hat andere Strukturen und Spielregeln, vielleicht die, daß man sich auch während des Unterrichts seine Freundschaft zu bestätigen hat, je riskanter der Versuch, um so höher die Anerkennung der anderen. Natürlich ist er auch Mitglied seines Systems „Familie", und jeden Morgen bringt er „neue Informationen" aus diesem System in seine schulischen Systeme mit ein.

Dieses Bild der Mobiles macht eine der zentralen Aussagen des systemischen Denkens sehr deutlich:

Das Verhalten einer Person ist Ergebnis und Ausdruck situativer Bedingungen, Strukturen, Prozesse und Spielregeln, und es ist nicht in seiner Person begründet.

Arnold Retzer (mündl. Mitteilung) verdanke ich eine Geschichte, die diese Sichtweise sehr prägnant herausarbeitet:

„Bitte stellen Sie sich vor, Sie sitzen auf der Tribüne eines Fußballstadions und sehen sich ein Spiel an – ein ganz normales Fußballspiel. Das besondere daran ist allerdings, daß einundzwanzig der Spieler eine Tarnkappe tragen, die sie für die Zuschauer unsichtbar macht. Auch der Ball trägt eine ganz spezielle Balltarnkappe, die Schieds- und Linienrichter bleiben unseren Blicken ebenfalls verborgen.

Alles was wir sehen, ist also den einen Spieler ohne Tarnkappe und sein konkretes Verhalten:

Wenn wir es näher beschreiben, ließe sich etwa folgendes festhalten: Bei diesem kalten und winterlichen Wetter läuft ein junger Mann in kurzer Hose und T-Shirt – auffallend bunt gekleidet – auf einer Rasenfläche hin und her. Er schwitzt und keucht, es ist offenbar sehr anstrengend, was er dort tut. Man kann nie genau sagen, was er als nächstes machen wird: Er läuft schnell, dann wieder langsam, dann bleibt er stehen und schaut versonnen in die Ferne, er läuft rückwärts, vorwärts, hin und her, manchmal wirft er sich auf den Boden oder springt in die Höhe, schlägt die Hände vors Gesicht...

Wenn wir dieses Verhalten isoliert betrachten und die Gründe und Ursachen dafür in der beobachteten Person vermuten, dann bleibt eigentlich nur ein Ergebnis: Dieser junge Mann gehört dringend in die Hand eines Psychiaters.

Oft genug werden Diagnosen aber auf genau diese Art und Weise erstellt: Eine Person wird aus ihrem Kontext herausgenommen und isoliert untersucht, und dann wundert man sich, daß sie seltsame Verhaltensweisen zeigt. Würde der Zusammenhang (im obigen Beispiel das Fußballspiel und die ihm zugrundeliegenden Spielregeln) in die Überlegungen miteinbezogen, käme man möglicherweise sogar zu gegenteiligen Ergebnissen – vielleicht war unser Fußballer ja einer der besten auf dem Platz!

Wenn eine Person ungewöhnliches oder unverständliches Verhalten zeigt, ist demnach die Suche nach der möglicherweise sinnvollen Funktion dieses Verhaltens (zumindest für denjenigen, der es zeigt) sinnvoller, als die nach den möglichen (personalen) Bedingungsfaktoren.. Dieser Gedanke bietet uns einen wertvollen Ausgangspunkt für die Wahrnehmung und den Umgang mit konflikthaftem Verhalten. Ich werde dies im folgenden an einigen Beispielen verdeutlichen und konkretisieren.

➤ Verhalten ist im Kontext funktional[8]

Nach diesem Verständnis ergibt sich der „Sinn" einer Verhaltensweise aus dem situativen und sozialen Zusammenhang, eben dem „Kontext", in den es eingebettet ist.

Beispiel 1:

Cecchin (1993, 54) liefert ein eindrückliches Beispiel: „Ein vierzehnjähriger Junge mit einem IQ von 60 wurde wegen zahlreicher Straftaten, wie zum Beispiel Diebstahl, Handel und Konsum von Drogen und homosexueller Prostitution in einer Jugendstrafanstalt eingesperrt. Nach einem schwierigen Anpassungsprozeß an die Regeln der Institution fing der Junge an, sich am ganzen Körper mit den Exkrementen zu beschmieren. Er schmierte sich den Kot ins Haar und formte ihn zu kleinen Bällen, die er aß. Das Personal versuchte verschiedentlich, ein Konzept zu finden und mit dem Jungen zu arbeiten, erst psychodynamisch orientiert, dann verhaltenstherapeutisch und schließlich orientiert an der Herkunftsfamilie – alles ohne Erfolg." Ein hinzugezogener, systemisch orientierter Berater thematisierte die in der Überschrift dieses Beispiel enthaltene Aussage: „In welchem Kontext würde es einen Sinn machen, daß dieser Junge die eigene Scheiße ißt, beziehungsweise sich damit beschmiert?" (ebd.,55) In der Beantwortung dieser Frage wurde herausgearbeitet, daß der Junge sich mit diesem abstoßenden Verhalten auf wirksame Art vor Vergewaltigungen durch andere Haftinsassen zu schützen wußte. Allgemeiner formuliert: diese – isoliert betrachtet unverständliche und störende – Verhaltensweise erhält ihre wichtige Funktion durch die Einbeziehung des Kontextes, in den sie eingebunden ist und wird dadurch verständlich.

Beispiel 2:

Beim Kinder- und Jugendtelefon einer bundesdeutschen Großstadt meldet sich ein fünfzehnjähriger Junge. Sein Problem: Er ist seit einiger Zeit Bettnässer. Deswegen muß er nachts „Windeln" tragen. Seine Mutter, mit der er alleine lebt, kommt jeden Abend, bevor sie zu Bett geht und kontrolliert, ob er diese auch trägt. Andere Probleme hat er – so sagt er – nicht, er hat viele Freunde, kommt in der Schule gut klar und versteht sich gut mit seiner Mutter. Bei der Frage nach bisherigen Versuchen, das Problem in den Griff zu kriegen wird deutlich, daß Strategien wie die abendliche Trinkmengenreduzierung oder nächtliche Wecker, die zum Gang zur Toilette auffordern, sich als unwirksam erwiesen haben.
Bei der Frage nach dem Kontext, in dem dieses Verhalten sich als sinnvoll und nützlich erweisen könnte, schält sich im weiteren Verlauf des Gespräches folgende Situation heraus:
Der Junge beschreibt die Beziehung zu seiner Mutter als sehr gut, und er möchte auf keinen Fall, daß sich etwas daran ändert, am liebsten wäre es ihm, wenn sie immer so bliebe, wie sie jetzt ist – als störend für ihn bezeichnet er nur die Windel, nicht daß seine Mutter ihn deswegen allabendlich ins Bett bringt.

Gegen diesen Wunsch – „ich möchte immer der kleine Junge meiner Mama sein" – sprechen aber immer deutlichere Anzeichen seines Erwachsenwerdens. In dieser Zwickmühle befindet sich der Junge zunehmend, und es erscheint fast als „ideale" Lösung, über das Bettnässen, das Tragen von Windeln und die damit verbundene zusätzliche Zuwendung der Mutter sich den ersehnten Status Quo noch einige Zeit lang zu erhalten.

In beiden beschriebenen Beispielen wurde das jeweilige Problem nicht personenbezogen gesehen und erklärt (etwa „Der Haftinsasse ist debil" oder „Der Anrufer ist Bettnässer"), sondern aus seinem Kontext heraus. Wenn man diese Sichtweise in sein Denken miteinbezieht, ergeben sich für das Verständnis und den Umgang mit konfliktträchtigem Verhalten neue und andere Optionen und Handlungsmöglichkeiten.

Am Beispiel „hyperaktiven Verhaltens" soll dies in knapper Form dargestellt sein. Ich verzichte dabei auf eine Darstellung des Problemverhaltens und unterstelle, daß den Lesern als hyperaktiv bezeichnete Kinder bekannt oder gar wohlvertraut sind. Die Frage lautet also: Läßt sich ein Zusammenhang konstruieren, in dem dieses (den Lehrer) störende Verhalten als sinnvoll begriffen werden kann?

Da es Schüler sind, die hyperaktives Verhalten zeigen, erscheint es nützlich, sich die Gesamtsituation Schule einmal aus ihrer Sicht zu betrachten. Eine mögliche, hypothetische Schülerbeschreibung könnte sein:

In der Schule, vor allem während des Unterrichts in der Klasse, bin ich in einer Situation, die für mich vor allem durch folgende Merkmale bedrohlich ist:

1. Es ist kaum möglich, sich ihr zu entziehen, der Raum bietet keine Möglichkeit, sich selbst eine „Auszeit" zu nehmen.

2. Es gibt auch nur wenig Spielraum, eigene Wünsche und Bedürfnisse einzubringen, das allermeiste ist vorgegeben und nicht verhandelbar.

3. Die soziale Situation kann häufig als bedrohlich bewertet werden, ohne daß – siehe oben – man sich ihr entziehen kann.

4. Gleiches gilt für Lern- und Leistungssituationen, wenn die Gefahr des Mißerfolgs mehr gesehen wird, als die Hoffnung auf Erfolg.

In dieser Situation bietet mir (dem Schüler) hyperaktives Verhalten die Möglichkeit, auf entschiedene und entscheidende Weise Einfluß zu nehmen. Ich kann auf diese Weise sich anbahnende, mich ängstigende Situationen verhindern, indem ich selbst den anderen eine hinreichende Menge an „Steuerreizen" anbiete. Es gelingt mir so, als unangenehm eingeschätzte Situationen erfolgreich zu vermeiden, was – aus lerntheoretischer Sicht – wiederum als beträchtlicher Verstärker für mein hyperaktives Verhalten angesehen werden kann.

Die Einbeziehung des Kontextes ermöglicht das gemeinsame Konstruieren eines Erklärungsrahmens für ein problematisches Verhalten, durch den anscheinend sinnlose oder bizarre Phänomene und Ereignisse als funktional (vielleicht sogar als bestmögliche Lösung) beschrieben werden können.

Ein befreundeter Kollege – Lehrer an einer Schule für Erziehungshilfe – hatte vor ein paar Jahren einen etwa elfjährigen Schüler in seiner Klasse, der ein „steifes Bein" hatte. Der Junge ging mit diesem Handicap höchst souverän um und hatte einige erstaunliche motorische Fertigkeiten entwickelt – etwa die, Treppen blitzschnell hinunterzugleiten – mit denen er seine Beeinträchtigung kompensierte.
Dieser Kollege war höchst erstaunt, nach Monaten auf einer Kirmes diesen Jungen mit voller Beweglichkeit beider Beine herumlaufen zu sehen.
Welche Funktion hatte also für diesen Schüler das steife Bein in der Schule? Vermutungen in diese Richtung könnten sein:

– Es bot ihm einen gewissen Schutz vor körperlichen Auseinandersetzungen.

– Es verschaffte ihm irgendwelche Privilegien, die er auf andere Art nicht erhalten zu können glaubte.

– Wenn der Junge Spaß an diesem Verwirrspiel hatte, dann verstärkte sich dieses Verhalten selbst und hielt sich damit aufrecht.

Welcher Kontext läßt sich – aus der Perspektive des Kindes – beschreiben, der dieses Verhalten als für es selbst sinnvoll und nützlich erscheinen läßt?

Die Konsequenz, die sich aus diesem Denkmuster für Lehrerverhalten in Konfliktsituationen ergibt, ist äußerst weitreichend und setzt einen deutlich anderen Akzent als die vielen Trainings- und

Förderprogramme, die personenbezogen am Kind ansetzen, um es beispielsweise von seiner Hyperaktivität zu befreien. Sie (die Konsequenz) lautet nämlich:

Es ist nützlicher und hilfreicher, die Situation zu ändern, als den Menschen ändern zu wollen!

Die Konsequenz für verändertes pädagogisches Denken ist nicht weniger bedeutsam: Die hier zusammengestellten Überlegungen machen es für mich besonders deutlich „daß es am wichtigsten ist, wie wir über das denken, was wir tun" (Durrant, 1996, 15).

➤ Denken in Regelkreisen

Wenn man sich darum bemüht, das Verhalten einer Person eher aus dem jeweiligen Kontext und den in ihm gültigen Spielregeln zu erklären, als mit seinem Charakter oder personalen Eigenheit („Er ist eben so!"), dann werden auch schnell Beziehungsmuster oder Regelkreise deutlich, in denen die Verhaltensweisen zweier oder mehrerer Personen sich wechselseitig bedingen.

L. Hoffman (1987, 80) beschreibt dieses Prinzip an einem anschaulichen, einfachen Beispiel: „Ein Baby und seine Mutter formen einander derart, daß die Mutter das Baby eines Tages auf den Topf setzt und das Baby entsprechend funktioniert.(...) Die Mutter sagt: 'Ich habe Sauberkeitserziehung mit meinem Kind gemacht.' Das Baby könnte sagen: 'Ich habe Sauberkeitserziehung mit meiner Mutter gemacht.' Das Paar ist in diesem Beispiel strukturell gekoppelt."

Bei Schulz von Thun (1981, 86) findet sich das Beispiel eines Ehepaares, bei dem die Frau darüber schimpft und nörgelt, daß ihr Mann jeden Abend weggeht und bei dem der Mann jeden Abend weggeht, weil seine Frau dauernd schimpft und nörgelt.

Auch die Rüstungsspirale aus der Zeit der kalten Krieges ist ein anschauliches Beispiel. So lange jede Seite nur ihre eigene Position sieht, ist es ihr auch unbegrenzt möglich „nachzurüsten". Hier zeigt sich auch, welch weitreichende neue Handlungsoptionen sich ergeben, wenn das bisherige lineare Denken ersetzt wird durch ein Erkennen von Regelkreisen.

Wie läßt sich so manche Konfliktsituation in der Schule aus dieser Perspektive beschreiben?

➤ In manchen Schulkollegien finden sich zwei Fraktionen, die der Antreiber und die der Bremser, je mehr die einen „Dampf machen", desto stärker treten die anderen auf die Bremse, bis alle erschöpft sind und ohne daß sich viel bewegt hätte.

➢ Je mehr der Lehrer seine Schüler diszipliniert, desto mehr Formen des Widerstandes entwickeln die Schüler! – Je mehr Widerstand die Schüler zeigen, desto mehr versucht der Lehrer, dies über disziplinarische Maßnahmen oder Sanktionen in den Griff zu bekommen. Ein schönes Beispiel hierfür ist das „Pauker und Pennäler – Spiel", daß an vielen Gymnasien gespielt wurde (oder noch wird), und das beiden Seiten eine gehörige Portion an Kreativität abverlangte.

➢ Die kontrollierende Haltung des Lehrers oder des Schulleiters und die Kontrollumgehungen der Schüler bzw. der Kollegen bedingen sich gegenseitig. (Mit Dienstanweisungen kann man ja bekanntlich auf zwei Arten umgehen – man kann darüber nachdenken, wie man sie am besten umsetzt und erfüllt, oder man zieht es vor, sich den Kopf darüber zu zerbrechen, wie man sie am besten gefahrlos umschifft.)

➢ Je mehr der Lehrer sich verantwortlich fühlt für die Lernerfolge seiner Schüler, desto mehr werden die Schüler diese Verantwortung auch an den Lehrer delegieren und eine abwartende oder unbeteiligte Haltung einnehmen – schließlich sind nicht sie zuständig, sondern der Lehrer.

Auf zwei Aspekte möchte ich noch gesondert hinweisen:

– Regelkreise neigen sehr dazu, sich nach dem auf S.56f. beschriebenen Muster des „Mehr Desselben" am Leben zu erhalten. Alle Beteiligten arbeiten – aus ihrer jeweiligen Perspektive – an Lösungen und tragen doch nur zur Aufrechterhaltung des Status Quo bei.

– Vielen Lehrern, Schülern und Eltern sind ihre linearen Denkmuster so in Fleisch und Blut übergegangen, daß es ein Stück harter Beobachtungs- und Reflektionsarbeit werden kann, bestehende Regelkreise und ihre aufrechterhaltenden Mechanismen zu entdecken. Dies gilt besonders dann, wenn man selber darin eingebunden ist.

➢ **„Spielregeln" steuern das Verhalten**

Das konkrete Verhalten eines Menschen ist nach systemischer Sichtweise das Ergebnis vor allem der Regeln, die in einem bestimmten

System gelten (Selvini-Palazzoli, 1987). Überall da, wo Menschen miteinander interagieren, wo ein Mobile sich bewegt, geschieht dies nach bestimmten Regeln. die von allen Beteiligten mit großer Souveränität angewandt werden, obwohl – auf Befragen hin – kaum eine von ihnen explizit benannt werden könnte.

Die Existenz und Bedeutung dieser Spielregeln wird häufig nur dann deutlich, wenn sie von einem der Beteiligten verletzt werden, oder wenn die Teilnehmer unterschiedliche Regelvorstellungen in die Situation miteinbringen.

Wie solche Spielregeln sich konkret auf beobachtbares Verhalten auswirken, will ich zunächst an zwei Beispielen aufzeigen und mich dann der Frage zuwenden, wie aggressives Verhalten aus dieser Perspektive gesehen, erklärt und beeinflußt werden kann.

Beispiel 1:

In einem Seminar mit Studenten der Sonderpädagogik gab es eine hitzige Diskussion über folgendes Thema: Sie hatten einen Videomitschnitt gesehen, von Förderstunden mit einem elfjährigen Jungen in einer Beratungsstelle, der die Schule für Erziehungshilfe besucht und sowohl dort als auch in seinem familiären Kontext als außerordentlich problematisches Kind erlebt und beschrieben wird. Sein Verhalten muß hier nicht näher beschrieben werden, wichtig ist nur, daß in allen bisherigen Terminen in der Beratungsstelle die als problematisch beschriebenen Verhaltensweisen des Kindes selbst ansatzweise nicht zu beobachten waren. In der genannten Diskussion ging es dann um die Frage, wie dies zu erklären sei, etwa, wie es dem Jungen gelinge, sein „eigentliches" Verhalten so lange zu unterdrücken und sich dermaßen angepaßt zu zeigen, was ihm zudem augenscheinlich nicht schwer fiele. Hintergrund der Ratlosigkeit war die unhinterfragte Annahme, daß dieser Junge bestimmte Verhaltensmuster und -störungen habe und sie dementsprechend auch (situationsunabhängig) irgendwann zeigen müsse. Unerklärlich bleibe, warum er dies nicht tue.

Als dann die Frage nach der möglichen Funktion des Verhaltens im Kontext aufgeworfen wurde, tauchte die Idee auf, daß das Verhalten des Jungen in der Schule und zu Hause bestimmt sein könnte von seiner Wahrnehmung und Bewertung dieser Situationen als durch Konkurrenz und Kampf bestimmt, etwa durch Denkfiguren wie: „Ich muß immer gut aufpassen, daß ich nicht übervorteilt werde – ich muß immer die Nase vorn haben – immer auf Zack sein – wer stark ist, gewinnt – etc." Alle diese Spielregeln gelten aus Sicht des Kindes möglicherweise jedoch nicht für die Zeiten in der Beratungsstelle. Die hier für ihn geltenden, anderen Spielregeln führen auch zu anderen Verhaltensweisen.

Beispiel 2:

> Ein Lehrer schreit einen Schüler weniger deswegen an, weil er wütend ist (Ursache), sondern mehr deswegen, weil er die Beziehung zum Schüler so definiert, daß es ihm erlaubt ist, ihn anzuschreien. Bei identischem Wutpegel würde er dieses Verhaltensmuster einem Kollegen oder gar Vorgesetzten gegenüber nicht zeigen. Hier wäre die Spielregel für den Umgang miteinander in einer solchen Situation eine andere (Palmowski, 1995b, 195).

Ich bin der Überzeugung, daß es ein lohnendes Thema für Lehrer, z.B. in einer (oder vielen) pädagogischen Konferenz(en) sein dürfte, über (automatisierte, nicht bewußte und doch hochwirksame) Spielregeln im Kollegium oder zwischen Lehrer und Schüler oder in irgendwelchen Subgruppen nachzudenken und einige von ihnen aufzudecken:

➤ Es gibt keine Gruppe ohne Regelsystem – es gibt nur die Möglichkeiten, entweder einen kleinen Teil der Regeln gemeinsam und diskursiv auszuhandeln – sie sozusagen öffentlich erkennbar und gestaltbar zu machen – oder darauf zu verzichten, was gleichbedeutend damit ist, daß man Mechanismen der Verhaltenssteuerung unterworfen ist, die man kaum beeinflussen kann, weil man sie nicht erkennt (vgl. Grell, 1974, 136).

➤ Besonders spannend finde ich die Fragen nach der Verhandelbarkeit von Spielregeln: Was ist verhandelbar? Worüber ist es verboten zu reden? Welche Funktion hat diese Regel? In welchem Rahmen bewegen wir uns? Wem und wo und wie ist es möglich, den Rahmen zu verändern, zu erweitern oder neu zu definieren?

➤ **Als problematisch erlebte Verhaltensweisen sind Bestandteil und Ergebnis von Regelkreisprozessen und Spielregeln. Sie müssen sich verändern, wenn diese es tun!** (vgl. Molnar/Lindquist, 1990)

8.2 Exkurs: Spielregeln und Aggression

Ausgangspunkt meiner Überlegungen soll folgende Beobachtung sein:

Es gibt Schulen, an denen es für die Schüler unvorstellbar (im ganz engen Wortsinn) ist, einen Lehrer anzuspucken oder ihn gar körperlich zu attackieren.

Und es gibt Schulen, wo dies durchaus vorkommen kann und wo Lehrer und Lehrerinnen sich immer wieder solchem Schülerverhalten ausgesetzt sehen.

Die gängige (personenbezogene) Erklärung ist in der Regel die, daß die Schüler der einen Schule eben stärker problembelastet sind als die der anderen und daß sie deshalb gelegentlich dieses Verhalten zeigen.

Für diese Vermutung gibt es aber meines Wissens keinen empirischen Beleg.

Die andere Erklärungsmöglichkeit wäre die, daß es – unabhängig vom Grad der Verhaltensstörungen der Schüler – an der einen Schule eine implizite Regel gibt, die in besonderen Situationen ein entsprechendes Verhalten erlaubt oder zuläßt, an der anderen Schule hingegen nicht[9].

Um diese These zu unterstützen und wegen der Wichtigkeit dieses Themas werde ich im folgenden – etwas weiter ausholend als gewöhnlich – in einem Exkurs vier Beispiele referieren. Die ersten beiden entstammen der psychologischen Fachliteratur, die beiden anderen aus neueren Veröffentlichungen über die Zeit des Nationalsozialismus.

Beispiel 1: Das Gefängnisexperiment von Zimbardo

Für ein Experiment, in dem von den Versuchsteilnehmern zwei Wochen lang die Lebensbedingungen in einem Gefängnis simuliert werden sollten, wurden vierundzwanzig Studenten, die sich freiwillig gemeldet hatten, durch eine Zufallsentscheidung in die Gruppe der Gefangenen oder in die der Wärter eingeteilt.

Die Simulation war so realistisch wie nur irgend möglich nachgestellt, so wurden beispielsweise die „Gefangenen" in ihren Wohnungen verhaftet, sie wurden auf dem Polizeirevier erkennungsdienstlich behandelt, mußten einem Gefängnis entsprechende Kleidung tragen, mit Nummern auf Brust und Rücken, usw.

Die „Wärter" bekamen Uniformen, Trillerpfeife, Polizeiknüppel und reflektierende Sonnenbrillen. Ihre relativ offen formulierte Aufgabe war es, einen „vernünftigen Grad an Ordnung innerhalb des Gefängnisses aufrechtzuerhalten, damit es effektiv funktioniert.". Es war ihnen strikt untersagt, in irgendeiner Form physische Gewalt anzuwenden.

Das Experiment entwickelte sich sehr schnell hin zu einer Situation in der von den Teilnehmern Simulation und Realität immer weniger auseinandergehalten werden konnten, so daß es am sechsten Tage abgebrochen werden mußte.

„Während der 1. Tag noch ohne Zwischenfälle verlief, brach schon am 2. Tag ein Aufstand der Gefangenen aus, der von den Wärtern brutal niedergeschlagen wurde. Beginnende Solidarität unter den Gefangenen wurde mit subtilen psychologischen Taktiken gebrochen. 36 Stunden nach Beginn des Experiments wurde ein erster Gefangener entlassen, weil er psychisch zusammenbrach. Die Mißhandlungen bestanden u. a. darin, daß Gefangene in Einzelzellen gesperrt wurden, Zählappelle sogar nachts, die mitunter eine Stunde dauerten, und der Gang zur Toilette wurde ein Privileg, das gewährt oder abgelehnt werden konnte. Nachdem am 3. Tag die Wärter wegen eines Gerüchts über einen angeblich geplanten Massenausbruch ihre Schikanen noch steigerten, mußten an den folgenden Tagen noch drei weitere Gefangene wegen schwerer emotionaler Störungen wie hysterisches Weinen und Depressionen entlassen werden. Die restlichen Gefangenen waren mittlerweile in tiefe Resignation und Hilflosigkeit versunken und duldeten widerspruchslos die sadistischen Behandlungen ihrer Kommilitonen. Daraufhin brach Zimbardo die Simulation vorzeitig ab." (Bierbrauer, in Frey, 1987, 430)

Dieses Experiment wirft sicher Fragen nach dem ethisch noch vertretbaren auf, und unter diesem Aspekt ist es auch ausführlich verhandelt worden. Hier sollen mehr die inhaltlichen Ergebnisse und Konsequenzen interessieren.

Nach Bierbrauer stellt diese Simulation eine der „eindrucksvollsten experimentellen Demonstrationen über die Pathologie ungebremster Macht und Austauschbarkeit von Rollen dar, denn keines der beobachteten Verhaltensmuster konnte aufgrund der persönlichen oder sozialen Merkmale der Teilnehmer vorhergesagt werden." (S.431) Das heißt, wäre durch die zufällige Zuordnung der einzelnen Teilnehmer zur Gruppe der Wärter und der Gefangenen zu Beginn des Experiments eine andere Verteilung der Rollen vorgenommen worden, das Ergebnis wäre mit hoher Wahrscheinlichkeit sehr ähnlich gewesen. Bierbrauer ist der Meinung, daß „die Einflüsse des Kontexts zur Erklärung des beobachteten Verhaltens unterschätzt werden" (s.o.).

Beispiel 2: Das Gehorsamsexperiment von Milgram

Dem einen oder anderen Leser fällt in diesem Zusammenhang vielleicht das sehr viel bekanntere, aus den 60ziger Jahren stammende Experiment von Milgram (1963, 1966) ein, in dem 280 Versuchspersonen von der Straße geholt wurden und im Rahmen des Experimentes den Auftrag erhielten, einen (simulierenden) „Schüler" mit Elektroschocks zu bestrafen, wenn dieser falsche Antworten gab. Milgram wollte herausfinden, ob es einer „Autoritätsperson" gelingen könnte, die Versuchspersonen dazu zu bringen, andere Menschen zu quälen oder gar umzubringen. Bei der Mehrzahl von ihnen gelang es ihm damals ohne größere Schwierigkeiten.

Zunächst schnallte Milgram gemeinsam mit dem „Lehrer" (der jeweiligen Versuchsperson) den vermeintlichen Schüler in einem separaten Zimmer auf einen elektrischen Stuhl. Im Lehrerzimmer stand der Bestrafungsapparat: eine Reihe von dreißig Knöpfen, mit denen dem „Schüler" angeblich elektrische Schläge von 15 bis 450 Volt versetzt werden konnten. Zusätzlich zur Voltzahl standen bei jeder Taste Hinweise auf die Folgen von „geringer Schock" bis „Gefahr: schwerer Schock".
In den sieben Serien des Versuchs wurde die Kontaktdichte zwischen Autorität, „Lehrer" und Schüler schrittweise variiert und intensiviert:

In der ersten Versuchsreihe bestand kein visueller und akustischer Kontakt zwischen den Beiden. Aber obwohl jeder Mensch wissen dürfte, daß bereits die 220 Volt aus der Steckdose tödlich sein können, gingen praktisch alle Testpersonen ohne Zögern die ganze Skala der Strafreize bis 45o Volt durch.

In der zweiten Serie ließ Milgram einige wenige Reaktionen des Schülers in das Lehrerzimmer dringen: Erst bei 3oo Volt hämmerte das Opfer gegen die Wand. Bei 315 Volt hörte das rasende Klopfen plötzlich auf, so, als sei der Schüler tot. Das Ergebnis: Nicht weniger als zwei Drittel der Lehrer betätigten trotz der verzweifelten Lautäußerungen der Schüler den Knopf mit 315 Volt. Nur 34 Prozent weigerten sich, dies zu tun.

Selbst bei der Versuchsvariation, bei der die Lehrer die Hand des Schülers, der sich weigerte, dies freiwillig zu tun, mit Gewalt auf eine Metallplatte drücken mußten, damit der elektrische Schlag erteilt werden konnte, waren noch 30% der Versuchspersonen zu diesem Verhalten bereit.

Beispiel 3: Christopher Browning: Ganz normale Männer

Der Autor dieses Buches (Browning, 1993) zeichnet – in akribischer Auswertung historischer Akten – eine Episode des Hamburger Reserve- Polizeibatallions 101 in der Zeit des Dritten Reiches nach: Die Verlegung dieser Einheit in das polnische Hinterland, wo die zu dieser Truppe gehörenden Männer – insgesamt 502 Personen – im Zeitraum von Juli 1942 bis November 1943 mindestens 38000 jüdische Männer, Frauen und Kinder erschossen und weitere 45200 (die Mindestzahl) nach Treblinka deportierten.

Die Fragestellung des Schriftstellers, unter welcher er diese Daten bearbeitet, lautet: „Keiner der Männer, die bei den oben geschilderten Vorgängen mitmachten, dürfte die geringsten Zweifel darüber gehabt haben, woran er sich da beteiligte: an einem Massenmordprogramm zur Vernichtung der galizischen Juden. Aber wie entwikkelten sich diese Männer zu Massenmördern? Was geschah in ihrer Einheit, als sie zum erstenmal mordeten? Blieb den Polizisten überhaupt eine Wahl, und wenn ja, wie reagierten sie? Was durchlebten sie, als sich das Morden wochen- und monatelang hinzog?" (S.57 f.)
Es geht ihm um einen „Einblick in die persönliche Entwicklung und die gruppendynamischen Vorgänge, die aus ganz normalen deutschen Männern mittleren Alters Massenmörder werden ließen." (S. 58)
Denn von der Herkunft und Zusammensetzung her schien diese Mannschaft für einen solchen Auftrag oder eine solche Aufgabe denkbar ungeeignet: „Aufgrund ihres Alters (Durchschnittsalter: 39 Jahre) haben die besonders prägenden Jahre bei allen von ihnen in vornationalsozialistischer Zeit gelegen; sie hatten somit noch andere politische und moralische Normen als nur die der Nazis kennengelernt. Die meisten von ihnen kamen aus Hamburg, das im Ruf steht, zu den am wenigsten nationalsozialistisch ausgerichteten deutschen Großstädten gehört zu haben. Und die Mehrheit der Männer stammte aus einer sozialen Schicht, der eine antinationalsozialistische politische Kultur zu eigen gewesen war." (S. 70)
„Die wachsende Kriegsgefahr (gab) potentiellen Rekruten einen zu-

sätzlichen Anstoß: Mit dem Eintritt in die Ordnungspolizei wurden die Männer vom Wehrdienst freigestellt." (S.25) Und: „Mehrheitlich dienten im Reserve – Polizeibatallion nun jedoch Männer, die ... keinerlei Militärerfahrung besaßen." (S. 66)
Last not least: Durch die Verlegung offizieller Polizeibatallione in Frontnähe, hatten die Männer der Reserveeinheiten – berechtigte Aussichten, „ihren Dienst nicht nur in größerer Sicherheit, sondern auch noch in der Nähe ihres Heimatortes ableisten zu können. „ (S. 25) Daher dürfte es nicht zu weit hergeholt sein, wenn ich vermute, daß etliche der Männer sich zu dieser Einheit sich gemeldet hatten, weil sie so eine reelle Chance sahen, gewalttätigen kriegerischen Auseinandersetzungen zu entgehen, ohne dadurch beim (ebenso bedrohlichen) politischen System anzuecken.
Von daher schienen sie kaum eine vielversprechende Bevölkerungsgruppe zu sein, „aus der sich Massenmörder ... rekrutieren ließen." (S. 70)

Auch der leitende Offizier – Trapp, von seinen Untergebenen liebevoll „Papa Trapp" genannt (S. 22) – war alles andere als ein Scharfmacher, „er galt ganz offensichtlich als nicht für die SS geeignet. Er sollte schon bald mit seinen zwei jungen Hauptleuten in Konflikt geraten, die beide in der SS waren und noch 20 Jahre später vor Gericht nicht verhehlen mochten, daß sie ihren Kommandanten als unmilitärischen Schwächling verachteten, der sich übermäßig in die Aufgaben seiner Offiziere eingemischt hatte." (S. 67)
Deutlich wird dies an seinem Verhalten beim ersten Erschießungseinsatz in Polen: „Trapp war bleich und nervös, hatte Tränen in den Augen und kämpfte beim Reden sichtlich darum, seine Gefühle unter Kontrolle zu halten. Das Bataillon steht vor einer furchtbar unangenehmen Aufgabe, erklärte er mit tränenerstickter Stimme. Ihm selbst gefalle der Auftrag ganz und gar nicht, ... Nachdem Trapp seinen Männern auf diese Weise erklärt hatte, was ihnen bevorstand, machte er ein außergewöhnliches Angebot: Wer von den Älteren sich dieser Aufgabe nicht gewachsen fühle, könne beiseite treten." (S. 22)

Es ist hier nicht der Platz, die in den folgenden Wochen begangenen Massenmordaktionen im einzelnen nachzuzeichnen. Wichtiger für meine Fragestellung erscheint die Diskrepanz zwischen den beschriebenen Ausgangsbedingungen und dem Verhalten der Männer schon kurze Zeit später, als ihnen das Töten von Menschen als etwas völlig Selbstverständliches oder gar Lustvolles erscheint.

Ebenso wesentlich erscheint mir allerdings auch der Hinweis, daß es in dieser Truppe einige wenige Männer gab, die das Angebot ihres Offiziers annahmen und die es ablehnten (wobei sie auf das Verständnis ihres Majors stießen), an dieser Erschießungsaktionen aktiv teilzunehmen.

Beispiel 4: Wolfgang Sofsky: Die Ordnung des Terrors – Das Konzentrationslager

Zu durchaus vergleichbaren Ergebnissen kam Wolfgang Sofsky (1993) bei der Untersuchung der Fragen:

1. Was waren das für Menschen, die in den Konzentrationslagern ihren Dienst taten?

2. Wie wurde es möglich, daß diese Menschen zu Mördern und Massenmördern wurden, die zu unvorstellbaren Grausamkeiten fähig waren?

Zu den Leuten, die in Wachmannschaften der KZ's ihren Dienst versahen, schreibt der Autor in bezug auf ihre Auswahl und Zusammensetzung unter anderem folgendes: Man „zog ein, wessen man habhaft werden konnte: tausende ältere frontuntaugliche Soldaten, „Volksdeutsche", die kaum die deutsche Sprache beherrschten, Ausländer wie Kroaten, Ukrainer oder Litauer.

Die Aufseherinnen des Frauenlagers Ravensbrück, Birkenau und Majdanek, die zum „Gefolge der Waffen – SS" zählten, kamen entweder freiwillig zur SS, wurden über die Arbeitsämter zwangsverpflichtet oder in den Kriegsbetrieben angeworben. Man berichtete den oft Schwerstarbeit leistenden Frauen von der hohen Bezahlung und den leichten Arbeitsbedingungen in den „Umerziehungslagern". Die Wege zur SS waren nicht selten zufällig, man spielte den Bewerbern falsche Tatsachen vor oder drohte ihnen mit Frontversetzung." (S.129).

„Sieht man von der Kerngruppe von ein paar hundert altgedienten Lagerfunktionären ab, so bot die Lager-SS während des Krieges ein Bild, das dem Rekrutierungsideal diametral widersprach. Es war eine Truppe dritter Klasse, weder körperlich leistungsfähig noch sonderlich motiviert, weder ideologisch geschult noch militärisch diszipliniert, ein zusammengewürfelter Verband, fernab jeder Elite." (S.129).

„Der deutsche Henker und sein Gehilfe waren keine besonderen Menschen. Die allermeisten Täter waren so durchschnittlich, daß sie, insofern sie nicht zur Rechenschaft gezogen wurden, anstandslos von der zivilen Gesellschaft aufgenommen wurden und ein normales Leben neben ihren Nachbarn führten, ohne weiter aufzufallen." (S.316).

„Die Barbarei des Personals hatte organisatorische und soziale Grundlagen. Sie ist keinesfalls auf individuelle Absichten oder Neigungen zurückzuführen...**Menschliche Untaten benötigen weder einen ideologischen Hintersinn noch eine zeitraubende Umformung von Dispositionen"** (S.135f, Hervorhebung von mir).

Ein letztes Beispiel mag deutlich machen, daß die Männer und Frauen, die in den KZ´s ihren Dienst nachgingen, sich nicht grundsätzlich von weiten Teilen der Bevölkerung unterschieden. In diesem Beispiel beschreibt Wolfgang Sofsky die „Mühlvierteler Hasenjagd": „In der Nacht zum 2.2.1945 brachen etwa 500 sowjetische Kriegsgefangene, darunter viele Offiziere, aus dem Lager (Mauthausen, Anmerkung von mir) aus. Sie warfen feuchte Decken und Kleidungsstücke über die Stacheldrähte und schlossen sie damit kurz. ... Die SS leitete sofort eine Großfahndung ein, mit der Weisung, „Wiederergriffene nicht lebend ins Lager zurückzubringen.". An der Hetzjagd nahmen neben der Lager-SS Einheiten der Wehrmacht, der SA und NSDAP, Gruppen der Hitlerjugend, des Volkssturms, der Feuerwehr, aber auch viele Zivilisten aus der Umgebung teil. ... Von den 500 Flüchtlingen entgingen nur siebzehn diesem Gemetzel." (S.268).

Ich gebe gerne zu, daß die hier vorgetragenen Gedanken beunruhigen – und ich nehme mich dabei selber nicht aus. Die Unterscheidung in „die Guten und die Bösen" erscheint doch viel leichter und sicherer, vor allem, wenn man sich im richtigen Lager einsortieren kann. Aber ich denke mir, daß es heute im ehemaligen Jugoslawien eine große Anzahl von Menschen gibt, die in den letzten vier Jahren Verhaltensweisen gezeigt haben, von denen sie vor fünf oder sechs Jahren niemals geglaubt hätten, daß sie zu solchen Dingen jemals in der Lage sein würden!

Man könnte dazu einwenden, der Krieg sei eben eine besondere Situation mit Spielregeln, in denen vieles erlaubt, selbstverständlich oder sogar Definitionskriterium sei – wie das, daß man sich gegenseitig tötet – aber genau das entspricht der zentralen Aussage dieses Beitrags: Es sind die situativen Spielregeln, die unser Verhalten steuern. Das Regelsystem des Krieges ist ein anderes als das, das zu Friedenszeiten gilt, und offensichtlich sind die Menschen – weitgehend unabhängig von ihren jeweils individuellen Stärken und Schwächen – in der Lage, beide Spielregelsysteme zu erfüllen.

Ich hoffe, der Leser verzeiht mir diesen langen Exkurs, der sich zudem noch weit vom Thema „Lehrerverhalten in Konfliktsituationen" wegzubewegen schien. Mir persönlich ist er deshalb wichtig, weil er mit einer beeindruckenden Intensität deutlich macht, wie wichtig die Spielregelsysteme, in denen wir uns bewegen, für unser Verhalten sind, und welch wichtige Funktion – im pädagogischen wie im politischen Sinne – hier präventives Handeln hat.

Wenn wir jetzt zur Ausgangsüberlegung zurückkehren (Wie kommt es, daß an manchen Schulen Gewalt gegen Lehrer möglich ist und an anderen nicht?), dann kann die Antwort aus einer solchen Perspektive nur lauten: Es liegt an den impliziten Regeln des jeweiligen Systems.

Wie entstehen solche Regeln und wie kann man sie verändern? Zum ersten Teil der Frage findet sich bei Paul Watzlawick (1978, 99f) ein anschauliches Beispiel:

> „Ein Junge hat sein erstes Rendezvous mit einem Mädchen, und sie verspätet sich um zwanzig Minuten. Lassen wir die (sehr plausible) Möglichkeit unberücksichtigt, daß er bereits eine Regel über Pünktlichkeit in seinem Kopf herumträgt – etwa, daß sie die Höflichkeit der Könige ist, , daß Frauen nie pünktlich sind oder irgendeine andere Annahme. Stellen wir uns vielmehr vor, daß die Neuartigkeit der Situation, zusammen mit dem Glauben, daß Mädchen engelhafte Wesen sind, ihn in jeder ihrer Verhaltensweisen ein Gesetz des Himmels vermuten und er daher ihre Verspätung mit keinem Wort erwähnt.
>
> Mit dieser Nichterwähnung aber bildet sich die erste Regel ihrer Beziehung heraus. (Selbstverständlich hätte sich eine Regel auch herausgebildet, wenn er sich über ihre Verspätung beschwert hätte.) Sie hat nun sozusagen das Recht, auch zu den künftigen Rendezvous zu spät zu kommen, und er hat „kein recht", sie deswegen zu kritisieren. Täte er dies, so könnte sie die berechtigte Frage stellen: 'Wieso beschwerst du dich heute plötzlich darüber?' "

Die Beantwortung des zweiten, spannenderen Teils der Frage (Wie kann ich negative, implizite Regeln verändern?) fällt mir nicht so leicht.

Die naheliegendste Antwort wäre die, derartige implizite Regeln offen und kooperativ neu zu verhandeln und sie so zu vereinbarten, expliziten Regeln zu machen. Wo ein solcher Weg möglich ist, kann er auch gemeinsam beschritten werden. In manchen Schulen oder Klassen gibt es aber auch andere Regeln, die eine solche offene Verhandlung erschweren oder unmöglich machen. Fragen, die sich dann stellen, wären etwa:

- Wie könnte ein erster Schritt in die richtige Richtung aussehen? Wie könnte sich mein Anteil als Lehrer an diesem Schritt gestalten?

- Wie kann ich für meine zukünftige pädagogische Arbeit die Ausbildung problematischer Regeln verhindern? (Auch diese Fragen dürften ein spannendes Thema für pädagogische Konferenzen darstellen.)

- Wie kann ich Verhalten verändern, indem ich eine implizite Spielregel „veröffentliche"? Hierzu einige Beispiele:

Beispiel 1:

Ein Schulleiter erzählte mir von einem Jungen an seiner Schule, der die unangenehme Angewohnheit hatte, während des Unterrichts durchs Schulgebäude zu streunen und dabei dauernd die Türen zu den einzelnen Klassen zu öffnen, kurz in der Türöffnung zu stehen und dann weiterzuziehen.

Eines Morgens sagte dieser Lehrer dem Jungen, er wette, daß er heute wieder mindestens dreimal in seiner Tür stehen werde. An diesem Tag kam der Schüler kein einziges Mal zu ihm.

Beispiel 2:

An der Schule für Erziehungshilfe werden Lehrer und Lehrerinnen gelegentlich in rüder Form beschimpft. Viele Kollegen fühlen sich solchen verbalen Attacken hilflos ausgeliefert und nicht alle Lehrer besitzen die stoische Ruhe oder ein anderes Mittel, dies an sich abgleiten zu lassen. Eine Kollegin beendete Eskapaden dieser Art in ihrer Klasse dadurch, daß sie sie ritualisierte:

Sie erklärte einen der Tische zum Streittisch, an dem man sich eine vorher festgelegte Zeit lang beschimpfen durfte. Immer wenn ein Schüler die Lehrerin zu beschimpfen anfing, ging sie mit diesem zu dem Streittisch, sie setzen sich gegenüber und hatten beide beispielsweise genau neunzig Sekunden (eine ziemlich lange Zeit, wenn es darum geht, ausschließlich Schimpfwörter zu produzieren – ein Dritter wachte währenddessen, am Kopfende des Tisches sitzend, mit seiner Uhr auf die Einhaltung der vereinbarten Zeit), sich gegenseitig alles zu sagen, was ihnen zu ihrem Gegenüber einfiel – was manchmal auch in Gelächter endete. Nach Ablauf der Zeit gaben sich die beiden die Hand und das Ritual und die Beschimpfung war beendet. Durch die Schaffung dieses Rahmens und die damit verbundene Ritualisierung verschwanden (nach einer kurzen Initialphase, weil alle Schüler die neue Regel einmal ausprobieren wollten) nach kurzer Zeit die vorher so lästigen Schimpfwortkanonaden aus dem Klassenzimmer. (Nachdem die Regel mit der Lehrerin als „Gegnerin" verstanden war und funktionierte, wurde sie erweitert auf verbale Auseinandersetzungen zwischen zwei Schülern.)

Beispiel 3:

Das dritte Beispiel stammt aus der Arbeit in einer Beratungsstelle. Eine Mutter war mit ihrem elfjährigen Sohn erschienen, der ihr zunehmend Sorge bereitete, da er täglich einen Wutanfall bekam, in welchem er auch seine Mutter, wenn diese versuchte, ihn festzuhalten, schlug oder trat. Das Kind war in einem früheren Zeitraum von einer Mitarbeiterin der Beratungsstelle schon einmal betreut worden und hatte zu ihr nach wie vor eine sehr gute und vertrauensvolle Beziehung.

Im Verlaufe des Gespräches fragte ich die Mutter, ob sie es als ersten Schritt akzeptieren könnte, wenn die Wutanfälle von sieben auf sechs pro Woche zurückgingen. Sie meinte „Nein, er soll die Wutanfälle ganz sein lassen."

Dann entwickelte sich sinngemäß folgende Sequenz mit dem Jungen:

„Könntest du dir vorstellen, nur noch sechs Wutanfälle pro Woche zu haben?"

„Kein Problem!"

„Oder fünf?"

„Kein Problem!"

„Könntest du dir vorstellen, immer dann, wenn du merkst, daß du wütend wirst, vor dem „Anfall" hier in der Beratungsstelle anzurufen und mit Frau... darüber zu sprechen?"

„Kein Problem!"

An diesem Punkt wies meine Kollegin darauf hin, daß sie ja nur bis jeweils 16 Uhr in der Beratungsstelle zu erreichen sei. Ich fragte also:

„Könntest du dir vorstellen, die Sache mit den Wutanfällen so einzurichten, daß du sie immer vor 16 Uhr bekommst, damit du noch genügend Zeit hast anzurufen?"

„Kein Problem!"

Nachdem wir einige Wochen lang nicht von Mutter und Sohn gehört hatten, er auch nicht ein einziges Mal angerufen hatte, erfuhren wir bei einer Nachfrage, daß das Problem weitgehend dadurch gelöst sei, daß die Eltern immer dann, wenn sie einen Wutanfall befürchteten, ihren Jungen aufforderten, doch in der Beratungsstelle anzurufen, woraufhin er jedesmal erwiderte, das sei nicht nötig und sich wieder beruhigte.

Eine weitere Möglichkeit der Regelveränderung ergibt sich aus der Tatsache, daß Systeme miteinander vernetzt sind und daß dadurch die Möglichkeit besteht, Regeln aus einem Kontext in einen anderen zu transportieren.

Im Grunde ist dieser Sachverhalt wohlbekannt:

– In einem Gespräch unter vier Augen zeigen sich auch ansonsten eher widerspenstige Schüler offen und kooperationsbereit.

– Nach einer Klassenfahrt ist die Beziehungsstruktur zwischen Lehrern und Schüler anders, als sie vorher war.

– Am Wandertag kann ich mit den Schülern über Themen diskutieren, die ich ihnen niemals als Unterrichtsthema hätte anbieten können.

– Nach einem Hausbesuch verändert sich das Verhalten des Schülers dem Lehrer gegenüber.

– Wenn ich Schüler auf dem Wochenmarkt treffe oder im Supermarkt, freuen sie sich offensichtlich, mich zu sehen, in der Schule ist das nicht so.

Frage: Wie kann ich diese Überlegungen nutzbar machen für meinen unmittelbaren schulischen Kontext?

➤ Schule als Double-Bind-Institution

Nach diesem Exkurs noch einen letzten Gedanken zum Thema „Mobiles". Die im Abschnitt zu den Regelkreisläufen beschriebenen Kommunikationsmustern zwischen zwei Personen stellen im Grunde eine Reduzierung einer wesentlich komplexeren Wirklichkeit dar, die in vielfältiger Weise Einfluß nimmt auf stattfindende Kommunikation. Als mögliche weitere Faktoren seien hier nur institutionelle oder rechtliche Bestimmungen, die Verteilung der (offenen und verdeckten) Macht im Beziehungsgefüge, die Überzeugungen, Theorien und Bewertungsmuster und – last but not least – die jeweiligen aktuellen emotionalen Befindlichkeiten der einzelnen Beteiligten genannt.

Als ein besonders gravierendes (und vielleicht auch häufiges) Beispiel eines problematischen Spielregelsystems soll im folgenden die Schule als Double-Bind-Institution (vgl. Cecchin, 1993, 51) unter die Lupe genommen werden:

Zum besseren Verständnis von Double-Bind-Kommunikation ist es sinnvoll, sich noch einmal klarzumachen, daß Kommunikation auf verschiedenen Ebenen abläuft und daß so mehrere Aussagen gleichzeitig möglich sind (Watzlawick, 1969; Schulz von Thun, 1981).

Entscheidend für unsere Belange ist zunächst nur, daß alle diese Einzelbotschaften in ihrer Gesamtaussage **kongruent** sind, sie sagen alle auf ihre Weise das Gleiche und erhöhen so die Wahrscheinlichkeit, daß der Empfänger die Botschaft auch so versteht, wie der Sender sie gemeint hat.

Double-Bind-Situationen oder Kommunikationen dagegen

– **enthalten gleichzeitig zwei Aussagen an den Empfänger, wobei die Botschaften widersprüchlich sind bzw. sich gegenseitig ausschließen**

– **und somit eine „richtige" Reaktion des Empfängers unmöglich machen.**

Die Frage lautet also: Inwiefern kann die Schule als eine Double-Bind-Institution bezeichnet werden und was bedeutet das für die in dieser Einrichtung Arbeitenden?
Als zentrales Merkmal kann zunächst festgehalten werden, daß an

Lehrer und Schüler jeweils Erwartungshaltungen herangetragen werden, die sich gegenseitig ausschließen und die zu dem Ergebnis führen, daß alles, was Lehrer und Schüler tun, immer auch falsch und verkehrt ist.

➢ Die Lehrer sollen ermutigen, fördern, Hilfen anbieten, bekräftigen und bewerten, zensieren, Zeugnisse schreiben und Lebenschancen zuordnen – sie sollen pädagogische Freiräume schaffen, aber alles im Rahmen des Beamtenrechts , der AschO, und der Amtlichen Mitteilungen, sie sollen Lernziele wie Selbstbestimmung, Autonomie, Selbst- und Mitverantwortung anstreben und auf Ordnung, Disziplin achten und ihrer Aufsichtspflicht nachkommen. Sie sollen den Vorstellungen von Schulaufsicht, Schulleitung, Kollegen und Eltern entsprechen und sich an den Bedürfnissen ihrer Schüler orientieren. Sie sollen die Schüler unterstützen bei der Entwicklung ihrer Individualität und sie fit machen für das Leben im Beruf.

➢ Die Schüler sollen sich ein- und unterordnen in für sie nicht oder kaum transparente Strukturen, inhaltliche und organisatorische Vorgaben unhinterfragt akzeptieren und gleichzeitig möglichst selbstbewußt und selbständig zu arbeiten und demokratisch zu handeln lernen.

Insofern spiegelt die Schule – als Institution dieser Gesellschaft – auch gesamtgesellschaftlich vorfindbare Widersprüche wider.

Darüber hinaus lassen sich für die Institution Schule aber auch die beiden anderen Regeln nachweisen, die für Double-Bind als kennzeichnend beschrieben wurden (vgl. Selvini-Palazzoli, 1977):

1. Es ist verboten, die Regeln selber zur Diskussion zu stellen; Metakommunikation ist nicht erlaubt!

2. Es ist verboten, aus dem Felde zu gehen und damit den Geltungsbereich der Spielregeln zu verlassen!

zu 1. Lehrer wie Schüler erleben eine Vielzahl der für sie geltenden Regeln, Bestimmungen und die Bedingungen, unter denen sie arbeiten müssen und die sie als nicht hilfreich oder sinnvoll erleben als nicht verhandelbar.

zu 2. Es ist Lehrern wie Schülern nicht oder nur höchst begrenzt (krank feiern) möglich, aus dem Felde zu gehen. Eine Vielzahl der alltäglichen Unterrichtsstörungen und Auseinandersetzungen dürfte damit zu tun haben, daß Schüler sich täglich neu in eine Situation hineingeworfen erleben, die sie für bedrohlich oder unangenehm halten und auf die sie keinen Einfluß zu haben glauben

Diese Sachverhalte – gesehen als lineare Zuschreibungsprozesse – sind bekannt und in der Literatur beschrieben (z.B. Combe, 1973). Aus systemischer Perspektive kommt durch die zirkuläre Sichtweise (Palmowski/Thöne, 1995) als zusätzliches Element eine Feed-Back-Schleife (oder eine Rückkoppelung) in den Blick, mit der Schüler und Lehrer vorgefundene Bedingungen beantworten und so dazu beitragen, daß letztendlich ein Teufelskreis installiert wird, in dem nicht mehr wichtig und nachprüfbar ist, wie genau er zustandegekommen ist, sondern mehr, wie er aufrechterhalten wird – und wie durchbrochen werden könnte.

Ich vermute, daß ein nicht unerheblicher Anteil resignativen Lehrerverhaltens und widerspenstigen Schülerverhaltens durch die Schule als Double-Bind-Institution bedingt ist. Wie soll man jahrelang mit Freude arbeiten, wenn alles, was man tut, immer auch verkehrt ist?

Eine persönliche Lösung aus diesem Dilemma könnte darin bestehen, den Spieß umzudrehen und aus der Unmöglichkeit, sich richtig zu verhalten, sich die Freiheit zu nehmen, sein Verhalten an seiner eigenen pädagogischen Verantwortung und an den Ergebnissen eines partnerschaftlichen Diskurses mit den Schülern zu orientieren.

Es läßt sich auch formulieren: Wenn alles, was ich tue **auch** verkehrt ist, heißt das aber nicht, daß alles was ich tue **nur** verkehrt ist, sondern ganz im Gegenteil, daß alles was ich tue, **auch** richtig ist. **Es ist sowohl richtig als auch verkehrt!** (vgl. S. 215ff)

➤ **Die Schule ist organisiert als Double-Bind-Institution, die an Lehrer und Schüler unerfüllbare – weil inkompatible – Aufträge formuliert.**

➤ **Die Lehrer-Schüler-Beziehung ist eingebunden in diesen Kontext. Sie kann verändert werden durch metakommunikative, gemeinsame Verständigung auf einen gemeinsamen Auftrag und auf Kooperation statt Konkurrenz**

➤ **Ein systemischer Definitionsversuch von Verrücktheit: Verrücktheit entsteht dann, wenn ein Thema sich dem Dialog entzieht!**

8.3 Die innere Landkarte

Dieser Abschnitt ist nur kurz, aber ist meines Erachtens einer der wichtigsten des Buches. Dabei ist das Thema, um das es geht, den Lehrern bestens vertraut.

Denn schließlich machen sie jeden Tag neu die Erfahrung, daß die Schüler im Unterricht ihre eigenen Lernergebnisse erreichen. Das ein Schüler dem Lehrer den Eindruck vermittelt, er hätte genau die Lernziele realisiert, die dieser für ihn festgelegt hat, dürfte die Ausnahme sein, und selbst dann sind noch Zweifel geboten. Denn die Wirklichkeit der Schule und des Unterrichts stellen sich dem Schüler ganz anders dar, als dem Lehrer. Die internen Normen und Werte der Peer-Group und die Anerkennung seiner Klassenkameraden sind oft genug wichtiger, als der vordergründig ablaufende Unterrichtsprozeß. Freunden seine Freundschaft und Feinden seine Feindschaft zu zeigen, sind ihm bedeutungsvoller, als das Unterrichtsthema „Salpetervorkommen in Chile" oder sonsteins. Die Dinge, die ihm wichtig sind, denen wendet er sich zu, und dann ist er auch zu ausdauernden Leistungen in der Lage. (Sogenannte „konzentrationsgestörte Kinder" sind ohne jede Schwierigkeit in der Lage, etwa beim Spielen mit dem Game-Boy Leistungen zu erbringen, die in keinerlei Relation stehen zu ihrem Konzentrationsverhalten im Unterricht. Womit deutlich werden dürfte, daß es wenig Sinn macht, diese Variable **„Konzentration"** isoliert erfassen zu wollen, denn letztendlich **ist** sie **nur der Ausdruck ihrer Motivation**, sich mit einem Thema auseinandersetzen zu wollen oder eben nicht.)

Aus einer systemischen Perspektive gibt es für diesen Sachverhalt eine einfache, aber folgenreiche Erklärung:

Im wissenschaftlichen Denken gibt es zwei grundsätzliche Positionen.

Die eine ist die des **Realismus. Ihre Vertreter sind der Auffassung, daß unsere Wirklichkeit die Grundlage unserer Erfahrung ist.**

Alles das, was wir sehen und hören, fühlen, schmecken und riechen, existiert auch tatsächlich und genau so, wie wir es wahrnehmen und erfahren. Es gibt eine objektiv existierende, beschreibbare Realität gibt, die sich allen gleich darstellt. Dabei steht „die Annahme, daß die eine existierende objektive Wirklichkeit nicht nur einfach da, sondern auch prinzipiell und grundsätzlich „wahr und objektiv" erkennbar ist, nicht in Frage" (Hargens, 1987, 48).

Die andere ist die des **Konstruktivismus. Ihre Vertreter sind der Auffassung, daß unsere Erfahrung die Grundlage unserer Wirklichkeit ist.**

Vor allem Maturana (1987, 1994) zeigte mit naturwissenschaftlichen Experimenten, daß Menschen nicht „Wirklichkeit" wahrnehmen, sondern diese in ihrem Gehirn konstruieren. Wahrnehmungen, aufgenommene Reize werden zu einem Gesamtbild zusammengesetzt, über dessen Abweichung vom tatsächlich Gegebenen keine Aussagen möglich sind (vgl. Palmowski, 1995a, 61ff). Wir sind nicht in der Lage, „objektiv" zu sein oder definitive Aussagen über Wahrheit zu formulieren. Für das Endergebnis ist der Wahrnehmende oder der Beobachter wichtiger als das Wahrgenommene. „Die Umwelt, so wie wir sie wahrnehmen, ist unsere Erfindung" (von Foerster, 1981, 40)[10].

Für diese Sichtweise steht das Bild der „inneren Landkarte". Jeder Mensch fertigt sich aus seinen Wahrnehmungen, Bewertungsmustern, subjektiven Theorien und sozialen Erfahrungen in seinem Kopf eine innere Landkarte an, die seine Sicht von Wirklichkeit wiederspiegelt, und die er oft genug für die Wirklichkeit selbst hält. Aber: „The map is not the territory" (Die Karte ist nicht das Territorium), sagt Gregory Bateson (1983, 577).

Wenn wir diese Überlegung auf die oben beschriebene Unterrichtssituation übertragen, wird deutlich, daß jeder der Beteiligten, seine eigene innere Landkarte angefertigt hat, und daß er ganz allein für diese und für die Veränderungen, die er vornimmt, Verantwortung übernehmen kann.

Unterricht (oder auch Beratungsgespräche herkömmlicher Art) können aus dieser Perspektive als **„Konkurrenz der inneren Landkarten"** beschrieben werden: „Weil ich der Experte für Unterricht bin (oder für Beratung oder weil ich der Ältere bin... die Liste der Begründungen ließe sich fortsetzen...), ist meine Wahrnehmung von Wirklichkeit besser oder richtiger als deine. Und weil ich besser weiß, was gut für dich ist, als du selbst, werde ich alles daransetzen, dich von der Qualität meiner inneren Landkarte zu überzeugen."

Dies beinhaltet gleichzeitig eine Abwertung der anderen Beteiligten, denn es etabliert nicht nur eine Hierarchie auf der Beziehungsebene, sondern auch eine **„Hierarchie der Wahrheiten"**. Die Art der Zusammenarbeit kann dann letzlich nur im miteinander Konkurrieren bestehen.

Bevor ich die beiden mir wichtigsten Konsequenzen aus diesen Überlegungen formuliere, möchte ich noch an einigen Beispielen zeigen, wie unterschiedlich unsere Wirklichkeitskonstruktionen aussehen können:

Beispiel 1:

> Als Junglehrer, Referendar oder Praktikant hat man so manche schwierige Situation zu überstehen, in der die Schüler ihren neuen Lehrer testen. Sie lassen dann vielleicht solche Sprüche los, wie: „Bei Frau Müller macht der Unterricht aber viel mehr Spaß, als bei Ihnen!" Es kann auch sein, daß sie auf wesentlich massivere Art Störverhalten produzieren, weil sie wissen wollen, mit wem sie es zu tun haben und wie sich ihr Lehrer in einer solchen Situation verhält. (Auch hier wird die Funktionalität des „Problemverhaltens" sofort deutlich!) Ich denke mir, daß es für den Betreffenden einen großen Unterschied ausmacht, ob er abwertende Bemerkungen oder seine Ratlosigkeit auf seine eigene Person bezieht (Ich hätte doch besser kein Lehrer werden sollen!) oder ob er es mit seiner Rolle und Position in der Gruppe verknüpft (Jeder andere an meiner Stelle würde jetzt genauso ausgetestet!). Auch das Verhalten der Schüler kann sehr unterschiedlich gewertet werden, es kann als gezielte und unverschämte Provokation verstanden werden, aber auch als verständlich oder gar sinnvoll und nützlich: „Es ist das gute Recht der Schüler, wenn sie wissen wollen, mit wem sie es zu tun haben!"

Aus diesem Beispiel wird verschiedenes ersichtlich:
- Die Überlappung dieser Überlegungen mit der Perspektive des *Kognitivismus*, wie ich ihn in Kapitel 7 und in den Überlegungen zu unseren Attribuierungsmustern im einleitenden Kapitel beschrieben habe.
- Dieses Beispiel zeigt auch schon sehr schön, wie sich eine konfliktgeladene Situation verändern kann, wenn man nicht auf den inhaltlichen Konfliktstoff eingeht („Ich bin ein genauso guter Lehrer, wie jeder andere auch und ihr habt bei mir genauso zu arbeiten wie bei jedem anderen auch!"), sondern auf die Rahmenbedingungen („Ihr wollt jetzt gerne wissen, wie ich in einer solchen Situation reagiere, oder?").

Beispiel 2:

G. Walker (1994) berichtet über ihre Erfahrungen mit systemischer Therapie bei Aids. Wahrscheinlich wird die Mehrzahl der Leser der Meinung sein, daß es ein hartes Schicksal bedeutet, von dieser Krankheit erfaßt zu sein. Aber nicht alle Klienten, mit denen Walker es zu tun hat, sind derselben Ansicht.

„ „Alle meine Freunde und Freundinnen haben Aids", erzählte mir eine Frau. „Aber ich mach mir deswegen keine Sorgen. Es ist wieder etwas Neues, womit man fertig werden muß."" (1994, 85).

In einem anderen Beispiel erhält Aids einen religiösen Sinn: „Joan und Thomas sind ein würdevolles westindisches Ehepaar, das zur Kirche geht und viele erwachsene Kinder aus vorangegangenen Ehen hat. Beide haben Aids." (1994, 31). Bei einer Therapiesitzung fragt die Frau den Therapeuten wiederholt und sehr entschieden, ob er die Bibel lese. Am Ende der Sitzung erklärt sie ihre Frage: „'Also,' sagt sie, 'ich habe eben keine scharfsinnige Frage gestellt, aber eine wichtige. Sie wissen, wenn Sie die Bibel lesen, sagt die Bibel, wir leben in den letzten Tagen. Jetzt sind die letzten Tage. Ich lerne schlecht, ich bin nur gut beim Lesen der Bibel. Und in der Offenbarung heißt es, in den letzten Tagen wird es Pest und unheilbare Krankheiten geben, eine Krankheit, die niemand wird heilen können. Jetzt ist es soweit, glaube ich, jetzt ist es soweit. Wenn diese Krankheit nicht kommen würde, würde Gottes Wort nicht erfüllt. Irgend jemand muß sie haben. Irgend jemand muß sterben. Damit Gottes Wort erfüllt wird, müssen die Menschen sie bekommen.' "(1994, 33).

Beispiel 3:

Heinz von Foerster zum Thema Obzönität: „Ich zeige jemandem ein Bild und frage ihn, ob es obszön sei. Er sagt „Ja". Ich weiß jetzt etwas über ihn, aber nicht über das Bild" (1987, 57).

Der Gedankengang ist problemlos übertragbar auf viele pädagogisch relevante Zuschreibungen. Wenn ein Lehrer ein Kind als „verhaltensgestört" bezeichnet, erfahre ich etwas über den Pädagogen, aber nicht über das Kind.

Ich halte es für einen Irrtum, anzunehmen, man bekäme aus Gutachten oder von Dritten Informationen über ein Kind – alles was man bekommen kann, sind Informationen darüber, wie die Gutachter oder Dritten dieses Kind wahrgenommen, erlebt und bewertet haben. Vergleichbar der Frau, die ihren Mann als geizig bezeichnet und damit mehr über ihre Denkmuster verrät, als über das konkrete Verhalten des Mannes – eine andere Person würde ihn vielleicht als sparsam beschreiben.

> **Verhaltensstörungen oder Lernbeeinträchtigungen sind in stärkerem Maße subjektive Wirklichkeitskonstruktionen als objektiv Vorfindbares!**

Welche Konsequenzen lassen sich nun aus diesen Überlegungen für die Gestaltung der Lehrer-Schüler-Beziehung bzw. für Lehrerverhalten in Konfliktsituationen ableiten?

Eine erste Konsequenz wäre die des **Expertentums aller Beteiligten.**

Wir können weder eine Aussage darüber machen, wessen innere Landkarte denn nun die richtigere oder die nützlichere sei, noch sind wir in der Lage, gezielte Eintragungen in den Landkarten anderer vorzunehmen – sein Lernen organisiert jeder Mensch für sich selbst.

Das Postulat der Humanistischen Psychologie, daß jeder für sein Lernen und für sein Verhalten selbst verantwortlich sei (vgl. S. 139), wird hier uneingeschränkt bestätigt – letztendlich geht es gar nicht anders.

Ein folgerichtiger Schritt wäre die Veränderung des Unterrichts und des Lehrer- Schüler-Beziehungsgefüges. Begriffe wie Lehren, Belehrt-Werden, Alle-Tun-Das-Gleiche, verbindliche inhaltliche Vorgaben (Lehrplan) etc. verlieren einen Teil ihrer Bedeutung und werden ersetzt durch das gemeinsame Verhandeln und die gemeinsame Verständigung auf Inhalte und Ziele von Unterricht. In dem Maße, in dem Schüler anerkannt werden als Experten, die selber am besten wissen, wie sie am besten lernen können, werden sie auch besser (und mit mehr Spaß) lernen.

Beispiel:

Eine Kollegin unterrichtet an einer Schule für Körperbehinderte ein drittes Schuljahr, sieben Kinder, die sich von ihrer intellektuellen Ausstattung her alle im Grenzbereich zwischen

Lernbehinderung und geistiger Behinderung befinden. Jedenfalls kann keines von ihnen auch nur ansatzweise schreiben oder lesen. Die mathematischen Kenntnisse sind so, daß jeden Morgen beim Decken des Frühstückstisches neu gerechnet und gezählt werden muß, bis endlich die richtige Anzahl an Gedecken auf dem Tisch steht.

Eines Tages sagen diese Schüler ihrer Lehrerin: „Wir wollen jetzt auch endlich lesen und schreiben lernen!" Die Lehrerin ist zunächst ratlos, nach welchem didaktischen Konzept soll sie diesen Kindern das Lesen und Schreiben vermitteln? Und sie möchte auf jeden Fall verhindern, daß ein solcher Versuch für ihre Schüler zu einem Mißerfolg wird. Genau den sieht sie aber kommen.

Als sie ihr Problem mit mir bespricht, sage ich: „Frag die Schüler! Niemand weiß wahrscheinlich so gut Bescheid darüber, wie diese Kinder sich vorstellen können, das Lesen zu lernen, wie sie selbst."

Die Lehrerin fragt am nächsten Tag die Schüler: „Ihr wollt jetzt gerne lesen lernen! Wie könnt ihr das am besten lernen?"

Im anschließenden Gespräch schlagen die Schüler vor, beim täglichen gemeinsamen Frühstück für jeden Schüler ein Kärtchen mit seinem Vornamen an seinen Platz zu stellen. Dann könnten sie als erstes üben, ihre Namen zu lesen.

Diese Episode ist jetzt ein Jahr her, heute stehen auf dem Tisch neue Kärtchen, auf denen steht: Milch, Brot, Müsli, Teller,..! Und jeden Morgen werden sie mit viel Engagement den entsprechenden Gegenständen zugeordnet.

Meine Vermutung ist, daß diese Kinder Erfolg hatten, weil sie als die Experten für sich selbst ihren eigenen Lernweg bestimmen konnten. Und dieser Aspekt erscheint mir oft wichtiger für erfolgreiches Lernen, als ein noch so ausgefeiltes, professionelles didaktisches Konzept.

Mir gefällt dieses Beispiel auch deshalb so gut, weil es deutlich macht, daß die hier beschriebenen Kinder mit all ihren Handicaps durchaus die Experten für sich selber sein können – wenn man sie nur läßt.

Die zweite Konsequenz, die sich aus dem oben gesagten geradezu zwangsläufig ergibt, ist die einer **kooperativen Arbeitsweise.**
Wie kann ich als Lehrer (schrittweise) daran arbeiten, daß ich
– vom Operieren zu Kooperieren oder

- **vom Behandeln zum Verhandeln** (vgl. Palmowski, 1995, 31) komme?

- Aus der Sicht des Expertentums aller Beteiligten geht dies meiner Überzeugung nach am besten über die gemeinsame Verhandlung dieses Themas mit den Schülern, gleichzeitig wäre dies ein (erster) Schritt hin zu mehr Kooperation.

- Eine Konsequenz der konstruktivistischen Sichtweise ist auch die, verantwortlich sich selbst und tolerant anderen gegenüber zu sein:

„Wir müssen die Verantwortung für unsere Wirklichkeit übernehmen. Wir können nicht mehr sagen: Die Welt ist eben so, sondern wir müssen sagen: Wir machen die Welt so.

Wir müssen tolerant werden und die Entscheidungen des anderen, wie er die Welt sehen will, respektieren; denn es sind keine objektiven Maßstäbe erkennbar, aus denen ich ableiten könnte, daß ich einen höheren Anspruch auf Wahrheit habe als der andere" (Rotthaus, 1989, 12f).

- Wie mehr Kooperation auch in der Elternarbeit erreicht werden kann, habe ich mit einer Kollegin zusammen an anderer Stelle beschrieben (Palmowski, Freyling, im Druck).

- **Das Geheimnis erfolgreicher Kooperation besteht darin, den anderen gut aussehen zu lassen!**

- **Nicht Kooperation für das Kind, sondern mit dem Kind!**

8.4 Die Funktion von Sprache

Abschließend möchte ich zum Thema „systemisches Denken und Handeln" noch eingehen auf die Funktion von Sprache.
Auch hier lassen sich wieder die beiden Positionen des Realismus und des Konstruktivismus miteinander vergleichen.

Die Sichtweise des Realismus läßt sich so beschreiben:
- Sprache ist informativ.
- Sprache bildet Wirklichkeit ab.

Konstruktivisten würden sagen:
- Sprache ist formativ.
- Sprache erschafft Wirklichkeit.

Wie sich diese zweite Sichtweise im pädagogischen Kontext auswirkt, wird schnell deutlich, wenn man bedenkt, welche Auswir-

kungen es haben kann, wenn man ein Kind mit Begriffen „lernbe-
hindert", „verhaltensgestört" oder „hyperaktiv" belegt. Eine solche
Zuordnung hat immer Auswirkungen auf das Selbstwertgefühl, das
Selbstkonzept und auf das beobachtbare Verhalten der Etikettier-
ten.

„Größere Systeme tragen mitunter zu engen und eingeschränkten
Identitäten bei, etwa wenn ein Kind in der Schule als „genau wie
sein Bruder", oder als „Kind einer kaputten Familie" beschrieben
wird. Überweisungen in die Therapie kennzeichnen eine Familie
womöglich als „hoffnungslosen Fall". Die Identität einer Person oder
einer Familie wird durch einen Satz subsumiert und reduziert, der
die weitreichenden Implikationen für nachfolgende Interaktionen
und Erwartungen in sich trägt.
Viele Individuen und Familien werden durch starre Rollen oder stig-
matisierende Etiketten in ihrer Identität eingeschränkt. Körperli-
che und Geisteskrankheiten sowie Behinderungen sind mit Etiketten belegt, die sich auf die Identität des Betroffenen in einer Weise
auswirken, daß seine Möglichkeiten als Individuum und seine Be-
ziehungsmöglichkeiten eher eingeschränkt als erweitert werden.
Wenn auch diagnostische Kategorien bei der Planung und Durch-
führung einer Behandlung hilfreich sein mögen und im etablierten
Gesundheitswesen unserer Gesellschaft gefordert werden, müssen
Therapeuten dennoch immer daran denken, daß sich Etiketten in
Gift verwandeln, wenn man meint, sie könnten das Wesen eines
Menschen oder einer Familie erfassen" (Imber-Black, 1995, 98f).
Aus dieser Überlegung ergibt sich meines Erachtens zwingend die
Konsequenz des Gebrauchs einer möglichst **depathologisierenden
Sprache.**

Beispiele für die Veränderung konkreten Verhaltens durch die Veränderung der zugeschriebenen Etiketten:

Beispiel 1:

> Selvini-Palazzoli (1982, 272) beschreibt das Beispiel eines ag-
> gressiven sechseinhalbjährigen Jungen, der mit sedierenden
> Medikamenten in hohen Dosen behandelt worden war.
> Er bekam diese Medikamente natürlich, weil er so aggressiv
> war, aber diese „Krankheit" gestattete es ihm auch im Um-
> kehrschluß, sich entsprechend zu benehmen. Das Mailänder
> Team verschrieb damals folgende Intervention: Die Familie
> sollte zu Hause eine feierliche Prozession zum Badezimmer

veranstalten und die Medikamente der Wasserspülung über-
lassen, wobei der Vater seinem Sohn folgendes zu sagen hatte: „Die Ärzte haben uns heute gesagt, daß wir diese ganzen
Medikamente wegwerfen müssen, weil du vollkommen gesund
bist. Du bist nur ein ungezogenes Kind, und wir werden uns
diesen Unsinn jetzt nicht länger gefallen lassen...Du bist vollkommen gesund."

Beispiel 2:

Ein vergleichbares Beispiel, bei dem die Medikamente eines
hyperaktiven elfjährigen Mädchens, das seit acht Jahren mit
Ritalin behandelt wurde, begraben werden, findet sich bei
Imber-Black (1995, 99f). Auch hier wird das Etikett der „Hyperaktivität" umformuliert, „die Eltern kamen überein, daß
ihre Tochter einfach ein normales, manchmal etwas freches
Kind sei".

Beispiel 3:

Während meiner Zeit als Lehrer an der Schule für Erziehungshilfe pflegte der Schulleiter auf die Frage, um was für Kinder
es sich denn hier handle, zu antworten: „Dies sind alles Kinder, die eine kleine Klasse brauchen, damit sie gut lernen
können." Mit diesem „depathologisierenden" Etikett konnten
die – sonst eher als „verhaltensgestört" bezeichneten Schüler
– ganz gut leben, ohne sich negativ diskriminiert fühlen zu
müssen.

Nicht nur die Verwendung negativ etikettierender Begriffe ist ein
problematischer Aspekt von Sprache. Auch sehr grundlegende
Sprach- und Denkmuster können zur Entstehung und Aufrechterhaltung problematischer Situationen und Verhaltensweisen beitragen.

Ein solches problemerhaltendes oder -verstärkendes Denken kann
das Konzept der „Binären Logik" sein, das den meisten von uns
bestens vertraut sein dürfte:

H. Leinhos (1996, 19) beschreibt das „Barbier-Paradox": In einem
Dorf sollen alle Männer in zwei Gruppen aufgeteilt werden. In die
eine Gruppe kommen die, die sich selbst rasieren, in die andere
die, die vom Barbier rasiert werden. Die Frage, die sich stellt ist
die: In welche Gruppe gehört dann der Barbier?

Der genannte Autor überträgt dieses Paradoxon auf die Zuordnung von Verhaltensweisen: Wenn man alles denkbare Verhalten einteilt in die Gruppe der Verhaltensstörungen und in die der „normalen" Verhaltensweisen, zu welcher Gruppe gehört dann der Zuordnungsprozeß?

Beide Fragen lassen sich nur beantworten, wenn man das – uns so vertraute – Feld der binären Logik verläßt. Also ein Denken in Entweder – Oder – Kategorien: Gut oder Böse / Richtig oder Falsch / Schwarz oder Weiß / Ursache oder Wirkung / Normal oder Gestört / Sobald man zurückgreift aus die Formel des Sowohl – Als – Auch, lösen sich die beiden Paradoxien auf, der Barbier gehört sowohl in die eine Gruppe als auch in die andere, der Zuordnungsprozeß kann sowohl als „normal" und sinnvoll als auch als unsinnig erlebt und bewertet werden..

Übertragen wir diesen Gedanken auf unsere beiden Problemaspekte – die schwierigen Schüler und die chronischen Konfliktsituation – dann ließe sich formulieren:

➢ Kein Verhalten ist nur richtig oder nur falsch
➢ Kein Schüler (oder Mensch) ist nur normal oder nur gestört
, Keine noch so belastende Situation ist nur Konflikt, sondern enthält immer auch Ansätze des Engagements und der Veränderung. Konflikte können hervorragende Ansatzpunkte für soziale Lernprozesse sein
➢ Die Beendigung einer Beziehung enthält immer sowohl die Trauer und Wut über den Verlust – vielleicht gar einer Lebensperspektive – als auch die Chance zu einem Neubeginn.

Entscheidend ist eigentlich nur, wie diese Aspekte jeweils individuell gewichtet werden. Binäre Logik – das Denken in der Entweder-Oder Kategorie trägt zur Verhärtung und Stabilisierung von Problemen bei, denn durch sie gerät einer der beiden Aspekte völlig aus dem Blick.
Unter anderem sind deshalb die Fragen nach den positiven Seiten und nach vorhandenen Ressourcen so wichtig:
Was kann der Schüler gut? Wo liegen Kompetenzen und Ressourcen, auf die man bauen kann? Wo liegen in einer Konfliktsituation die Ansätze für sinnvolle soziale Lernprozesse?
Ein Denken in der Sowohl-Als-Auch-Qualität ist hilfreich bei der „Verflüssigung" starrer und statischer Überzeugungen und führt so zu Veränderung.

8.5 Fragen und Perspektiven

Fragen

– Inwieweit gelingt es mir, bei problematischen Verhaltensweisen meiner Schüler (und von mir selbst), ihre Funktionalität im Kontext zu erkennen (vgl. S. 186ff)? Und inwieweit kann (oder will) ich diese beeinflussen oder verändern?

– Inwieweit kann ich in meinem Verhalten als Lehrer Regelkreise ausmachen (S. 189ff), in denen mein Lösungsversuch zu seiner Aufrechterhaltung beiträgt?

– Wenn Spielregeln unser Verhalten steuern (S. 191ff), inwieweit kann ich sensibler werden für das Erkennen (oder Erfinden) dieser Regeln? Und wie kann ich sie verändern?

– Wenn die Schüler die Experten ihrer selbst sind, wie kann ich mich darin üben, sie als solche anzusehen und zu behandeln? Wie könnte ein erster Schritt aussehen?

– An welchen konkreten Verhaltensweisen könnten die Schüler erkennen, daß sie auf dem besten Weg sind, die Experten ihrer selbst zu sein?

– Wenn ich mich dazu entscheide, in stärkerem Maße als bisher der Experte für mich selber zu sein, was würde sich verändern? Woran würden meine Schüler (meine Kollegen, die Schulleitung) eine solche Entscheidung erkennen?

– Inwieweit akzeptiere ich meine eigene „innere Landkarte" als relative Wirklichkeit (oder Wahrheit)? Und wie kann ich neugieriger werden auf Neues?

– Was würde möglicherweise passieren, wenn ich in meiner Klasse die „Hierarchie der Wahrheiten" abbauen würde? Wie könnte ein solcher Prozeß aussehen, und was würde an seine Stelle treten?

– Mit welchen konkreten Verhaltensweisen kann ich, wenn ich an Kooperation interessiert bin, den anderen gut aussehen lassen?

– Wenn ich mich um eine „depathologisierende" Sprache bemühe, auf welche Begriffe sollte ich dann verzichten? Und was könnte an ihre Stelle treten? Inwieweit ist es hier notwendig, in eine „pädagogische Sprache" und in eine „Gutachtensprache" zu unterscheiden?

- Verrücktheit entsteht dann, wenn ein Thema sich dem Dialog entzieht. Welche Themen entziehen sich in meiner Klasse und in meinem Kollegium dem Dialog? Woran wird die „Verrücktheit" erkennbar? Inwieweit könnte man es riskieren, diese Themen wieder dialogfähig zu machen?

- Inwieweit kann ich die hier vorgetragenen Gedanken in meinem Kollegium thematisieren? Falls das schwierig erscheint: Welche Kollegen könnten am ehesten eine „Ressource" für mich darstellen?

Perspektiven

Das Konzept des systemischen Denkens und Handelns beinhaltet nach meiner jetzigen Auffassung zweierlei: Einerseits drückt sie sich aus in einer Grundhaltung, die in den Aspekten der Verantwortung für mich selbst und der Toleranz gegenüber dem Denken der anderen zum Ausdruck kommt (vgl. S. 213), und die nicht steuern will, sondern Angebote (zum gemeinsamen Tun) macht.

In einer spezifischen (eben systemischen) Form des Fragens und der Gesprächsmoderation (vgl. Palmowski, 1995a) findet der Gedanke seinen Ausdruck, daß es zur Lösung von Problemen weniger relevant ist, den anderen meine Sicht der Dinge (meine innere Landkarte) mitzuteilen. Wichtiger ist es, ihnen dabei behilflich zu sein, ihre eigenen Vorstellungen durch neue und andere Informationen zu verändern. (Was für den anderen eine Information ist, die er in seine innere Landkarte aufnimmt, entscheidet er dabei ohnehin immer selbst!)

Prävention – Intervention – Auswertung

Die ohnehin eher akademische Trennung in die drei Bereiche läßt sich aus systemischer Perspektive kaum länger aufrechterhalten. In dem Maße, in dem jeder der Beteiligten zum Experten seiner selbst werden kann und in dem mehr kooperiert als gegeneinander gearbeitet wird, bietet sich aus präventiver, interventiver und auswertender Sicht eine neue Plattform für die Bearbeitung von Konfliktsituationen. Häufigkeit und Art der Konflikte werden sich verändern, und sie können in anderen Formen als bisher gelöst werden.

Intuition – Strategie – Wirklichkeit

Auch diese Begriffe lassen sich meines Erachtens am besten in zusammengefaßter Form verhandeln: Möglicherweise lag bei bisherigen Problembearbeitungen – erfolgte sie nun mehr intuitiv oder mehr mit einer klaren Strategie – der Schwerpunkt auf der Erfassung des Problems. Dies wurde vielleicht differenziert und vielschichtig analysiert.

Aus einer systemischen Perspektive erscheint es sinnvoller, weniger am Problem, als mehr an der Lösung zu arbeiten. Ein erster Schritt dazu ist der, daß ich (gemeinsam mit den Schülern) eine möglichst klare Zielvorstellung formuliere. Je präziser diese gelingt, und je konkreter sie **beobachtbare Zielverhaltensweisen** beschreibt, desto einfacher wird es werden, erste Schritte auf dem Weg hin zu diesem Ziel festzulegen und erste Veränderungen auf dieses Ziel hin zu erkennen.

1. Wie ist die Ausgangssituation?

2. Wie lautet die Zielformulierung?

3. Wie komme ich von der Ausgangssituation auf den Weg zum Ziel?

Reagieren – Agieren – Reflektieren

Wenn ich mein Verhalten begreife als eingebunden in Regelkreise und in Spielregelsysteme, dann ist alles, was ich tue, immer sowohl Aktion als auch Reaktion. Die Unterbrechung negativer Regelkreise und die Aufdeckung und Veränderung problematischer Spielregeln bedarf der (gemeinsamen) Reflektion. Zu diesem Zweck sollte sich jedes Lehrerkollegium um Supervision oder Gesprächsmoderation durch einen unbeteiligten Fachmann bemühen. Die eigene Voreingenommenheit durch Vorinformation ist eher hinderlich für kreatives Denken, als daß sie es fördert.

Anders Denken – Anders Handeln

Den meisten von uns dürfte systemisches Denken noch eher ungewohnt erscheinen. Das Denkmodell, nach dem beobachtbare Verhaltensweisen ihren Ursprung in der jeweiligen Person haben, ist uns von Kindesbeinen an vertraut. (Und es hat sich möglicherweise bisher im Regelkreis einer sich selbst erfüllenden Prophezeihung immer als richtig erwiesen!) Die Alternative des systemischen Denkens, Verhaltensweisen aus ihrem jeweiligen, aktuellen Kontext heraus zu sehen, bietet für den Umgang mit Konfliktsituationen einige zusätzliche Handlungsmöglichkeiten, die sich oft als nützlich und hilfreich erweisen könnten. Anders denken und anders handeln gehen hier untrennbar ineinander über.

Klassifikation – Emotionale Betroffenheit

Michael Durrant schreibt: „...sollte ich jemals gebeten werden, zu einer Revision des DSM (Ein Manual für die Erfassung und Diagnose psychiatrischer Störungen, Anmerkung von mir) beizutragen, würde meine Version nur eine einzige diagnostische Kategorie umfassen – die des „Feststeckens" -, die alle bestehenden diagnostischen Kategorien einschließt" (1996, 30). Mit „Feststecken" meint er, daß jedes problematische Verhalten in der Gegenwart dadurch bedingt ist, daß die betreffende Person einem vergangenen Ereignis eine Bedeutung beimißt, die sie daran hindert, voll und ganz in der Gegenwart und mit mehr Bezug zur Zukunft zu leben. Anders formuliert kann man auch sagen, daß jede Klassifikation Teil der inneren Landkarte und damit die „Erfindung" dessen ist, der sie benutzt. Klassifikationen (mit Anspruch auf Allgemeingültigkeit) sind ein Paradebeispiel für die formative Funktion von Sprache (vgl. S. 213ff).

Diese Funktion wird dann zum Beispiel deutlich am Grad meiner emotionalen Betroffenheit, die ja schließlich weitgehend davon abhängt, mit welcher Begrifflichkeit (und damit Bedeutung) ich ein bestimmtes Geschehen beschreibe.

9. Resümee

Aus dem letzten Kapitel und besonders den darin enthaltenen Überlegungen zum systemischen Denken dürfte noch einmal deutlich geworden sein, warum ich zum Thema „Lehrerverhalten in Konfliktsituationen" den Bereich der subjektiven Theorien reflektiert und gleich fünf verschiedene Ansätze vorgestellt habe.

Auch Lehrer haben die unterschiedlichsten Ansichten über die Welt, die Schüler und sich selbst, und entsprechend unterschiedlich verhalten sie sich auch. Ihre jeweiligen Vorstellungen von Wirklichkeit werden bei der Lektüre dieses Buches immer wieder zu Zustimmung und/oder Ablehnung geführt haben. Die eine Sichtweise paßt in ihre innere Landkarte, die andere nicht. Kriterium einer Beurteilung kann hier auch nicht die Frage sein, „Was ist richtig (oder richtiger), was ist falsch?", sondern nur die, „Was kann hilfreich und nützlich sein?". Und diese Frage läßt sich nicht allgemeingültig behandeln. Ihre Antwort ist immer abhängig vom jeweiligen Kontext, den in ihr handelnden Personen und besonders von dem, der die Antwort gibt.

Wenn sich jeder Mensch seine eigene Wirklichkeit konstruiert, verlieren direktive Handlungsanweisungen und „Rezeptologien" ihren Wert. Deshalb verstehe ich dieses Buch eher als eine Art „Werkzeugkoffer", der eine Reihe sehr verschiedener Werkzeuge enthält. Nicht jeder wird mit jedem sofort erfolgreich umgehen können (Das kann der Schreinerlehrling mit dem Handhobel auch nicht!), und manches Gerät wird vielleicht vorschnell aus der Hand gelegt, bevor es sich als nützlich erweisen konnte.

Aber ein erster Schritt der Veränderung könnte vielleicht schon der sein, daß die Bereitschaft und Lust zum **Ausprobieren und Experimentieren** wieder zugenommen hat.

Es wird an unseren Schulen in den nächsten Jahren nicht nur um ein verändertes Lehrerverhalten in Konfliktsituationen unter Beibehaltung der bisherigen Rahmenbedingungen gehen, sondern um insgesamt weitreichende Veränderungen von Schule. Ich halte es für sehr wahrscheinlich, daß es nicht nur bei Ausbesserungen und Reparaturen am Schulbetrieb bleiben wird, sondern daß viele Schulen Konzepte und Profile entwickeln werden, die sich in grundlegender Art von heutiger Schulwirklichkeit unterscheiden (Tillmann,

1989; Hentig, 1993, – Mit dem bezeichnenden Titel: „Die Schule neu denken"; Quenstedt, 1993; Kobler, 1995; Struck, 1995). An vielen Schulen und in vielen Köpfen läuft diese Arbeit an der Entwicklung eigener, anderer oder neuer Vorstellungen von Schule und ihrem Auftrag bereits auf Hochtouren.

Eine Entwicklungstendenz wird dabei in zunehmender Kooperation liegen, eine andere in mehr Selbstverantwortung aller Beteiligten und dem Abbau wenig nützlicher Hierarchien.

Ein erster Schritt der Veränderung in diese Richtung könnte vielleicht schon der sein, daß man erkennt, daß es sinnvoller ist, selbst an **Initiative und Innovation** zu arbeiten (Rolff, 1995), als auf die Ergebnisse anderer zu warten.

Last but not least möchte ich noch auf eine Möglichkeit der Konfliktbearbeitung hinweisen, die ich in den vorgestellten Theorien nicht so recht unterbringen konnte, und von der ich andererseits denke, daß sie mehr ist, als nur meine ganz persönliche subjektive Theorie: Ich meine die Auflösung von Konflikten durch **Humor**.

Eine humorvolle Atmosphäre nimmt Konflikten ihre Schärfe. In eine Situation Humor einzubringen bedeutet auch: Auf der Beziehungsebene ist alles okay – den Streit auf der Sachebene können wir auch sachlich schlichten. Humor ist manchmal ein wirksames Gegenmittel zur Eskalation.

Und selbst wenn ich ganz genau hinsehe, kann ich keinen einzigen Grund erkennen, warum Schule nicht auch Spaß machen könnte oder sollte. Für Schüler und Lehrer!

Wahrscheinlich kennen Sie den Ostfriesenwitz mit der Glühlampe!? Der geht so: Wieviele Ostfriesen braucht man, um eine Glühbirne einzuschrauben? – Na, fünf, einer steigt auf den Tisch und hält die Glühbirne fest, die anderen vier drehen den Tisch!

Wissen Sie auch, wieviele Pädagogen man für diese Aufgabe braucht? – Eigentlich nur einen, aber die Glühbirne muß auch wirklich wollen!

Anmerkungen:

1. Braun verweist auf Paul Parin, allerdings lautet diese Geschichte dort etwas anders: „Abinu hatte zwei verstümmelte Zehen. An der einen Zehe sei einst durch bösen Zauber eine Eiterung entstanden. Damals lebte er in der Fremde und war seinen Feinden preisgegeben. Über eine ähnliche Erkrankung an der anderen Zehe, die auftrat, als er noch unter dem Schutz seiner Familie lebte, meinte er: > Nein, das war anders. Es war eine Infektion.< Mit der Schärfe eines Witzes wird erkennbar, wo die symbolische und die logische Denkweise, die magische und die naturwissenschaftliche Weltauffassung aneinanderstoßen." (Parin, 1983, 43) Für meine Belange schien mir die von Braun formulierte freie Fassung der Geschichte brauchbarer, weil sie zusätzliche Elemente des Textes eliminiert und seine Komplexität auf die zentrale Aussage reduziert. Gefallen tun sie mir aber beide!

2. Andere subjektive Theorien mit großer Reichweite könnten sich um folgende Stichworte ranken:
   - Sehen wir Beziehungen als „Nullsummenspiele,...in denen der Verlust des einen Spielers den Gewinn des anderen darstellt" (Watzlawick, 1983, 122) oder eher als „Nichtnullsummenspiel". „In einem solchen Spiel können beide (...) Spieler gewinnen oder verlieren." (s.o., 123)
   - Welche Perspektive scheint uns in unserem Leben die wichtigere, die retrospektive oder die prospektive Sicht?
   - Inwieweit erleben wir unser Schicksal als kaum steuerbar, als „Fatum", vom Winde verweht,...und inwieweit glauben wir unser Leben in Griff zu haben und Zukunft planen und gestalten zu können?
   - Sehen wir uns mehr als eine Person, mit einer Identität oder sehen wir uns eher als „multiple Persönlichkeit", die in verschiedenen Kontexten durchaus Verhaltensmuster produzieren kann, die inkompatibel erscheinen?
   - Kinder betrachten sich als Zentrum des Universums. „Ein Rest Aberglauben aus früheren Phasen bleibt uns jedoch auch als Erwachsenen erhalten." (O'Connor, 1995, 187)
   - Wie vertraut ist uns „störungsorientiertes oder katastrophisierendes" Denken im Vergleich zu positivem Denken?

- Inwieweit neigen wir dazu, Mißerfolge bei uns selber anzusiedeln („Was habe ich denn jetzt schon wieder verkehrt gemacht?"), und inwieweit verlagern wir sie nach außen („Der könnte ja, wenn er nur wollte, aber er will ja nicht!")?

3. Um diesen Gedanken plausibel zu machen, zitiert Boscolo (1994, 21) den Hl. Augustinus. Der schrieb in seinen Bekenntnissen: „Was also nun klar ersichtlich ist, das ist, es gibt nicht Zukunft noch Vergangenheit (...) es ließe sich vielleicht im eigentlichen Sinne sagen: es gibt drei Zeiten, die Gegenwart des Vergangenen, die Gegenwart des Gegenwärtigen und die Gegenwart des Künftigen. Denn es sind diese dreie in der Seele, und anderswo seh' ich sie nicht, gegenwärtig ist das Erinnern des Vergangenen, gegenwärtig die Anschauung des Gegenwärtigen, gegenwärtig die Erwartung des Künftigen."

Aus dieser Erkenntnis läßt sich auch die Aussage ableiten, daß unsere Vergangenheit in der Erinnerung wohl kaum ein Kontinuum darstellen dürfte (Eine weitere subjektive Theorie mit großer Reichweite! vgl. Anmerkung 2), sondern vielmehr eine Aneinanderreihung von Geschichten (von denen wir noch nicht einmal immer sicher sein können, daß sie sich auch tatsächlich so zugetragen haben, wie wir das meinen). Eine solche einzelne Geschichte ist durchaus der Umformung oder Umdeutung zugänglich.

4. Heinz von Foerster (1987, 57) berichtet über eine Möglichkeit, wie dieser berühmte Versuch auch ganz anders verstanden werden kann. Zitat:

„PAWLOW war berühmt für seine ausführlichen und präzisen Laboratoriums-Protokolle. Jerzy KONORSKI, der polnische Experimentalpsychologe, hat das benützt, um PAWLOWs Arbeiten über den bedingten Reflex zu wiederholen. Der natürliche Reflex eines Hundes auf einen Reiz „Anblick von Fleisch" ist Speichelsekretion. Verbindet man diesen bedingenden (conditioning) Reiz mehrmals mit einem zunächst neutralen, zum Beispiel dem Läuten einer Glocke, so kann schließlich der bedingende Reiz (Fleisch) weggelassen werden, und nur das Läuten der Glocke wird Sekretion verursachen. KONORSKI folgte genau dem Rezept bis zum kritischen Moment, bei dem von einem Assistenten die Glocke geläutet werden soll. Ohne dessen Wissen hatte KONORSKI den Klöppel aus der Glocke entfernt, und die geschwungene Glocke blieb stumm. Der Hund jedoch sekretierte! Daraus schloß KO-

NORSKI: Das Läuten der Glocke war ein Reiz für PAWLOW, aber nicht für den Hund.

5. So werden der Humanistischen Psychologie unter anderem – als bekannteste – folgende Verfahren (und ihre jeweilige theoretische Begründung) zugerechnet:

- das Psychodrama (L. Moreno, 1959),

- die Gestalttherapie (Fritz Perls, 1979, 1980),

- die Bioenergetik (Alexander Lowen, 1976, 1986),

- die nicht-direktive bzw. personenzentrierte Therapie (Carl Rogers, 1972, 1973, 1974, 1981),

- die themenzentrierte Interaktion (Ruth Cohn, 1975, 1993),

- die Logotherapie (Viktor Frankl, 1972),

- die Transaktionsanalyse (Eric Berne, 1967, 1975).

Die prinzipielle Offenheit des Rahmens der Humanistischen Psychologie und ihr Wissenschaftsverständnis bieten aber auch Raum (zumindest in der Peripherie) für Konzepte z.B. esoterischer oder mystischer Art, deren Wirksamkeit in keiner Form nachgewiesen ist und die wissenschaftlichen Kriterien nicht standhalten.

6. Zu den Begriffen: analytisch – phänomenologisch

Die Grundfrage eines analytischen Vorgehens ist die nach dem Warum. „Warum verhält sich eine Person so wie sie sich verhält?" Die Konsequenz dieser Frage ist die Suche nach möglichen Ursachen. Die Antwort könnte dann lauten: „ Weil sie Alkohol getrunken hat!" oder „Weil sie eine frühkindliche Traumatisierung erlitten hat!" In jedem Fall ist die Suche nach den Ursachen retrospektiv. Das Verhalten in der Gegenwart wird bestimmt von Erfahrungen aus der Vergangenheit.

Die phänomenologische Sichtweise fragt mehr nach dem Wie. „Wie ereignet sich etwas genau?" Die Konsequenz dieser Frage ist die Suche nach möglichen Einflußfaktoren im Hier und Jetzt. Die Antwort eines Behavioristen könnte etwa lauten: „Das Verhalten wird hervorgerufen durch einen bestimmten auslösenden Reiz und aufrechterhalten durch eine als angenehm erlebte, kontingente Konsequenz!" Ein Kognitivist würde suchen nach internen Denkprozessen, die das Verhalten steuern. „Wie muß eine Denkfigur aussehen, die eine solches Verhalten zur Folge hat?" Ein humanistischer Psychologe würde vielleicht danach fragen, welche konkreten Erfahrungen und Bewertungsmuster einen Menschen im „Hier und Jetzt" daran hindern, der zu sein, der er ist. Eine systemisch denkende Person fragt eventuell nach der Funktion, die das Verhalten für den Betreffenden in dieser Situation hat und mit Hilfe welcher Einflußfaktoren es verändert werden könnte. Auf jeden Fall ist die Suche nach verhaltensbeeinflussenden Daten auf die aktuelle Gegenwart bezogen, da das Verhalten von gegenwärtigen Bedingungen bestimmt ist.

7. Zur Kritik an der Arbeitsweise von Ellis:

Eine skeptische Hinterfragung des Protokollausschnitts wird dem Leser schnell die wesentlichen Punkte der Kritik am Konzept und an der Arbeitsweise von Ellis deutlich machen – hier seien sie nur genannt:

– unklare Definition und Abgrenzung irrationaler Gedanken,

– weitgehende Negierung gesellschaftlicher Normen,

– der Einzelne setzt sich selbst absolut,

– der Einfluß der Umwelt als Feed-Back-Instanz wird minimiert.

8. Einzelne Abschnitte oder Gesichtspunkte dieses Kapitels finden sich auch in Aufsätzen, die in verschiedenen Fachzeitschriften erschienen sind (Palmowski, 1995b; Palmowski, Schumann, 1996). In bezug auf die Thematik des Buches scheinen sie mir allerdings unverzichtbar, so daß ich sie hier in überarbeiteter Form mitaufgenommen habe.

9. Daß Gewalt und Gewaltbereitschaft von Schülern möglicherweise stärker von situativen Bedingungen hervorgerufen wird und weniger eine Persönlichkeitseigenschaft der Täter darstellt, wird für den Bereich der Schule meines Wissens nur beim Thema „Vandalismus" erörtert und auch da nur ansatzweise (vgl. Habermann-Morbey, 1988; Klockhaus, 1986). Immerhin wird gesehen, daß architektonische Bedingungen oder Vorbeschädigungen (die Auskunft geben über bestehende Spielregeln) wesentliche Variablen von Vandalismus sein können.

10. In einem Gedicht von Christian Morgenstern wird diese Sicht von Welt auf den Punkt gebracht:

Der Meilenstein
Tief im dunklen Walde steht er
und auf ihm mit schwarzer Farbe,
daß des Wandrers Geist nicht darbe:
Dreiundzwanzig Kilometer.

Seltsam ist und schier zum Lachen,
daß es diesen Text nicht gibt,
wenn es keinem Blick beliebt,
ihn durch sich zu Text zu machen.

Und noch weiter vorgestellt:
Was wohl ist er – ungesehen?
Ein uns völlig fremd Geschehen.
Erst das Auge schafft die Welt.

Literatur

Adameit, H.u.a., (1978, 1980 /2, 1983 /3), Grundkurs Verhaltensmodifikation, Beltz, Weinheim, Basel

Adler, A., (1931, 1958), Der Sinn des Lebens, Fischer, Frankfurt a.M.

Aichhorn, A., (1925, 1987 /10) Verwahrloste Jugend, Die Psychoanalyse in der Fürsorgeerziehung, Hans Huber, Bern

Andersen, T., (1990), Das Reflektierende Team, verlag modernes lernen, Dortmund

Balint, M., (1970), Therapeutische Aspekte der Regression, Die Theorie der Grundstörung, Stuttgart

Bateson, G., (1983 /3) Ökologie des Geistes, Suhrkamp, Frankfurt / Main,

Bauer, M., (1979), Verhaltensmodifikation durch Modellernen, Kohlhammer, Stuttgart

Bäuerle, S., (1988), Schülerfehlverhalten, Lehrertraining zum Abbau von Schülerfehlverhalten in Theorie und Praxis, Wolf Verlag, Regensburg

Beck, A., (1979), Wahrnehmung der Wirklichkeit und Neurose, Kognitive Psychotherapie emotionaler Störungen, Pfeiffer, München

Beck, A., (1986), Kognitive Therapie der Depression, U&S, München

Becker, G.E., (1976), Konfliktbewältigung im Unterricht, Klinkhardt, Bad Heilbrunn

Becker, G.E., (1981), Lehrer lösen Konflikte, U&S, München

Behr, M., (1987), Carl R. Rogers und die Pädagogik, Theorieanspruch und Anwendungsprobleme des personenzentrierten Ansatzes in der Erziehung, in: Gesellschaft für wissenschaftliche Gesprächspsychotherapie (GwG), (Hg), Rogers und die Pädagogik, Juventa, München, 141 – 167

Belschner, W. / **Hoffmann**, M. / **Schott**, F. / **Schulze**, C., (1975/3), Verhaltenstherapie in Erziehung und Unterricht, Kohlhammer, Stuttgart

Benkmann, K.H./ **Neukäter**, H., (1982), Verhaltensmodifikatorische Aspekte der schulischen Förderung bei Kindern und Jugendlichen mit Verhaltensauffälligkeiten, Studienbrief der Fernuni Hagen, Hagen

Berg, I.K., (1992), Familien – Zusammenhalt(-en), verlag modernes lernen, Dortmund

Bergsson, M., (1995), Ein entwicklungstherapeutisches Modell für Schüler mit Verhaltensauffälligkeiten – Organisation einer Schule, Bergsson-Billing-Wiedenhöft Verlag, Essen

Berne, E., (1967), Spiele der Erwachsenen, Rowohlt, Reinbek,

Berne, E., (1975), Was sagen Sie, nachdem Sie guten Tag gesagt haben, Kindler, München

Bettelheim, B., (1970), Liebe allein genügt nicht, Klett, Stuttgart,

Bettelheim, B., (1977), Die Geburt des Selbst, Kindler, München

Bettelheim, B., (1978), Der Weg aus dem Labyrinth, Fischer, Frankfurt a.m.

Bittner, G., (1973), Spielgruppen als soziale Lernfelder, München

Bittner, G., (1994), Problemkinder, Zur Psychoanalyse kindlicher und jugendlicher Verhaltensauffälligkeiten, Vandenhoeck und Ruprecht, Göttingen,

Blackham, G., **Silberman**, A., (1975), Grundlagen und Methoden der Verhaltensmodifikation bei Kindern, Beltz, Weinheim

Böhm, G., (1994), Die kognitive Struktur kausaler Alltagserklärungen, Peter Lang, Frankfurt a.m.,

Boscolo, L. / **Bertrando**, P., (1994), Die Zeiten der Zeit, Eine neue Perspektive in systemischer Therapie und Konsultation, Carl Auer, Heidelberg

Braun, M., (1992), Auf der Suche nach dem ärztlichen Verhaltenstherapeuten, in: Lieb, H. / Lutz, R. (Hg.), (1992), Verhaltenstherapie – Ihre Entwicklung – ihr Menschenbild, Verlag für angewandte Psychologie, Göttingen, Stuttgart, 133 – 137

Browning, C., (1993), Ganz normale Männer, Das Reserve- Polizeibataillon 101 und die „Endlösung" in Polen, Rowohlt, Reinbek

Büttner, C., **Finger-Trescher**, U., (1991), Psychoanalyse und schulische Konflikte, Matthias Grünewald, Mainz,

Burrey, B. / **Palmowski**, W., (1987), Förderung eines hochängstlichen Mädchens durch den Einsatz kognitiv – verhaltensmodifikatorischer Techniken in einer Schule für Erziehungshilfe, in: Zeitschrift für Heilpädagogik, 8, 549 – 562

Cecchin, G., (1988), Zum gegenwärtigen Stand von Hypothetisieren, Zirkularität und Neutralität: Ein Einladung zur Neugier, in: Familiendynamik, 13, 190 – 203

Cecchin, G./ Lane, G./ Ray, W., (1993), Respektlosigkeit, Heidelberg,

Cohn, R., (1975), Von der Psychoanalyse zur themenzentrierten Interaktion, Klett, Stuttgart

Cohn, R., (1993), Es geht ums Anteilnehmen, Herder, Freiburg

Combe, A., (1973), Kritik der Lehrerrolle, München

Cruickshank, W.M., (1973), Schwierige Kinder in Schule und Elternhaus, Marhold, Berlin

Dann, H, D./ **Krause,** F., (1979), Berufstheorien von Lehrern über aggressives Verhalten in der Schule, in: **Schön,** B./**Hurrelmann,** K. (Hrsg.), Schulalltag und Empirie, Beltz, Weinheim, 204 – 217

Dann, H.D. u.a., (1982), Alltagstheorien und Alltagshandeln. Ein neuer Forschungsansatz zur Aggressionsproblematik in der Schule, in: **Hilke,** R./ **Kempf,** W. (Hrsg.), Aggression, Naturwissenschaftliche und kulturwissenschaftliche Perspektiven der Aggressionsforschung, Hans Huber Verlag, Bern, 465 – 491

Durrant, M., (1996), Auf die Stärken kannst du bauen, Lösungsorientierte Arbeit in Heimen und anderen stationären Settings, verlag modernes lernen, Dortmund

Edelmann, W., (1986 /2), Lernpsychologie, Eine Einführung, Psychologie Verlags Union, München

Efran, J., **Lukens**, M., **Lukens**, R., (1992), Sprache, Struktur und Wandel, verlag modernes lernen, Dortmund

Eibl-Eibesfeld, I., (1970), Liebe und Haß, Piper, München

Eichlseder, W., (1985), Unkonzentriert?, Hilfen für hyperaktive Kinder und ihre Therapie, Bucher Verlag, München

Eisert, H. / **Barkey**, P., (1979), Verhaltensmodifikation im Unterricht, Huber, Bern

Ellis, A., (1977), Die rational-emotive Therapie: Das innere Selbstgespräch bei seelischen Problemen und seine Veränderung, Pfeiffer, München

Ellis, A. / **Grieger**, R, (Hg.), (1979), Praxis der rational-emotiven Therapie, U&S, München

Exner, H., (1993), Ein Leben als Schuld oder ein Leben als Lernen, in: Zeitschrift für Systemische Therapie, Jg.11, H.1., 39 – 44

Eysenck, H.J., (1956), Wege und Abwege der Psychologie, rororo, Reinbek

Fitting, K. / **Kluge**, K.J., (1992 /2), Aspekte erziehungstherapeutischen Unterrichts mit „verhaltensgestörten" Kindern und Jugendlichen, Studienbrief der Fernuniversität Hagen

Flammer, A., (1990), Erfahrung der eigenen Wirksamkeit, Einführung in die Psychologie der Kontrollmeinung, Verlag Hans Huber, Bern,

Foerster, H. von, (1981), Das Konstruieren einer Wirklichkeit, In: Watzlawick, P. (Hrsg.): Die erfundene Wirklichkeit, München,

Foerster, H. von, (1987), Entdecken oder Erfinden – Wie läßt sich verstehen verstehen? in: **Rotthaus**, W. (Hg.), (1987), Erziehung und Therapie in systemischer Sicht, Verlag modernes lernen, Dortmund, 2 – 60

Frankl, V., (1972), Der Wille zum Sinn, Ausgewählte Vorträge über Logotherapie, Huber, Bern

Frey, D. / **Greif**, S. (Hg.), (1983, 1987 /2), Sozialpsychologie, Ein Handbuch in Schlüsselbegriffen, Psychologie Verlags Union, München

Gesellschaft für wissenschaftliche Gesprächspsychotherapie (GwG), (Hg), (1987), Rogers und die Pädagogik, Juventa, München,

Glötzl, H., (1979), „Das habe ich mir gleich gedacht", Der Einfluß von Lehrerverhalten und Schulsystem auf die Ausprägung und Verfestigung abweichenden Verhaltens, Beltz, Weinheim, Basel

Goetze, H. / **Jaede**, W., (1974/2), Nicht-direktive Spieltherapie, Kindler, München

Goetze, H. / **Neukäter**, H., (1981), Strukturierte und schülerzentrierte Unterrichtsansätze bei Verhaltensgestörten, Studienbrief der Fernuniversität Hagen,

Goetze, H., (1989), Die Bedeutung der humanistischen, personenzentrierten Psychologie für die Pädagogik bei Verhaltensstörungen, in: **Goetze**, H. / **Neukäter**, H. (Hg.), Handbuch der Sonderpädagogik, Bd. 6: Pädagogik bei Verhaltensstörungen, Edition Marhold, Berlin, 765 – 792

Gordon, T., (1972), Familienkonferenz, Hamburg

Gordon, T., (1977), Lehrer-Schüler-Konferenz, Hamburg

Gräff, P., **Fucks**, W., **Pelz**, G., (1976, 1978 /2), Praxis der Verhaltensmodifikation in Sonder-, Grund- und Hauptschulen, Marhold, Berlin

Grawe, K., (1992), Psychotherapieforschung zu Beginn der neunziger Jahre, in: Psychologische Rundschau, 43, 132 – 162

Grawe, K. / **Donati**, R. / **Benauer**, F., (1994 /3), Psychotherapie im Wandel, Von der Konfession zur Profession, Hogrefe, Göttingen

Grell, J., (1974), Techniken des Lehrerverhaltens, Beltz, Weinheim

Groeben, N; **Wahl**, D.; **Schlee**, J.; **Scheele**, B., (1988), Forschungsprogramm subjektive Theorien, Eine Einführung in die Psychologie des reflexiven Subjekts, Franke Verlag, Tübingen

Habermann-Morbey, B., (1988), Sachzerstörungen an Schulen, in: **Bäuerle**, S., (1988), Schülerfehlverhalten, Lehrertraining zum Abbau von Schülerfehlverhalten in Theorie und Praxis, Wolf Verlag, Regensburg, 51 – 64

Hargens, J., (1987), Die Wirklichkeit: Wahrheit oder Illusion?, in: Psychologie heute, 4, 48 – 53

Hassenstein, B., (1982), Menschliche Aggressivität – insbesondere des Kindes und Jugendlichen – in der Sicht der Verhaltensbiologie, in: **Hilke,** R. / **Kempf,** W. (Hg.), (1982), Aggression, Naturwissenschaftliche und kulturwissenschaftliche Perspektiven der Aggressionsforschung, Hans Huber Verlag, Bern, 65 – 85

Havers, N., (1981 /2), Erziehungsschwierigkeiten in der Schule, Beltz, Weinheim und Basel

Hentig, H. von, (1993), Die Schule neu denken, Hanser Verlag, München

Herkner, W., (1991 /5), Sozialpsychologie, Hans Huber, Bern

Hierdeis, H. / **Hug**, T., (1992), Pädagogische Alltagstheorien und erziehungswissenschaftliche Theorien, Ein Studienbuch zur Einführung, Klinkhardt, Bad Heilbrunn

Hilke, R./**Kempf,** W.(Hrsg.), (1982), Aggression, Naturwissenschaftliche und kulturwissenschaftliche Perspektiven der Aggressionsforschung, Hans Huber Verlag, Bern

Hinte, W., (1980), Non-direktive Pädagogik – Eine Einführung in die Grundlagen und Praxis des selbstbestimmten Lebens Westdeutscher Verlag, Opladen

Hoffmann, L., (1987), Jenseits von Macht und Wirklichkeit, In: Zeitschrift für systemische Therapie, 5 (2), 76 – 93

Hofmann, C., (1991), Psychoanalytische Aspekte der Lernstörungen und Lernverweigerung, in: **Büttner,** C., **Finger-Trescher**, U., Psychoanalyse und schulische Konflikte, Matthias Grünewald, Mainz, 36 – 50

Holtz, K. / **Kretschmann**, (1982), Beurteilung und Beratung bei speziellen Auffälligkeiten: Angst, Studienbrief der Fernuniversität Hagen

Homme, L., (1976 /2), Verhaltensmodifikation in der Schulklasse, Beltz, Weinheim

Imber-Black, E. / **Roberts**, J. / **Whiting**, R., (1995 /2), Rituale, Rituale in Familien und Familientherapie, Carl Auer, Heidelberg,

Jaeggi, E., (1981), „Nun seien Sie doch endlich vernünftig", Das Menschenbild der Kognitiven Verhaltenstherapie, in: Psychologie Heute, 2, 31 – 36

Jasperneite, A./**Langfeldt**, M., (1980), Die Abgeschobenen, Wie die Schule kriminalisiert, päd.extra Buchverlag, Bensheim

Johnson, S. / **Johnson**, C., (1986), Der :01 Minuten Lehrer, mgv-Verlag, Landberg am Lech

Jones, E., (1995), Systemische Familientherapie, Entwicklungen der Mailänder systemischen Therapien, verlag modernes lernen, Dortmund

Kanfer, F. / **Goldstein**, A. (Hg.), (1976), Möglichkeiten der Verhaltensänderung, U&S, München

Kern, H., (1974), Verhaltensmodifikation in der Schule, Kohlhammer, Stuttgart

Kessler, B. / **Hoellen**, B., (1982), Rational-emotive Therapie in der klinischen Praxis, Beltz, Weinheim, Basel

Klockhaus, R. / **Habermann-Morbey**, B., (1986), Psychologie des Schulvandalismus, Hogrefe, Göttingen

Kobler, H.P., (1995), Neue Lehrer braucht das Land, Kommunikation und Lernen, Kiepenheuer&Witsch, Köln

Kollbrunner, J., (1987), Das Buch der Humanistischen Psychologie, Fachbuchhandlung für Psychologie, Eschborn

Krowatschek, D., (1994), Entspannung in der Schule, Verlag modernes lernen, Dortmund

Krowatschek, D., (1995), Konzentriert geht's wie geschmiert, Konzentrationsstörungen und ihre Behandlung – eine Einführung in das Marburger Konzentrationstraining, in: Praxis der Psychomotorik, 4, 219 – 226

Kuhlen, V., (1972), Verhaltenstherapie im Kindesalter, Juventa, München

Kuypers, D.S., (1968), How to make a token system fail, in: Exeptional children, 11, 101 – 108

Laucken, U., (1974), Naive Verhaltenstheorie, Klett, Stuttgart

Lauth, G., (1983), Verhaltensstörungen im Kindesalter: Ein Trainingsprogramm für kognitive Verhaltensmodifikation, Kohlhammer, Stuttgart

Leinhos, H., (1996), Selbstreflexivität und therapeutisches Gespräch, in: Zeitschrift für systemische Therapie, 1, 18 – 32

Lieb, H. / **Lutz**, R. (Hg.), (1992), Verhaltenstherapie – Ihre Entwicklung – ihr Menschenbild, Verlag für angewandte Psychologie, Göttingen, Stuttgart,

Liebel, H., (1992), Einführung in die Verhaltensmodifikation, Eine Anleitung zum Verhaltenstraining, Beltz, Weinheim

Lorenz, K., (1966), Das sogenannte Böse, Barother-Schoeler, Wien

Lowen, A., (1976), Bioenergetik, Scherz, München

Lowen, A., (1986), Der Verrat am Körper, Der bioenergetische Weg, die verlorene Harmonie von Körper und Psyche wiederherzustellen, Rowohlt, Reinbek

Lückert, H.R. / **Lückert**, I., (1994), Einführung in die kognitive Verhaltenstherapie, Ernst Reinhardt, München

Mahoney, M., (1977), Kognitive Verhaltenstherapie, Pfeiffer, München

Maturana, H., **Varela**, F., (1987), Der Baum der Erkenntnis, Scherz, München

Maturana, H., (1994), Was ist Erkennen?, Piper, München

Meichenbaum, D., (1979a), Kognitive Verhaltensmodifikation, in: **Quekelberghe**, R. van (Hg.), Modelle kognitiver Therapien, U&S, München, 138 – 168

Meichenbaum, D., (1979b), Kognitive Verhaltensmodifikation, U&S, München

Milgram, S., (1963), Behavioral study of obedience, in: Journal of abnormal Social Psychology, Vol.67, 372 – 378

Milgram, S., (1966), Einige Bedingungen von Autoritätsgehorsam und seiner Verweigerung, in: Zeitschrift für experimentelle und angewandte Psychologie, Band 13, 433-463

Mitscherlich, A., (1970), Versuch, die Welt besser zu verstehen: Fünf Plädoyers in Sachen Psychoanalyse, Suhrkamp, Frankfurt

Molnar, A./ **Lindquist**, B., (1990), Verhaltensprobleme in der Schule, Borgmann, Dortmund

Moreno, J., (1959), Gruppentherapie und Psychodrama, Einleitung in die Theorie und Praxis, Thieme, Stuttgart

Müller, R./ **Klauß**, T./ **Heimberg**, U./ **Mittmann**, A., (1980), Verhaltensmodifikation in der Praxis, Ernst Reinhardt, München

Neidhardt, W., (1977), Kinder, Lehrer und Konflikte – vom psychoanalytischen Verstehen zum pädagogischen Handeln, München

Neidhardt, W., (1982), Der Beitrag der psychoanalytischen Pädagogik zur Förderung verhaltensgestörter Kinder und Jugendlicher, Studienbrief der Fernuniversität Hagen, Hagen,

Nentwich, R., (1990), Schwierige Kinder? Zum Verständnis von Verhaltens-Störungen zwischen Menschen aus tiefenpsychologischer Sicht, in: **Benkmann** u.a. (Hg.), Neue Wege in der Erziehungshilfe, vds Landesverband NRW, Dortmund, 106 – 111

O'Connor, J. / **Hoorwitz**, A., (1995), Imitierende und ansteckende Zauberei bei der Verwendung von Ritualen in der Therapie mit Kindern, in: **Imber-Black**, E. / **Roberts**, J. / **Whiting**, R., (1995 /2), Rituale, Rituale in Familien und Familientherapie, Carl Auer, Heidelberg, 182 – 210

Palmowski, W., (1989), Unterricht in Heimschulen, in: **Goetze,** H./ **Neukäter,** H., (Hrsg.), Pädagogik bei Verhaltenstörungen, Handbuch der Sonderpädagogik Band 6, Edition Marhold, Berlin, 451 – 463

Palmowski, W., (1994), Berufliche Belastungsfaktoren von E-Lehrern, Ergebnisse einer Befragung, in: **Benkmann,** K.H. / **Saueressig,** K.(Hg.), (1994), Fördern durch flexible Erziehungshilfe, vds Landesverband NRW, Dortmund, 374 – 379

Palmowski, W., (1995a); Der Anstoß des Steines, Systemische Beratung im schulischen Kontext, borgmann publishing, Dortmund

Palmowski, W., (1995b), Psychomotorik und systemisches Denken, in: Praxis der Psychomotorik, Jg. 20 (4), 194-198

Palmowski, W./ **Thöne,** E., (1995), Zirkuläres Fragen – Was war das noch?, In: Zeitschrift für systemische Therapie, 13 (2), 111 – 120.

Palmowski, W. / **Schumann,** A., (1996), Systemisch Denken und Handeln in der Verhaltensgestörtenpädagogik, in: Zeitschrift für Heilpädagogik, im Druck

Palmowski, W. / **Freyling,** B., (angenommen zur Veröffentlichung von der Zeitschrift für Heilpädagogik), Kooperationsfördernde Gespräche mit Eltern durch Moderation

Parin, P./ **Morgenthaler,** F. / **Parin-Matthey,** G., (1983), Die Weißen denken zuviel, Psychoanalytische Untersuchungen bei den Dogon in Westafrika, Fischer, Frankfurt a.M.

Penn, P., (1983), Zirkuläres Fragen, in: Familiendynamik, 8, 198 – 220

Perls, F., **Hefferline,** R., **Goodman,** P., (1979), Gestalttherapie, Klett-Cotta, Stuttgart

Perls, F., (1980), Gestalt, Wachstum, Integration, Junfermann, Paderborn

Perlwitz, E., (1978), Verhaltensformung in der Schule, Ein Beitrag zur Praxis der pädagogischen Verhaltensmodifikation, Westermann, Braunschweig

Pervin, L., (1981), Persönlichkeitstheorie in Kontroversen, U&S, München

Peyer/Perres, (1978), Einführung in die Verhaltenstherapie für visuelle Typen, O. Müller, Salzburg

Pfeifer-Schaupp, H.U., (1996), Diskurs und Verantwortung in Beratung und Therapie, Ein Plädoyer zur Rehabilitierung der Vernunft in der systemisch-konstruktivistischen Praxis, in: Zeitschrift für systemische Therapie, H.1, 33 – 46

Puck, M., (1991), Psychoanalyse und Schule, in: **Büttner,** C., **Finger-Trescher,** U., Psychoanalyse und schulische Konflikte, Matthias Grünewald, Mainz, 24-35

Quekelberghe, R.van, (Hrsg.), (1979), Modelle kognitiver Therapien, U&S, München

Quenstedt, F., (1993), Thesen zur Schule von morgen, in: Unsere Jugend, 6, 234 – 237

Quitmann, H., (1985), Humanistische Psychologie, Hogrefe, Göttingen

Redl, F., (1971), Erziehung schwieriger Kinder, Piper, München

Redl, F., **Wineman,** D., (1976), Die Steuerung des aggressiven Verhaltens beim Kind, Piper, München,

Redl, F., **Wineman,** D., (1979), Kinder, die hassen, Piper, München

Redlich, A. / **Schley,** W., (1978), Kooperative Verhaltensmodifikation im Unterricht, U&S, München

Rennert, M., (1989), Co-Abhängigkeit, Was Sucht für die Familie bedeutet, Herder, Freiburg,

Reinecker, H., (1987), Grundlagen der Verhaltenstherapie, Psychologie Verlags Union, München

Rogers, C., (1972), Die nicht-direktive Beratung, Kindler, München

Rogers, C., (1973), Entwicklung der Persönlichkeit, Klett, München

Rogers, C., (1974, 1979 /3), Lernen in Freiheit, Kösel, München

Rogers, C., (1978), Die Kraft des Guten, Kindler, München

Rogers, C., (1981), Der neue Mensch, Klett-Cotta, Stuttgart

Rolff, H.-G., (1995), Wandel durch Selbstorganisation. Theoretische Grundlagen und praktische Hinweise für eine bessere Schule.

Rost, D. / **Grunow,** P. / **Oechsle,** D. (Hg.), (1975), Pädagogische Verhaltensmodifikation, Beltz, Weinheim

Rost, D., (1982), Kontingenzverträge im Unterict, in: Psychologie in Erziehung und Unterricht, 29. Jg., 112 – 128

Rotthaus, W. (Hg.), (1987), Erziehung und Therapie in systemischer Sicht, Verlag modernes lernen, Dortmund,

Rotthaus, W., (1989), Die Auswirkungen systemischen Denkens auf das Menschenbild des Therapeuten und seine therapeutische Arbeit, In: Praxis der Kinderpsychologie und Kinderpsychiatrie, 38, 10 – 16.

Schneider / Robin, (1976), The turtle technique: A method for the self-control of impulsive children, in: **Krumboltz,** J., **Thoresen,** C. (Eds.), Counseling methods, Rinehart & Winston, New York

Schönpflug, W. / **Schönpflug,** U., (1983), Psychologie, U&S, München

Scholz, F., (1932), Charakterfehler des Kindes, Eine Erziehungslehre für Schule und Haus, Johann Ambrosius Barth, Leipzig

Schorr, A., (1984), Die Verhaltenstherapie, Ihre Geschichte von den Anfängen bis zur Gegenwart, Beltz, Weinheim

Schulz von Thun, F., (1981), Miteinander reden I, Rowohlt, Reinbek

Schumacher, G., (1975, 1979 /2), Neues Lernen mit Verhaltensgestörten und Lernbehinderten, Marhold, Berlin

Schweitzer, J., / **Reuter,** D., (1991), Systemisches Denken in der Heimerziehung, in: Praxis der Kinderpsychologie und Kinderpsychiatrie, 40, 171 – 176

Seewald, C., (1980), Das hängt ja auch vom Lehrer ab, Pragmatische Alltagstheorien und Urteile von Lehrern am Beispiel einer Schulversagerin, in: Ulich, K, (Hrsg.), Wenn Schüler stören, U&S, München, 49 – 66

Seligman, .M., (1979, 1995 /5), Erlernte Hilflosigkeit, U&S, München

Selvini-Palazzoli, M., (1982), Magersucht: Von der Behandlung einzelner zur Familientherapie, Klett-Cotta, Stuttgart

Selvini-Palazzoli, M./ **Boscolo,** L./ **Cecchin,** G./ **Prata,** J., (1977, 1987 / 5), Paradoxon und Gegenparadoxon, Stuttgart ,

Selvini-Palazzoli, M. u.a., (1992), Die psychotischen Spiele in der Familie, Klett-Cotta, Stuttgart

Simon, F., (1993 /4), Meine Psychose, mein Fahrrad und ich, Zur Selbstorganisation der Verrücktheit, Carl Auer, Heidelberg

Sofsky, W., (1993), Die Ordnung des Terrors, Das Konzentrationslager, Fischer, Frankfurt a.M.

Speck, O., (1991), Erziehungsschwierigkeiten – Vorbeugen durch Erziehung, in: Neukäter, H., Verhaltensstörungen verhindern, Prävention als pädagogische Aufgabe, Unversität Oldenburg, Oldenburg, 112 – 117

Stierlin, H., (1994), Ich und die anderen, Psychotherapie in einer sich wandelnden Gesellschaft, Klett, Stuttgart

Struck, P., (1995), Schulreport, Zwischen Rotstift und Reform oder brauchen wir eine andere Schule, Rowohlt, Reinbek

Tausch, R./ **Tausch**, A., (1979 /9), Erziehungspsychologie, Hogrefe, Göttingen,

Tennstätt, K. u.a., (1992), Das Konstanzer Trainingsmodell, Ein integratives Selbsthilfeprogramm für Lehrkräfte zur Bewältigung von Aggressionen und Störungen im Unterricht, Huber, Bern

Thommen, B., (1985), Alltagspsychologie von Lehrern über verhaltensauffällige Schüler, Verlag Hans Huber, Bern

Tillmann, K.J. (Hg.), (1989), Was ist eine gute Schule?, Hamburg

Tornow, H., (1978), Verhaltensauffällige Schüler aus der Sicht des Lehrers, Beltz, Weinheim, Basel

Ulich, K, (Hrsg.), (1980), Wenn Schüler stören, U&S, München,

Voelker, U. (Hg.), (1980), Humanistische Psychologie, Beltz, Weinheim

Voelker, U., (1980), Grundlagen der Humanistischen Psychologie, in: Voelker, U. (Hg.), (1980), Humanistische Psychologie, Beltz, Weinheim, 13 – 37

Voß, R., (1983), Pillen für den Störenfried? / Absage an eine medikamentöse Behandlung abweichender Verhaltensweisen bei Kindern und Jugendlichen, Hoheneck Verlag, Hamm

Voß, R., (1984), Helfen – aber nicht auf Rezept, Hoheneck Verlag, Hamm

Wagner, I., (1976, 1994/6), Aufmerksamkeitstraining mit impulsiven Kindern, Klett, Stuttgart

Wahl, D. u.a., (1977), Naive Verhaltenstheorie von Lehrern, Projektbericht, Weingarten

Wahl, D., (1983), Naive Verhaltenstheorie von Lehrern, Uni Oldenburg, Oldenburg

Walker, G., (1994), Systemische Therapie bei AIDS, verlag modernes lernen, Dortmund

Walter, J./ **Peller**, J., (1994), Lösungs-orientierte Kurztherapie, Verlag modernes lernen, Dortmund

Watson, D. / **Tharp**, R., (1975), Einübung in Selbstkontrolle, Pfeiffer, München

Watzlawick, P. / **Beavin**, J. / **Jachson**, D., (1969), Menschliche Kommunikation, Huber, Bern

Watzlawick, P., (1978), Wie wirklich ist die Wirklichkeit, Piper, München

Watzlawick, P. (Hrsg.), (1981), Die erfundene Wirklichkeit, Piper und Co., München,

Watzlawick, P., (1983), Anleitung zum Unglücklichsein, Piper und Co, München

Weakland, J.H./ **Herr**, J.J., (1988 /2), Beratung älterer Menschen und ihrer Familien, Huber, Bern

Weiß, T., Haertel-Weiß, M., (1992), Familientherapie ohne Familie, Piper, München

Wender / **Wender**, (1980), Das hyperaktive Kind und das Kind mit Lernstörungen, Ravensburger Verlag, Ravensburg

Wocken, H., (1983a), Am Rande der Normalität, Untersuchungen zum Selbst- und Gesellschaftsbild von Sonderschülern, Schindele, Heidelberg

Wocken, H., (1983b), Untersuchungen zur sozialen Distanz zwischen Hautschülern und Sonderschülern, in: VHN, H.4, 467 – 490

Wolff, G., (1978), Kindliche Verhaltensstörungen als sinnvolles Signalverhalten, in: Zeitschrift für Heilpädagogik, H.3., 145 – 155

Zinnecker, J., (1975), Der heimliche Lehrplan, Beltz, Weinheim

Zitterbarth, W., (1993), Die Wirklichkeit des Konstruktivismus, in: Zeitschrift für systemische Therapie, Jg. 11 (1), 49-51

Zulliger, H., (1921), Psychoanalytische Erfahrungen aus der Volksschulpraxis, Hans Huber, Bern

Zulliger, H., (1952), Heilende Kräfte im kindlichen Spiel, Klett, Stuttgart

Zulliger, H., (1956), Helfen statt Strafen, Stuttgart

Zulliger, H., (1960), Gespräche über Erziehung, Bern, Stuttgart

Raum für Notizen: